생태동양학 연구가가 쓰는 동양학 파워 1

생태동양학 연구가가 쓰는
동양학 파워 1

발행일   2015년 9월 4일

지은이   정 용 수
펴낸이   손 형 국
펴낸곳   (주)북랩
편집인   선일영   편집   서대종, 이소현, 권유선
디자인   이현수, 윤미리내, 곽은옥, 김은해   제작   박기성, 황동현, 구성우, 이탄석
마케팅   김회란, 박진관, 이희정, 김아름
출판등록 2004. 12. 1(제2012-000051호)
주소   서울시 금천구 가산디지털 1로 168, 우림라이온스밸리 B동 B113, 114호
홈페이지 www.book.co.kr
전화번호 (02)2026-5777   팩스   (02)2026-5747

ISBN   979-11-5585-604-8 04150(종이책)   979-11-5585-606-2 05150(전자책)
          979-11-5585-606-2 04150(set)

이 도서의 국립중앙도서관 출판예정도서목록(CIP)은 서지정보유통지원시스템 홈페이지(http://seoji.nl.go.kr)와
국가자료공동목록시스템(http://www.nl.go.kr/kolisnet)에서 이용하실 수 있습니다.
(CIP제어번호 : CIP2015023882)

생태동양학 연구가가 쓰는

동양학 파워 ①

淸壬 정용수 지음

The power of the orientalists

동양학은 고루한가?
당신이 생각하는 것보다
훨씬 더 신선하고 재미있다.

북랩 **book** Lab

책을 펴내며

   지금은 과거 어느 때보다 너무나 쉽게 책이나 인터넷 등을 통해 원하는 정보에 접근할 수 있는 시대이다. 과거에는 한자를 배울 수 있었던 일부 식자층에서만 필요한 정보를 접하는 것이 가능했고, 또한 출판 기술의 문제로 관련 서적 또한 다양하게 구해서 보기 힘들었는데 지금은 남녀노소 누구나 자신이 관심 있어 하는 정보를 거의 무한대에 가깝게 볼 수가 있는 시대가 되었다. 동양학 또한 이제는 출판물로 다양하게 나올 뿐만 아니라 원광대학교 등 여러 대학교에서도 학과의 정규과목이나 평생교육원의 교양과목 등을 통해 그 입지를 다져가고 있다. 드디어 미신으로 치부되거나 고리타분한 음지의 학문에서 학술적으로 충분히 가치가 있는 학문으로서 재조명되고 있는 것이다. 사실 조선시대에는 과거제도의 잡과에 속한 음양과 안에 천문학, 지리학(풍수지리학), 명과학(사주명리학)이란 국가고시로 엄연히 존재해 왔던 학문이라는 점에서 동양의 술수학術數學은 결코 가볍게 볼 학문이 아니다.

   동양의 모든 학문은 음양오행陰陽五行의 원리에 뼈대를 두고 있다고 볼 수 있다. 음양오행은 세상의 이치 즉 우주의 원리를 풀어내는 만능열쇠이니, 이 음양오행만 제대로 안다면 동양학 공부의 반 이상은 완성되었다 해도 과언이 아니다. 가령 천문天文에 속하는 사주팔자四柱八字는 시간의 음양오행陰陽五行을 배우는 것이며, 지리地理에 속하는 이기풍수理氣風水는 공간의 음양오행陰陽五行을 배우는 것이며, 인사人事에 속하는 양생술養生術은 시공간 속에 존재하는 인간의 음양오행陰陽五行을 배우는 것이라 볼 수 있다. 그래서 천문天文

에서는 양의 천간天干과 음의 지지地支로 이루어진 간지干支를 통해 하늘의 에너지를 공부하는 것이며, 지리地理에서는 양의 바람風과 음의 물水로 이루어진 풍수風水를 통해 땅의 에너지를 공부하는 것이며, 인사人事에서는 양의 상승上昇하는 수(水, 龍)와 음의 하강下降하는 화(火, 虎)로 이루어진 수승화강水昇火降을 통해 사람의 에너지를 공부하는 것이다.

또한 동양학의 핵심인 음양오행陰陽五行의 원리는 자연계의 변화에서 기인한 것인데, 특히 사계절의 변화가 뚜렷해야 더 잘 알 수가 있다. 이런 측면에서 1년 내내 응축의 기운이 지배하는 추운 알래스카나 1년 내내 발산의 기운이 지배하는 더운 아마존에서는 이러한 학문이 제대로 나올 수가 없다. 필자는 서양의 과학자나 철학자들이 동양적 세계관이나 자연원리를 이해할 수 있는 깊이보다 훨씬 더 정교하게 접근할 수 있는 나라가 동양의 국가들 중에 특히 사계절이 뚜렷한 한국이라 생각한다. 중국이나 일본도 있지만, '한자漢字'와 '기氣'의 해석능력은 특히 우리나라가 뛰어나다고 보기 때문이다. 간단한 예로 전 세계적으로 중국과 더불어 일상어 속에 '기氣'란 단어가 가장 많이 보존되어 있는 민족이니 말이다. 그러므로 앞으로는 조선시대 과거제도에 엄연히 존재해왔던 이러한 풍수학, 명리학, 주역 등의 동양학을 미신이 아닌, 다시금 현대의 과학적, 철학적 관점에서 새롭게 접근할 필요가 있다 하겠다. 온고지신溫故知新이나 법고창신法古創新처럼 옛 것(고대의 지혜)을 통해 새로운 것을 깨닫거나 창조하는 통로로서 말이다. 가령 고대에 신살이나 택일력의 9성, 12신, 28수 등으로도 표현되었던 행성과 항성들의 에너지가 인체에 미치는 영향, 기氣로 표현되는 하늘의 에너지(사주명리학)와 땅의 에너지(풍수지리학), 인체의 에너지(양생학)의 현대적 활용, 하루 12단계의 시간에 따른 기운의 변화, 지구의 계절에 근거한 우주의 계절, 단전호흡의 결과로 발현되는 초능력들의 과학적 설명, 육체와 영혼의 음양적 실체 등을 통해 새로운 과학적 원리들이 발견될 수도 있을 것이라 조심스런 전망을 해본다. 먼 훗날 동서양의 과학자들이 노벨상을 탈 만한 다양한 소스들이 동양학 속에 담겨 있을 수도 있는 것이다. 뿐만 아니라 지금의 과학으로는 증명하지 못할 뿐이기 때문에 초

과학으로 불리고 있을 뿐이지만, 조만간 기氣의 세계, 영혼靈魂의 세계까지도 과학적으로 설명될 날도 머지않을 것이다.

현인賢人은 "공부工夫는 상통천문上通天文. 하달지리下達地理. 중찰인사中察人事"라고 하지 않았던가! 이는 하늘의 이법을 통하고, 땅의 이치를 통하고, 사람 사는 이치를 꿰뚫어서 세상만사를 환히 통하게 되어 알지 못하는 바가 없게 된다는 뜻이다. 즉 진정한 공부는 천문, 지리, 인사에 두루 능통해야 한다는 말인데, 평생을 통해 그러한 능력을 갖춘 학인을 만나기란 정말 어려울 것이다. 또한 설문해자에 보면 일一은 하늘, 땅, 막대기로 처음의 태극(1태극)으로 도道는 일一을 바탕으로 천지二로 나뉘고 만물이 생겨났다고 하는데, '공부工夫하다'에서 공工의 의미는 하늘(一, 陽)과 땅(一, 陰)을 연결하여 완성하는 천지인합일合一을 뜻하는데, 바로 인간 완성을 위해서 노력하는 것(道通)을 말한다. 곧 동양에서의 공부는 인간에게 영향을 미치는 하늘과 땅의 본체本體와 작용作用에 대해 탐구하는 것이다. 사실 단순히 이론적이고 학문적인 성찰로는 이 모든 것에 다 능통하기는 힘들 수 밖에 없다. 옛 현인처럼 수행을 통해 내 몸의 기운이 천지자연과도 소통할 정도의 능력이 되거나, 직관적 깨달음이 있거나, 그나마 모든 걸 등지고 자연을 벗 삼아 산 공부라도 깊게 해봐야 그 이치에 어느 정도라도 도달 할 수 있을 것이다.

필자는 젊을 때 여행을 통한 자연의 아름다움에 도취되어 가장 처음, 풍수에 관한 책을 접하기 시작하면서 동양학에 첫발을 내딛었다. 시간이 지나면서 책만으로는 해소할 수 없는 학문적 갈증 때문에 20대에 혈혈단신으로 서울로 가서 공부를 하게 되었고, 다시 내려와서도 관련 학과들과 인연이 닿아 학문적인 깊이를 계속 다지기 시작하였다. 그리고 천문, 지리, 인사에 관련된 동양학뿐만 아니라 동서양을 초월한 과학, 철학, 선도, 영성 등에 관한 책들도 자석처럼 나의 운명에 이끌려오면서 학문적인 넓이도 확장되기 시작하였다. 이후에도 천지자연을 스승 삼아 계속 공부를 해오고 있으며, 미천한 실력이지만 이 분야와 관련된 강의를 하면서 지내고 있다. 공부를 하면서 느끼는 것은 동양학이 천문, 지리, 인사로 분화되어 각각의 술사들이 있겠지만, 모두

다 유기적으로 연결되어 있으며, 과학과 철학도 결국 같은 동전의 양면일 뿐이라는 것이다. 가령 세상만물이 예외 없이 음양으로 존재하듯이 사주명리학과 풍수지리학도 각각 하늘의 이치와 땅의 이치를 전문적으로 연구하는 학문으로 서로 대립적인 관계가 아닌 상호보완적인 관계로 나아가야 할 것이다. 결국 동양학 공부의 궁극적인 깨달음의 하나는 인간사에서 궁금하고 필요한 것들이 다 학문으로 발전하였는데, 인체가 유기적으로 다 연결되어 있듯이 개별적인 학문들도 결국 다 연결되어 있음을 발견하게 되는 경지이다.

사실 이 분야에 호기심을 갖고 이십년 가까이 공부를 하며 자연의 매력에 빠지게 되면서 지금 이런 책을 쓰게 된 것은 어찌 보면 학문적 성취라기보다 이번 생의 운명적인 끌림이었던 것 같다. 지금은 비록 물질적인 풍요와는 동떨어진 채로 함양 지리산 자락에 살고 있지만 내 곁에 늘 대자연이란 큰 스승이 있어 그 속에서 교감하며 계절의 변화를 매순간 고요히 응시하면서 음양오행의 이치를 온몸으로 느낄 수 있으니 너무 행복하고 감사할 뿐이다. 필자가 앞으로 바라는 바램이 있다면, 시간에 얽매이지 않고 오감五感으로 대자연의 변화를 하루하루 관조하면서, 때로는 책을 벗 삼아, 때로는 바위 위에서 내안의 '참나'를 찾아가는 사색과 명상을 하며 남은 생의 시간을 보내는 것이다. 불가佛家에서 말하는 '깨달음'의 상태인 집착이나 분별에서 벗어나 완전한 평화로움에 머무르는 상태에 머물고 싶기도 하다. 그러한 깨달음까지 못 가더라도 죽음을 바라보는 관점만 달라지더라도 세상을 바라보고 이해하는 방식이 크게 변할 수 있음을 느끼고 있다. 참고로 필자가 늘 느끼는 거지만 이 분야의 공부를 잘하는 방법은 항상 정보를 대할 때 사고의 유연성을 갖는 것이다. 동양학 공부의 핵심인 '상象'을 제대로 이해하려면 생각이나 사고가 유연해야 하기 때문이다. 또한 기존의 잘못된 지식이 벽이 되어 새로운 지식을 가로막듯 항상 공부하면서도 맹신은 금물이라는 사고를 지녀야 한다. 그래서 책에 너무 책잡히지도 말고, 자신이 공부한 것만 최고라고 주장하지도 말고, 지식의 틀 자체에 갇혀 있지도 말아야 한다. 또한 살면서 굳어진 생각이나 신념의 틀에도 갇혀 있지 말아야 한다.

이 책에서 천지자연의 관찰을 통해 완성된 동양학의 테마인 천문, 지리, 인사에 대한 내용들을 나의 개인적 관점에서 쉽게 풀어낸다고는 했지만 부족한 부분이 많다고 생각한다. 소박한 바람이 있다면, 동양의 학문이 무조건 접근하기 어렵다는 선입견에서 벗어나 이 분야에 관련한 공부를 하고 싶은 분들이나, 이미 공부를 하고 있는 분들의 학문적 성취나 깨달음에 티끌만한 동기부여나 영감이라도 줄 수 있다면 가장 큰 보람이지 않을까 한다. 혹시 이 책의 내용 중에 자신의 개인적인 관점이나 사상, 종교와 어긋난다고 생각되는 부분이 있다면 필요한 것만 취하기를 바란다. 그리고 자칫 딱딱하거나 지루할 수 있는 책이 되지 않도록 나름 신경을 썼지만 모든 평가는 독자 분들의 몫일 것이니 아낌없는 질책을 바란다.

끝으로, 이 책 역시 여러 선각들의 훌륭한 자료에 많은 도움과 영감을 받고 있음을 부인하기 어렵다. 저자가 명민하지 못하여 인용의 절차를 제대로 지키지 못한 부분이 있다면 언제든 연락해 주시기 바란다. 그리고 이 책이 나오기까지 많은 가르침과 용기를 주신 인연들께 깊은 감사를 드린다. 특히 이 책의 출판을 위해 바쁘신 와중에도 아낌없는 조언과 격려를 해주신 원광디지털대학교 동양학과의 박정윤 학과장님과 맑은 영혼으로 교정에 큰 도움을 주신 함양의 강선영 총무님께 진심으로 고마움을 전한다. 그리고 그러한 도움에 감사하는 길은 더더욱 이 책에서 느껴지듯이 진정 자연自然과 교감交感하며 늘 정진精進하는 생태동양학 연구가로서 남은 생을 살아가는 것이라고 다짐한다.

2015년 7월 함양 지리산 묘향산방妙香山房에서
학문의 인연들을 생각하며

▶ 차례

2부 지리地理

3부 인사人事

1부

천문

天文

동양학의 음양오행

동양학의 정수精髓인 음양오행은 천지만물, 우주의 근본 법칙이자 구성 원리이다. 그래서 음양오행의 원리를 공부하다 보면 자연의 실상, 곧 세상만물을 보는 눈이 열리며, 그 이치는 만능열쇠와 같아서 어디에든 응용이 가능한 해석코드이다. 그리고 음양은 천지만물의 본체(본원)이며, 오행은 천지만물의 작용(변화)으로 구분하기도 한다.

우리가 살고 있는 우주宇宙는 우주질宇宙質로 가득 차 있으며 만물은 이 우주질로 생성되고 다시 사멸하여 우주질로 돌아간다. 바로 응고(陰)하게 되면 형체를 이루어서 만물이 되고, 분해(陽)하게 되면 또다시 순수한 우주질로 변하는 것이다. 우주질로 차 있는 우주는 음극과 양극으로 이루어진 거대한 자장인 동시에 이 자장은 좌우 회전을 하고 있다. 이것을 과학자들은 통일장이라 부른다. 이러한 대우주 속에서 태양계와 은하계 우주는 좌선성의 대회전 운동을 하고 있으며, 이와는 반대로 우선성의 대회전 운동을 하고 있는 또 다른 대우주가 태양계와 은하계의 다른 쪽에 존재함으로써 이 두 거대한 우주 역시 음양으로 통일되어 운행한다. 이 음양 양성의 회전운동은 우주질뿐만 아니라 모든 물질의 운동 원리이며 생성과 사멸의 원칙이다. 그리고 그 자체가 변화무쌍한 것은 오행의 기화변질氣化變質하는 작용 때문이다. 결국 이 우주의 본체와 변화는 모두 음양오행이란 우주원리에 의해 이루어지고 있다고 할 수 있다.

〈훈민정음〉 제자해를 보면 훈민정음의 창제원리인 '天地之道 一陰陽五行而已' 라는 구절이 있다. 훈민정음을 만든 철학적 이치가 음양오행론이라는 말이다. 바로 천지天地에 한 가지 도가 있으니, 세상의 모든 이치가 오직 한 가지 길로써 음양오행과 상통하고 있다는 의미로, 조선시대에는 당연한 법칙으로 여겼다. 이러한 음양오행의 원리로 대자연의 이치를 분석하고 풀어낸 것이 바로 동양학이다.

무극과 태극, 황극의 의미

◆ 무극無極

　태초에 우주는 음양으로 분화되기 전, 태극 이전에 음과 양도 존재하지 않는 우주가 창조되기 이전의 상태로, 그것을 동양학에서는 무극이라고 한다. 무극이란 더 이상 쪼갤 수 없을 만큼 분열한 적막무짐寂寞無朕의 상태로 전혀 없는 듯 보이지만 가득 차 있는 상태로 이는 시작도 끝도 없는 무시무종无始无終의 상태라 할 수 있다. 극이 없다는 의미로 어디에도 치우치지 않는, 음도 양도 중심도 없는 현상계 이전의 궁극적 존재이다. 10무극이라고도 하며, 진공眞空, 텅 빈 혼돈, 혼원일기混元一氣, 양陽의 완성, 분열과 팽창의 끝, 음도 양도 아닌 ±자리, 창조의 본체, 태극의 본체, 순수한 무념이라고도 한다. 이렇게 시간과 공간조차 없던 무극에서 에너지가 작동하고 시간과 공간이 생겨나고 만물이 탄생한 것이다. 참고로 서양에서의 허공은 텅 비어 보이는 대기를 뜻하며, 진공은 그냥 대기의 상태에서 공기를 제거한 상태를 뜻하는데 동양에서는 그 의미 자체가 다르다.

◆ 태극太極

　무극의 에너지가 한 점으로 응축되면 태극으로 변화하면서 작용을 일으킨다. 천지만물이 창조되는 이전의 상태는 고요한 태극의 시기이며, 드디어 음과 양의 극이 존재하므로 유극有極이라고 할 수 있으며 만물의 실제적인 근원이 된다. 무극이 수정란 이전의 텅 빈 상태라면 태극은 수정란에 비유될 수 있다. 따라서 아직 본격적인 분열은 일어나지 않았지만 태극이라는 수정란 안에는 양陽의 에너지와 음陰의 에너지가 공존한다. 돌아가기 시작하는 상태는 음양陰陽이 동動하는 때로, 이러한 돌고 도는 음양陰陽의 상반작용相反作用으로 그 힘을 받아 만물萬物이 생성生成되면서 우주宇宙가 돌아가기 시작하는 것이다. 참고로 우宇와 주宙는 시간과 공간을 의미한다. 그래서 태극이란 음과 양으로 존재하지만 어떠한 움직임도 없는 정지되어 있는 우주의 상태로, 시작과 끝이 있는 유시유종有始有終의 상태라 할 수 있다. 무극이 다시 하나로 응축, 통일되는 과정을 거쳐 태극으로 변한 것으로, 음과 양의 투쟁의욕만 내포하고 있을 뿐 실제로 승부작용은 일어나기 전이다. 그래서 현상계에서는 아직 태극의 모습이 드러나지 않는다. 그러므로 무극과 태극은 절대의 세계이며 현상계에는 그 실체가 드러나지 않는다. 그 실체가 드러난 것이 바로 태극이 움직이기 시작한 물질의 세계, 즉 음양의 운동세계이다. 1태극이라고도 하며, 허공虛空, 유극, 음의 완성, 응축과 통일의 끝, 생명창조(탄생, 발아)의 뿌리, 운동의 본체, 오행의 본원, 일념의 극치라고도 한다. 태극은 언덕의 양달과 응달이 동시에 존재하면서 언덕은 하나이듯이, 음양이 실현되는 장으로 하나 속에 들어있는 둘이다. 참고로 한동석 씨의《우주 변화의 원리》란 책에 근거하여 무극과 태극을 한 마디로 구분한다면, 더 이상 분열할 수 없는 분열의 끝이 무극이고 더 이상 응축할 수 없는 응축의 끝이 태극이다.

◆ **황극**皇極

황극이란 말은 서경의 홍범편에서 등장하며 이후 소강절의 황극경세서에서 나타난다. 태극이 생명을 가지고 움직이기 시작하면서 현상계에 삼라만상의 실체가 드러나는 것으로, 이는 수水에서 화火까지 분열하는 과정으로 운동의 본체인 태극과 창조의 본체인 무극 사이에서 조화의 본체(土)로 작용하는데, 마치 시소의 중심처럼 음양의 비율에서 한 쪽만의 치우침을 조절하여 균형을 이루어 순환시킨다. 그래서 무극이 만물의 형성 이전이라면, 태극은 만물의 씨종자이며, 황극은 만물의 조화로운 균형에 비유할 수 있겠다. 참고로 삼재三才사상은 하늘과 땅과 인간을 뜻하는데, 이태극이 아닌 삼태극 문양은 전 세계적으로 우리나라에만 존재한다고 한다. 이는 천부경에 나오는 3의 의미처럼 조상들이 태극에다가 황극의 존재까지 표현한 것으로 볼 수 있다. 또한 무극(하늘), 태극(땅), 황극(인간)의 삼위일체로 동양이 가지고 있는 인본주의의 표상을 의미하기도 한다.

동양의 음양사상

음양사상은 동양사상의 근본으로 우주宇宙는 기氣의 집산集散이요, 그 집산의 원리는 음양陰陽으로 우리나라는 음양사상을 현재까지도 생활화하고 있다. 한 민족의 문화적 유산으로서 가장 귀중한 자료는 그 민족의 언어로서 우리말은 곧 우리 민족의 사상이 잠재해 있다. 그래서 우리말을 살펴보면 음양성을 내포한 이념이 상당 부분 들어있는 것을 발견할 수 있다. 또한 우리나라말의 표현은 양음사상陽陰思想이 아니라, 음양사상陰陽思想이다. 언제나 음적인 것을 앞에 놓고 양적인 것은 뒤에 놓는다. 예를 들면 밤낮으로 고생한다, 안팎으로 뛰어다닌다, 물불 안 가린다, 흑백논리, 좌우대칭, 강산이 변했다, 들락날락 거린다 등 음선양후陰先陽後다. 한자로 현재 남녀男女라고 하는 것이 우리말로는 여남(년놈)으로 표현했다. 또한 음이 왼쪽이고 양이 오른쪽인 좌음우양이다. 좌의정이 우의정보다 높다. 사람이 죽게 되면 여자가 왼쪽이고 남자가 오른쪽이다. 돌아가신 선친의 무덤을 보면 당연히 여자가 왼쪽에 계신다. 절을 하는 후손의 방향에서 보면 반대다. 큰 절을 할 때도 남자는 왼손이 위로 여자는 오른 손이 위로 간다. 남자는 음으로 양을 덮어 감추고, 여자는 양으로 음을 감추는 것으로 자신을 낮추는 겸손의 원리다. 또한 음식飮食이라는 단어도 음飮은 음성행위인 마신다(액체)는 뜻이고, 식食은 양성행위인 씹는다(고체)는 의미다.

이렇게 음양사상은 우리민족 문화와 생활 속에 깊이 뿌리박고 있다. 서양적 사고는 양음사상으로 양陽이 활동적이고 중심이지만, 동양적 사고는 음陰이 더욱 활동적이고, 시초적인 것으로 기氣가 먼저 음陰으로 나타나고 따라서 양陽으로 나타난다고 보니 바로 음중양화陰中陽火인 것이다. 여기서 태초에 우주가 탄생한 것도 폭발(양, 火) 이전에 응축(음, 水)이 먼저임을 추론할 수 있다.

음양陰陽의 의미

우宇는 공간의 개념으로 동서남북상하(四方과 上下)를 뜻하며, 주宙는 시간의 개념으로 고금왕래(過去와 現在)를 뜻한다. 그래서 우주는 공간과 시간이 합일된 시공의 세계로 우주 또한 시간과 공간의 음양으로 존재한다. 그리고 우주에 존재하는 모든 물질 또한 절대 예외 없이 음양(쌍극자)으로 이루어져 있다. 그러므로 음양의 원리는 절대 단음단양單陰單陽이 없다. 단음單陰이나 단양單陽으로는 성사성물成事成物이 안 되기 때문에 무엇이든지 천지간에 일물一物의 형체形體를 이루는 모든 것은 음중유양陰中有陽이나 양중유음陽中有陰으로 음속에 양이 있고, 양속에 음이 있어 음양이 함께 존재하는 것이지 단음단양單陰單陽은 없는 것이다. 또 다른 관점에서는 우주宇宙란 눈에 보이는 형形과 동시에 눈에 보이지 않는 것으로 형形 이면에 질서로 존재하는 상象으로 이루어져 있다. 바로 음陰인 상象이 먼저 있고 후에 양陽인 물物이 있으니, 우주宇宙에는 원리적인 무형無形의 상象이 먼저 있고, 그 상象에 의거하여 모든 유형有形의 물物이 존재하게 된다는 의미다. 이는 〈대학〉의 "물유본말物有本末하고 사유종시事有終始하니 지소선후知所先後면 즉근도의則近道矣"라는 말과 상통한다. "우주만물은 근본이 있고 결과가 있으므로, 형상을 일으키는 사물은 모두가 시작으로부터 진행과정을 거쳐 마지막 결과로 이어지는데, 어떤 요소의 어떤 원인으로 사물이 형상을 일으키고 마침내 종국으로 마무리 되어 가는가 하는 선후를 알게 되면 마침내 득도의 경지에 도달하게 되어 모든 사물의 이치를 알 수 있게 된다."는 뜻으로, 한 마디로 설계도가 먼저 있고, 건축물이 나중에 있게 된다는 의미이다. 그러므로 천지만물은 반드시 음양으로 존재하므로 한쪽만 알아도 그 반대를 알 수 있다. 간단한 예로 현대의 과학자들이 우주가 양陽처럼 팽창한다고 한다면 반드시 음陰처럼 수축도 할 것이다.

음陰은 통일운동을 하는 상으로 계절 중 후반기의 가을 기운과 겨울 기운에 해당된다. 생명의 통일과 수축작용이며 밖에서 안으로 작용하는 내변작용內變作用이다. 여기서 변變은 곧 정靜을 의미한다. 양陽은 분열운동을 하는 상으로 계절 중 전반기의 봄 기운과 여름 기운에 해당된다. 생명의 분열과 팽창작용이며 안에서 밖으로 작용하는 외화작용外化作用이다. 여기서 화化는 곧 동動을 의미한다. 이러한 음과 양의 작용 모두를 일컬어 변화變化라고 한다. 그래서 《우주 변화의 원리》의 저자인 한동석 씨는 변화하는 대자연의 본질을 관찰하여 보면, 다만 분열과 종합을 영원히 반복하고 있는 우주변화의 일대환상에 불과한 것이라 설명하기도 한다.

음양陰陽의 네 가지 작용은 다음과 같다.

(1) 상호대립相互對立

모든 사물은 서로 대립되는 음陰과 양陽의 양면兩面으로 한 조組를 이룬다. 하나 속에 들어 있는 둘로서, 음양陰陽이 실현되는 장은 하나이다. 이는 음양陰陽의 상대성相對性으로 마치 빛과 그림자처럼 천지만물은 예외 없이 짝으로 존재한다.

(2) 상호의존相互依存

음과 양은 서로 대립을 이루고 있는 동시에 서로 의존하기도 함으로써, 그 어느 것도 다른 한 면과 분리되어 단독으로 존재하는 일이 없게 된다. 그러므로 모든 물질은 아무리 쪼개더라도 절대로 음양이 분리되지 않고 함께 공존한다.

(3) 상호소장相互消長

음양陰陽이 서로 대립하고 의존한다는 것은 이들이 정지나 불변의 상태에 있지 않고 끊임없는 소장消長의 변화를 거듭하고 있다. 이는 양극兩極이 있으므로 생동生動한다는 것으로, 이는 음陰과 양陽의 비율의 차이가 곧 한쪽에서 한쪽으로의 운동성을 발생시킨다.

(4) 상호전화相互轉化

사물은 발전 과정에서 극에 이르면 각자 상반되는 쪽으로 변하여 음陰은 양陽이 되고, 양陽은 음陰이 되기도 한다. 이 또한 우주가 존재할 수 있도록 하는 질서이자 규칙이다.

음양의 우주 원리

우리 생활 주변에서 볼 수 있는 음양의 구분은 수도 없이 많다. 그 중에 먼저 일상생활에서 자주 사용하는 대표적인 것들만 열거해 본 후, 지구에서 볼 수 있는 음양의 우주원리와 연관된 구체적인 현상들을 소개하겠다.

[음양의 구분]

음	양	음	양	음	양
땅	하늘	강	산	물	불
밤	낮	여자	남자	바다	육지
어두움	밝음	저승	이승	지옥	천당
식물	동물	S극	N극	찬 것	뜨거운 것
소극적	적극적	태음력	태양력	짝수	홀수
좌반구	우반구	서북	동남	선천지기	후천지기
야당	여당	하원	상원	육체	정신
후後	전前	약弱	강强	흉凶	길吉
퇴退	진進	한寒	서暑	혈血	기氣
중重	경輕	좌左	우右	유柔	강剛
흡吸	호呼	변變	화化	성成	생生
표表	리裏	형形	상象	색色	공公
오장五臟	오부五腑	감괘坎卦	이괘離卦	임맥任脈	독맥督脈

자석―끊임없이 잘라도 즉시 내부의 자성이 음양으로 새롭게 정리된다.

지구―표리의 음양(陰中陽)으로 지표면은 차게 굳어 고체로 존재하지만 중심은 엄청난 고온의 액체로 존재한다.

대뇌―대뇌는 양인 우반구와 음인 좌반구로 구성되어 있다. 우반구는 감성과 직관을 관장하고 좌반구는 논리와 분석을 관장한다. 어느 쪽이 발달하느냐에 따라 시인이나 철학자가 될 수도 있고 의사나 과학자가 될 수도 있는 것이다.

임맥과 독맥―등 쪽으로 기운(水)이 올라가는 길을 독맥督脈이라 하며 가슴 쪽으로 기운(火)이 내려가는 길을 임맥任脈이라 한다.

선천지기와 후천지기―선천지기先天之氣는 선천적으로 가지고 태어난 기氣를 말하며 후천지기後天之氣는 후천적인 음식물의 섭취로 인한 기氣를 뜻한다.

아인슈타인의 상대성 원리―물리학의 천재로 불리는 아인슈타인이 시간과 공간으로 이루어진 물질세계의 변화를 연구하여 만든 자신의 이론에 심사숙고하여 붙인 이름도, 결국 음양陰陽의 다른 표현인 상대성이다.

서양학문과 동양학문―학문도 물질인 형形 위주의 서양학문과 에너지인 상象을 깨닫는 동양학문으로 그 성격이 반대이다.

식물과 동물―식물과 동물은 지구상의 대표적인 음과 양으로, 동물은 식물이 내뿜는 산소로 살아가고 식물은 동물이 내뿜는 이산화탄소로 살아가게 되므로 서로가 절대적으로 함께 공존해야 한다.

사막의 선인장―선인장은 알로에와 같이, 외조내습(표면은 건조하지만 내부는 다습)의 성질을 가지고 있어, 외부환경인 기후가 건조하여 겉은 건조하지만, 속은 수분을 많이 함유하여 다습한 상태이다.

습지의 버섯―버섯은 외습내조(표면은 습하지만 내부는 건조)의 성질을 가지고 있어, 외부환경이 그늘지고 축축하여 겉은 축축하고 부드럽지만, 하루 정도

놓아두면 바싹 말라 딱딱하고 가벼워진다.

성星과 신辰 ─ 성星은 빛나는 별로 양陽이며 신辰은 스스로 빛을 내지 못하는 별로서 음陰이다. 그래서 일월성신日月星辰도 각각 음양으로 짝을 이루고 있다(日(양)+月(음)/星(양)+辰(음)).

인생의 음양 ─ 인간의 삶에도 세월이 흐름에 따라 발산의 시기가 있고 수렴의 시기가 있으며, 내면의 변화에 따라 채움의 시기가 있고 비움의 시기가 있는 것이다.

보신탕과 삼계탕 ─ 한의학적 한열寒熱의 개념은 여름이 되어 날씨가 더워지면 몸의 표면은 뜨거워지나 몸의 이면은 차가워진다는 이치이다. 한여름철 이열치열以熱治熱로 다스린 가장 대표적 음식이 보신탕과 삼계탕인데, 개고기와 닭고기는 따뜻한 성질(인삼, 대추도 성질이 몹시 뜨겁다)을 가지고 있기 때문에 속에 열을 나게 해서 복날의 삼복더위를 이열치열(차가워진 속을 데우는 것)로 다스리는 데 효과가 아주 컸다. 그래서 특히 여름에 팥빙수나 찬 성질의 과일을 먹으면 쉽게 배탈이 나서 설사하는 이치와도 연결된다.

냉면 ─ 냉면은 본래 겨울 음식으로 한겨울에 얼음이 둥둥 뜬 동치미 국물에 성질이 찬 메밀국수를 말아먹으며 겨울에 뜨거워진 속을 식히려 한 것과 동일하니, 이 모든 것이 자연의 이치를 바탕으로 음식을 만들어 먹어온 조상들의 지혜이다.

피부의 변화 ─ 청소년은 피부나 모발이 부드럽고 아름답지만 노장기老壯期에 접어들게 되면 그 용모나 근골이 거칠게 되는 것은 청소년기는 목화木火의 상승작용으로 인하여 수기水氣가 상승하기 때문에 아름다운 것이요, 노장기老壯期는 금수金水가 하강작용을 하므로 표면의 수기水氣가 이면으로 잠복하기 때문에 거칠게 되는 것이니 이것은 모두 음양의 반복 작용 때문이다.

용암과 석유 ─ 음극양陰極陽 양극음陽極陰의 음양원리에 따라, 양陽의 기운인

화火가 극에 달하여 수水의 성질인 응축凝縮의 액체성(潤下)을 지닌 대표적인 물질이 적색의 용암鎔巖이며, 음陰의 기운인 수水가 극에 달하여 화火의 성질을 가진 발산發散의 휘발성(炎上)을 지닌 대표적인 물질이 흑색의 석유石油이다.

존재存在─우리가 알고 있는 존재存在라는 글자 속의 의미를 보면 존存은 글자 속에 자子가 들어 있는데 이는 십무극十無極에서 일태극一太極으로 돌아와 순환을 마감하는 과정으로 12지지地支의 수水인 자子를 통해 일一로 완료되는 것을 보여주며, 재在는 글자 속에 토土가 있는데 이는 일태극이 십무극으로 새롭게 순환을 시작하며 흩어지는 과정으로 미토未土를 통해 일一이 십十으로 분열되는 것을 보여준다. 응축의 끝인 태극의 의미가 새로운 생명 탄생의 씨 종자子인 것과 상통하는 것을 알 수가 있다.

젖가슴과 생식기─여자의 젖가슴이 외부로 드러난 것은 시원함을 유지해야 함을 뜻한다. 1910년에서 1920년대(구한말)의 사진을 보면 일하는 아낙네들이 젖이 드러나는 저고리를 입은 채 거리를 활보하는 모습을 볼 수 있는데 가슴을 가리기 위해 속옷들을 여러 겹 겹쳐 입으면 체온과 함께 가슴의 온도도 상승하여 수유를 했을 경우 아이가 탈이 나는 경우가 굉장히 많았다고 한다. 결국 가슴의 온도가 높지 않고 시원해야 젖의 구실을 제대로 하는 것이다. 또한 여자의 생식기는 내부에 있고 남자의 생식기가 외부에 있는 것도 모두 다 음양의 자연 원리에서 비롯된 것이다. 여자의 생식기는 따뜻해야 하므로 내부에 있는 것이니, 요즈음 여자들이 겨울에도 짧은 치마를 입고 다니는 모습을 보면 생리통이 이전시대보다 더 심할 수밖에 없는 게 당연하다고 본다. 그리고 남자의 생식기는 시원해야 하므로 외부에 있는 것이니, 예로부터 자기 딸을 시집보낼 때 결혼할 남자가 고환부위가 땀이 차고 습하면 절대 딸을 주지 말라는 말이 있다. 고환이 불알 즉 화란火卵이라 하는 이유도 열이 많은 알이니 시원하게 식혀 주어야 한다는 뜻이다. 결국 여자의 생식기가 따뜻하지 못하고 차거나 남자의 생식기가 시원하지 못하고 뜨거우면 임신에도 분명 영향을 미친다고 보는 게 필자의 생각이다.

태극기—음과 양의 에너지가 합쳐져야 우주만물이 생겨나듯이 태극은 우주 자연의 궁극적인 생성원리, 창조적인 우주관을 상징한다. 태극기의 한가운데에 있는 원의 아래쪽에 그려진 파란색과 땅을 의미하는 우하단의 곤坤, 물을 의미하는 우상단의 감坎은 음陰을 의미하고, 원의 위쪽에 그려진 빨간색과 하늘의 의미하는 좌상단의 건乾, 불을 의미하는 좌하단의 리離는 양陽을 의미한다. 그리고 4괘는 음과 양이 어울리면서 변화해가는 우주의 모습을 상징하며 이것이 한 번 더 변화하여 8괘가 된다. 미국 코넬 대학의 천문학교수이자 우주과학 교수인 칼 세이건(Carl Sagan)은 그의 명저 〈코스모스〉에서 '한국의 태극기는 우주 그 자체를 상징하고 있다.'라고 말했고, 이화여대 국제대학원 최준식 교수는 태극기에 대해 "세계에서 가장 철학적인 국기는 한국의 국기로 태극기처럼 우주의 오묘한 진리를 담고 있는 국기도 없는 것 같다. 우리 태극기는 지금까지 인류가 만들어낸 상징 중에 최고 수준이다"라고 표현하였다. 참고로 이스라엘 국기의 육망성도 '△'는 위로 타오르는 불인 양陽을 상징하며, '▽'는 아래로 흘러내리는 물인 음陰을 상징함으로써 음과 양이 서로 사귀는 수화교제水火交濟라 할 수 있다.

괘와 장부—주역에 나오는 괘卦의 효爻를 보면 가장 기본적인 양효(-)는 하나의 선으로 표시하고 음효(--)는 두 개로 표시한다. 양효는 양陽으로서 홀수인 1이고 음효는 음陰으로서 짝수인 2인데, 목화木火가 양陽이고 금수金水가 음陰이다. 재미있는 건 오장五臟 중에서 목화木火의 양陽인 간과 심장은 하나이고 금수의 음陰인 폐와 신장은 두 개라는 것이다. 이렇게 세상만물이 음양오행의 원리에 근거해 필요한 부분이 다 만들어졌으니 혹자는 폐나 심장이 두 개이니 하나를 다른 이에게 이식해줘도 상관없겠다라고 하지만, 그렇게 하면 분명히 시간이 지나면서 오장五臟의 조화가 깨어지면서 스스로가 몸의 변화를 느낄 것이다. 실제 필자의 지인 중에도 그런 사례가 있는데 신장 하나를 다른 사람에게 떼어주고 난 후에 서서히 육체적 고초를 겪고 있음을 보았다. 결국 인체 또한 소우주로서 음양오행의 원리를 벗어날 수가 없음을 느낀다.

얼굴의 입 ─ 얼굴은 '얼의 굴'로 영혼의 구멍이란 뜻이다. 그만큼 인체에서 가장 많은 구멍이 모여 있는 부위이면서 다섯 가지 오행 기운이 모두 모여 있는 유일한 곳이 얼굴이다. 현대적 관점에서 이야기한다면 얼굴은 인체에서 색과 향기와 맛과 소리를 통해 외부의 에너지를 파악하고 수용하는 시스템이 모두 모여 있는 특별한 곳이다.

동양에서 홀수는 양陽을 의미하고 짝수는 음陰을 의미하는데, 양陽적인 작용은 안에서 밖으로 발산하는 것을 의미하고 음陰적인 작용은 밖에서 안으로 수렴하는 것을 의미한다. 얼굴의 구멍 중 유일하게 입만이 하나로서 양陽적인 발산發散의 기능을 가지고 있다. 그래서 입은 음식을 먹는 기능도 있지만 소리나 말을 안에서 밖으로 토해내는 것이다. 그런데 나머지 눈, 코, 귀는 두 개씩 존재하므로 음陰적인 수렴收斂이다. 그래서 밖에서 안으로 외부정보인 '빛'과 '냄새'와 '소리'를 받아들이는 것이다. 예로부터 우리 선조들은 음陰적인 수렴인 눈, 코, 귀는 아무것이나 함부로 받아들이는 것을 경계하였고, 양陽적인 발산인 유일한 입은 마음 내키는 대로 함부로 발산하면 안 됨을 경고하였다. 참고로 구규九竅란 인체에 있는 아홉 개의 구멍으로 눈, 코, 입, 귀의 일곱 구멍과 요도, 항문을 가리키는데, 구멍이 두 개인 눈과 코, 귀를 제외하면 모두 안에서 밖으로 발산, 분출하는 작용을 한다. 조물주가 인간의 입이나 요도, 항문을 두 개로 만들지 않은 이유가 여기에 있지 않을까 생각해 본다.

한의학의 기미론氣味論ー자연에 존재하는 모든 약물이나 음식물은 고유한 성질氣과 맛을 가지고 있다. 그 성질과 맛을 기초로 인체의 생리적인 반응에 적용하여 식생활이나 질병의 예방과 치료에 응용해 왔는데, 기미론氣味論에서 한열寒熱의 기氣를 파악하는 것은 음양陰陽의 원리에 기초하며 미味는 다섯 가지 맛을 뜻하는 오미五味로 오행五行의 원리에 기초한다. 곧 한의학도 소우주인 인체에 전문적으로 적용하는 음양오행학인 것이다. 그래서 한의학에서 약재가 가진 기氣의 반응으로 승과 강(약의 기운을 올리기도 하고 내리기도 하는 것), 온량한열(약성의 차고 더움으로 이를 다시 따뜻하고 서늘한 것으로 나누어서 네 가지로 분류하는 것), 보와 사(몸의 허한 곳은 보태주고 실한 곳은 사하여 주는 것), 표와 리(약이 밖으로 가는 것과 안으로 가는 것), 발산과 수렴(가스를 발산시키는 것과 땀, 설사를 멈추게 하는 것)은 모두 음양의 관점에서 나온 것이며, 오미(신맛, 쓴맛, 단맛, 매운맛, 짠맛)는 고대의 오행원리를 통해 사람의 오장육부에 배속하여, 오장육부의 유기적인 상관성 속에서 병을 예방하고 치료하는 틀을 마련한 것이다. 예를 하나 들면, '돼지고기는 그 성질이 차며, 맛은 달고 짜다'고 표현한다.

색즉시공 공즉시색

우주가 물物과 상象의 음양陰陽으로 동시에 존재한다는 것과 관련하여 불교경전에 있는 '색즉시공色卽是空 공즉시색空卽是色'의 의미를 이해해보기로 하자.

'색즉시공色卽是空 공즉시색空卽是色'에서 관측이 가능한 상태를 말하는 '색

色'은 우리가 살고 있는 단단한 물질세계로 양자 상태를 뜻하며, 텅 비어 있다고 보거나 관측 불가능한 상태를 말하는 '공空'은 작용이 없어 겉으로는 보이지 않고 고요해 보이나 내부의 본체는 생동하고 있는 장場의 상태를 의미한다. 양자물리학에서 아주 이상한 특성으로 우리의 일상적인 생활, 경험에는 맞지 않는 듯 보이지만 실제로는 그렇지 않은 게 있는데 한번 살펴보자. 우리는 세상의 모든 물질은 원자로 이루어져 있다고 배웠다. 그런데 실제 원자의 대부분은 비어 있다. 가령 수소원자를 예로 든다면 원자핵의 크기가 농구공 정도 된다고 가정하면 수소원자의 전자는 원자핵의 외부궤도를 도는데 그 거리는 약 32Km 정도로 떨어져 회전하고 있으며 그 사이는 텅 비어 있다. 우주 역시 대부분은 비어 있는데, 그 비어 있는 공간의 단위로 내려가게 되면 결국 시간과 공간이 만나는 곳까지 내려가게 된다. 이런 우주의 미세한 기초 단계에 정보와 패턴이 존재한다. 그것이 우주의 바탕이며 그러한 단계에서는 빅뱅 이후의 모든 정보가 존재한다. 그래서 우주의 대부분은 물질이 존재하더라도 대부분 비어 있다고 생각하지만 양자물리학과 상대성이론에서 보면 진공 속에는 10^{94}과 맞먹는 양의 에너지가 존재한다고 하며 E=MC²이론으로 보면 그 에너지의 양은 엄청난 것이다. 이충웅 교수는 "우주 공간을 허공으로 생각한다. 현대 과학으로 입자의 크기가 10의 마이너스 18승 센티미터보다 작으면 우리는 관찰할 수가 없다. 따라서 우리는 우주 공간을 아무것도 없는 공간으로 생각한다. 그러나 실제로는 10의 마이너스 18승 센티미터 보다 작은 입자가 우주 공간에 꽉 차 있다. 현대 물리학의 실험 결과에 의하면, 강력한 r선을 우주 공간에 쏘면 양전자와 음전자가 생긴다. 아무것도 없어 보이는 허공이 양전자와 음전자로 되어 있는 것이다. 음양의 원리는 여기서 시작된다."라고 하여 우주 공간은 텅 빈 것이 아니라는 사실을 음양의 원리로 설명하고 있다. 한마디로 이 우주는 꽉 차 있는 것 같지만 텅 비어 있고, 텅 비어 있는 것 같지만 꽉 차있는 상태로 표현한 것으로, 물질인 색色조차도 사실 우주질宇宙質이 반응해 일으키는 허상(홀로그램)에 불과한 것이다.

참고로 민족수련법인 국선도의 수행내용과 비유하여 설명한다면 태극의 돌아감(회전)은 수승화강(水火作用)인 임독맥이 유통되는 상태에 비유되고, 무극의 텅 빔은 국선도 내공법의 마지막 9번째 단계인 진공단법眞空丹法으로, 몸과 마음을 한없이 분열시켜 나와 우주의 경계가 소멸되는 상태로 가는 마지막 단계라 할 수 있다. 그러므로 변화의 극치를 의미하는 9九는 최고의 단계나 경지를 의미하는 것으로서 국선도나 단학에서의 9단계나 바둑에서의 9단, 자죽염을 9번까지 굽는 것, 녹차나 홍삼 제조를 9증9포(아홉 번 찌고 말리는 것)하는 것들이 모두 9가 다시 0(無)으로 가는 '마지막 숫자'이자 '완전한 수'라는 것과도 무관하지 않다. 10은 다시 한 번(1) 처음(0)으로 돌아감을 뜻한다.

오행五行의 의미

오행五行의 개념에 오五자를 붙인 것은 우주의 만물은 다섯 가지의 법칙권 내에 있음을 의미하는 것이요, 행行자를 놓은 것은 기운氣運이 취산聚散하면서

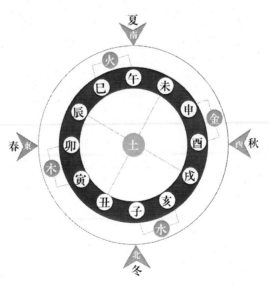

[오행 그림]

순환循環함을 상징象徵한 것이다. 그래서 오행五行이란 음양水火의 변화가 한 단계 더 세분화되어 표현된 자연법칙인 것으로, 양火에서 한 단계 더 세분화 되어 목화木火가 나오고, 음水에서 한 단계 더 세분화 되어 금수金水가 나온다. 그리고 토土는 목화금수의 중간에서 조절과 중재를 맡게 되니, 사상四象은 음 양의 각 분화에서 드러나지 않으면서 조화, 중재하는 토土를 생략한 표현일 뿐이다. 사계절로 쉽게 이야기 하면 봄과 여름이 양陽의 모습이고, 가을과 겨 울이 음陰의 모습이다. 또한 오행운동은 분합운동分合運動이기 때문에 양陽의 운동과정인 목화木火에서는 분산分散하고, 음陰의 운동과정인 금수金水에서는 종합綜合되는 것으로 취산聚散의 의미가 '행行' 속에 내포되어 있다. 그래서 금 전이 취산하는 곳을 은행銀行이라 부르고 화물貨物이 취산聚散하는 곳은 양행 洋行이라고 하는 이유가 여기에 있는 것이다. 결론적으로 오행五行은 정신이 나 생명을 가진 물질들의 동정動靜하는 모습을 측정할 수 있는 자연 그대로의 법칙으로서, 삼라만상森羅萬象의 유동하는 변화를 측정하고 표현한 것이다.

그런데 음양오행陰陽五行을 공부함에 가장 중요한 것은 오행의 실체實體에 는 형形과 상象의 두 가지가 공존하고 있기 때문에 단순히 나무, 불, 흙, 쇠, 물처럼 눈에 보이는 물物만을 의미하는 것도 아니요, 또는 생生, 장長, 화化, 수收, 장藏처럼 눈에 보이지 않는 상象만을 의미하는 것도 아니다. 다시 말하 면 형이하形而下와 형이상形而上을 종합한 형形과 상象을 상징하는 부호로 형 상象象을 모두 대표한다. 이러한 것을 염두에 두고 공부를 하면 음양오행의 우주원리에 좀 더 쉽게 접근할 수 있다. 참고로 여기서 밝히는 음양오행에 관 한 내용 중의 일부 핵심들은 한동석 씨의 ≪우주 변화의 원리≫에서 발췌하 였음을 밝힌다.

오행五行의 우주 원리

  음양의 승강昇降으로 오행의 계절이 분화되고, 이러한 사계절은 열대지방이나 한대지방에서는 볼 수 없는 현상으로 생장화수장生長化收藏으로 표현된다. 생장화수장生長化收藏은 지구에 작용하는 다섯 가지 상象으로 봄에 싹이 돋아 자라고(生), 여름에 잎이 나며 무성해지고(長), 다시 무성한 힘이 정지되어 큰 마디의 전환점을 이루고(化), 가을의 찬바람 속에 열매를 맺고(收), 겨울이 되어 씨앗은 땅속에 떨어져 생명력을 내부로 모았다가(藏) 다시 봄이 되어 뛰쳐나오는(生) 순환으로 우주의 질서를 보여준다. 좀 더 구체적으로 표현하면 봄이 되면 죽은듯한 가지에서 싹을 틔우는 힘이 목기木氣로, 생기를 일으켜 뻗게 해서 빼어나도록 하는 작용이 있다. 여름이 되면 잎이 무성해지는 기운이 화기火氣로, 활달豁達하게 자라서 사방으로 무성하게 펼치는 작용이 있다. 늦여름이 되면 급하지도 느리지도 않으면서 안정감과 평화로운 기운을 발하는 기운이 토기土氣로, 풍만하고 비육하게 살이 오르도록 하는 작용이 있다. 가을이 되면 밖으로 쏟아낸 기운이 열매에 모여 맛이 들 듯 흩어진 몸의 기운을 수렴하는 기운이 금기金氣로, 정기를 거두어 밖으로부터 안으로 단단하게 뭉치며 밀폐시키는 작용이 있으며, 겨울이 되면 뿌리에 기운을 저장하여 겨울을 견뎌내고, 봄에 새로운 싹을 틔울 힘을 보관하는 기운이 수기水氣로, 정기를 속으로 응축凝縮하여 견고하게 맺히도록 하는 작용이 있다.

  또 다른 관점으로 음양의 변화를 열의 승강昇降으로 본다면, 양陽은 화火의 성질인 염상炎上이 되고, 음陰은 수水의 성질인 윤하潤下가 된다. 열이 늘어나면 생장生長하고 열이 줄어들면 수장收藏한다. 토土의 화化는 열이 상승하다가 하강으로 바뀌는 변화 단계이다. 계절로 표현하면 여름에서 가을로 넘어가는 단계인 것이다. 그러므로 변화의 단계를 오행으로 더 세분하게 되면, 열熱이 적으면 상승上昇하고 많으면 발산發散한다. 한寒이 적으면 수렴收斂하고 많으면 하강下降한다. 다시 말하면 온도를 조금 높이면 상승하고 많이 높이면 발산하며, 온도를 조금 낮추면 수렴하고 많이 낮추면 하강한다. 결국 태양에 너지에 따라 변화되는 것이다. 그리고 그러한 열의 변화는 태양에너지에 의한 지구 대기권 내에 있는 공기 중의 수분, 바로 물水의 변화이기도 하다. 사람 또한 대부분 물로 이루어져 있으니, 당연히 그 영향을 받지 않을 수가 없을 것이다. 그래서 면역력이 약해진 사람이 한열寒熱로 인한 계절의 환절기에 적응하지 못하게 되면 걸리는 것이 감기이다.

1. 봄木氣 - 生(변화의 제 1단계)

춘목春木으로 분발(奮發, 떨쳐 일어남)하는 의기意氣로서 용력(勇力, 솟아나오는 힘), 용출湧出하는 것을 생하는 상태로 양陽의 활동을 시작하는 것이 목기木氣 활동이다. 목기木氣가 발할 때는 내부에 축적되었던 양陽이 외부로 용출하려고 하지만, 이때에 만일 외면을 포위한 음형陰形의 세력이 아직 너무 강하여서 이면裏面에 포위당하고 있는 소위 일양一陽의 분출을 허락하지 않는다고 하면 잠복한 바의 이양(裏陽, 속의 양)은 더욱 그 힘이 강화되게 마련이다. 결국 그 힘이 탈출할 때에 생기는 반응을 목木의 작용이라고 한다. 수水란 본래 응고凝固가 심하여서 용력勇力을 잠장潛藏하고 있을 뿐이고 뜻을 이루어내지는 못한다. 그러나 그것도 때가 이르면 목기木氣로 변질되면서 그 힘이 활동하기 시작하는 것이다. 그러므로 수기水氣는 목기木氣의 모체가 되는 것인 바 그 응고를 위주로 하던 수기水氣도 여기에 이르게 되면 튼튼한 응고력은 점점 약화되고 양기陽氣는 잠장潛藏에서부터 탈출하게 되므로 거기에서 양陽의 활동은 시작하는 것이니, 이것이 바로 목기木氣의 활동이며 힘이다. 다시 말하면 목木이란 것은 수水의 형질이 운동하는 시초의 모습인 것이다.

◆ 팽창과 분열의 1단계
- 발아發芽, 자람의 속성, 만물의 시작, 발생發生, 상승上昇, 분발奮發, 용출湧出, 뚫고 오름(spring)

- 끊임없이 뚫고 나가고 싶어하는 것: 어린 새싹이 수백 배의 무거운 흙 덩이를 뚫고 나오는 모습
- 음에서 양으로 전환하는 순간에 강력한 목木기운 발동
- 소양少陽: 목木은 양陽의 시작으로 소양陰中之陽
- 겉表은 양陽이지만 속裏은 아직 음陰
- 동쪽
- 봄: 파릇파릇 눈에 보임
- 소년기

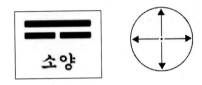

2. 여름火氣 - 長(변화의 제 2단계)

하화夏火로 목기에서 분열分裂하기 시작하는 때로 분산分散을 위주로 하는 기운이다. 우주의 변화는 최초에는 목木의 형태로써 출발하지만 그 목기木氣가 다하려고 할 때에 싹은 가지를 발하게 되는 것인즉 그 기운의 전환을 가리켜서 '火'라고 하는데 이것이 바로 변화작용의 제 2단계인 것이다. 화기火氣라는 것은 분산分散을 위주로 하는 기운氣運이다. 그래서 목기木氣의 특징은 이미 소진消盡되고 분열分裂과 장무長茂라는 새로운 특징과 바뀌게 된다. 화기火氣의 때에 이르면 외부의 형形과 이면裏面의 질質이 서로 투쟁함에 있어서 외형이 점점 밀리면서 확장분열하게 되는 것인즉 그것은 바로 외형이 이질裏質에게 판정패를 당하고 마는 형태를 말한다. 이와 같은 상태를 자연계에서 관찰하여 보면 이것은 꽃이 피고 가지가 벌려지는 때인즉 이때는 만화방창萬化方暢한 아름다움은 위세를 최고도로 뽐내는 때로 외형은 무성茂盛하지만, 그 내면은 이미 공허空虛하기 시작하는 때이다. 그러므로 이것은 형상形象의 대립이라고 한다. 다시 말하면 형形과 기氣는 언제나 그 세력이 병행하는 것이

아니고 서로 소장消長하면서 외면外面을 형성한다는 원리를 말한다.

◆ **팽창과 분열의 2단계**

- 생장生長, 발산發散의 속성, 분산分散, 장무長茂, 폭발爆發, 추진推進, 확산 (summer)
- 끊임없이 흩어지고 싶어하는 것: 옆으로 가지와 잎이 무성하게 확산 하는 모습
- 태양太陽: 화火는 양陽의 극함으로 태양(陽中之陽)
- 겉表도 양陽이고 속裏도 양陽
- 남쪽
- 여름: 주렁주렁 열림
- 청년기

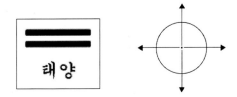

3. 장하土氣 - 化(변화의 제 3단계)

장하토長夏土로 금金의 견렴과 화火의 분열의 상쟁相爭을 막는 토로 절대 중 화지기中和之氣며 중기中氣다. 화기火氣가 무한 분열할 때 자생하는 기운으로, 만일 우주 간에 있는 모든 생장분열이 무제한으로 발전만 한다면 인간의 키 는 수천 척에 달할 수도 있을 것이요, 수목樹木의 높이는 하늘을 찌를 수도 있 다. 그래서 천도天道의 운행은 목화木火의 과정에서는 생장과 분열을 하던 것 이 토土에 이르러서 중지되고 마는 것이다. 왜 그런가 하면 천도天道는 무제 한의 생장을 허락하는 것이 아니라 그 생장은 성숙을 전제로 하는 것이므로 다시 금수金水로 통일하여야 하기 때문이다.

위에서 토土는 화기火氣가 무한 분열할 때에 생기는 것이라고 하였는데, 토

土는 유형有形이 무화無化하게 되면 그 무화無化를 발판으로 다시 유有의 기초를 창조하는 지점이므로 이것을 '中'이라고 하는 것이다. 그러므로 토土가 사계四季에 배속하면 장하長夏가 되는 것이니, 장하長夏란 것은 화火의 실력이 아닌 허세로서 폭서暴暑의 번무蕃茂를 만드는 때이다. 이는 푹푹 찌는 무더위로 밥 짓기에 비유한다면 뜸을 들여서 속을 익히는 작용과 흡사하다고 볼 수 있다. 이 계절을 지나야 속이 잘 익고 단단한 열매로 결실이 맺어지는 것이다. 또한 토기土는 그 성질이 화순和順하여서 불편부당不偏不黨, 중정中正, 공평公平하는 절대중화지기絶對中和之氣를 말하는 것이다. 다시 말하면 생장生長인 발전發展의 편도 아니고 수장收藏인 성수成遂의 편도 아니다. 그런즉 그것은 동動적인 양陽 작용을 하는 것도 아니고 정靜적인 음陰 작용을 하는 것도 아닌 성질이므로 이것을 '中' 작용이라고 한다. 토土는 이와 같은 공정무사公正無私한 '中'작용을 하는 것이므로 목화木火의 무제한 생장을 제한하는 것이니, 분열을 통합시켜서 성수成遂의 과정으로 유도하는 유일한 적격자로서 군림한다. 다시 말하면 화기火氣의 염열炎熱은 금수金水로써 종합해야만 성숙成熟을 돕게 되는 것이다.

그런데 오행의 성질 가운데서도 특별히 금金과 화火의 성질은 서로 용납할 수 없는 특징을 가지고 있다. 그러므로 발전이 끝나게 되어서 금金이 화火를 포장하려고 할지라도 화火의 염열炎熱은 금기金氣의 형성을 능히 거부할 수 있는 것이다. 금金과 화火의 성질은 이와 같은 견원지불화犬猿之不和를 지니고 있는 것인즉 어떠한 다른 기운이 중재하여 주지 않으면 금金이 화火를 도저히 포장할 수 없는 것이다. 그러므로 이와 같은 형태를 금화상쟁金火相爭이라고 한다. 우주운동이 자기의 동정動靜운동을 완수하기 위하여서는 토土와 같은 중화성中和性을 지닌 기운을 투입함으로써 비로소 이러한 폐단을 방지할 수 있는 것이다. 이와 같은 난제를 해결하기 위한 것이 토土인데, 그러한 토土도 또한 넷(辰, 戌, 丑, 未)이 있어서 사대절四大節을 만들고 있다. 바로 사계절의 생장화수장生長化收藏이라는 역동적 변화과정의 각 마디인 환절기에 존재하면서, 어디에도 치우치지 않고 속에 숨어서 도와주며 중재하는 것이 토土인 것이다. 그런데 그 중에서 가장 중요한 것이 여름에서 가을로 넘어가는 토土인데, 그것이 바로 위에서 말한 바의 금화상쟁을 막는 토土로서 양陽기운이 음陰기운으로 바뀌는 우주의 가장 큰 마디이기 때문에 밖으로 드러날 정도로 꼭 토土가 필요한 것이다.

참고로 사대절四大節은 환절기로, 이러한 계절의 기운이 바뀌는 때에 감기感氣가 가장 잘 걸린다. 특히 환절기 중에서 가장 큰 마디인 더운 여름에서 서늘한 가을로 넘어갈 때가 그 기운 변화도 가장 심할 것이다. 예전에 국민가수 조용필 씨가 "가을을 굉장히 좋아하지만 단 한 가지 나쁜 것은 여름에서 가을 넘어갈 때가 감기가 가장 잘 드는데, 자칫 잘못하여 감기만 들었다 하면 무조건 쉬어야 한다"라고 이야기하는 것을 본 적이 있다. 목에 가장 민감한 가수의 이야기 속에서 환절기의 의미를 생각하게 한다.

◆ 조화의 본체
- 모든 생성의 기초土台, 조화調和, 균형均衡, 공평公平, 중정中正, 통합統合, 불편부당不偏不黨
- 변화를 조절하며 중재하는 것: 봄, 여름의 외형적인 자람에서 가을, 겨울의 내부적인 성숙으로 전환하는 모습
- 토土는 음양을 포용하는 기운(陰陽中和)
- 목화금수가 그 특성을 발현하는 곳이 바로 흙
- 우주의 순환이 직선 운동(사각형)을 하지 않고 원운동(원)을 하게 만드는 원동력
- 4개의 토土 중 여름에서 가을로 전화되는 시점에서 유일하게 드러나는 미토未土기운이 가장 중요한 전환점
- 중앙(四方의 주체)
- 늦여름

4. 가을金氣 - 收(변화의 제 4단계)

추금秋金으로 성질은 견렴堅斂을 위주로 하는 기氣로 표면을 견변堅變하면서 양을 포용하는 역할을 하는 기氣다. 더 이상 흩어질 수 없는 상태까지 분열된 화를 토土가 조화調和하여서 응결을 매개하면서 목화木火의 작용에 종지부를 찍게 하고 거기서부터 금수金水가 대체하여서 통일작용을 하게 되는데, 금金은 통일단계에 접어드는 제 1단계인 동시에 변화의 제 4단계인 것이다. 그런데 금金과 목木은 그 성질이 전혀 반대다. 목木은 이양裏陽이 표면으로 분산하려는 발전의 최초 단계였지만, 금金은 표양表陽이 다시 이면裏面으로 잠복하려는 수장收藏의 최초 단계인 것이다. 그러므로 만물은 춘기春氣에 있어서는 그 힘이 표면으로 발산하려고 하여 외각(外殼, 겉껍데기)이 연화軟化하게 되지만, 가을에는 내부로 잠복되어서 외각이 점점 경변硬變하여 양기陽氣를 포장할 준비를 하는 것이다.

다시 말하면 금기金氣는 목기木氣와는 전혀 반대되는 작용을 하면서 양陽을 포장한다는 것으로, 그 기반을 미토未土에 두고 있으며, 그 성질은 견렴堅斂을 위주로 하는 것이다. 그렇지만 금기金氣는 표면을 견변堅變하면서 양陽을 포용하는 역할을 하며 다음에 올 응고작용凝固作用의 기본을 이루어 놓는 것이지, 결코 그 이면裏面까지 견고하게 하는 것이 아니다.

◆ **수축과 통일의 1단계**

• 결실結實, 수렴收斂의 속성, 거두다秋收, 견고堅固, 견렴堅斂, 억제抑制, 떨어짐(fall)

• 끊임없이 모으고 끌어 내리게 하는 것: 서늘한 바람이 불면서 잎을 떨구고 열매를 거두게 하는 모습

• 양에서 음으로 전환하는 순간에 강력한 금金기운 발동

• 소음少陰: 금金은 음陰의 시작으로 소음(陽中之陰)

• 겉表은 음陰이지만 속裏은 아직 양陽

- 서쪽
- 가을: 곡식을 갈무리
- 장년기

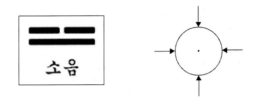

5. 겨울水氣 - 藏(변화의 제 5단계)

동수冬水로 응고凝固가 심하여 용력을 잠장潛藏하는데, 형상계의 모체이다. 만물의 수장작용收藏作用은 위에서 말한 바와 같은 토기土氣와 금기金氣의 도움을 받아 수水에 이르러서야 비로소 통일과업을 완수하는 것이다. 그런데 금기金氣는 표면을 수렴하는 일을 하였지만, 천도天道는 수기水氣의 작용을 거친 후에라야 그 내부의 깊은 곳까지 응고하게 된다. 이와 같이 한 점으로 통일됨으로써 양陽은 완전히 수장收藏되어서 만물의 생명을 창조하는 것인데, 이것은 인간에 있어서는 정精이라 하고 식물계에 있어서는 핵核이라고 한다.

결국 오행운동이란 것은 목화토금수木火土金水의 순서로 발전하고 다시 순환하는 만물의 운동 형태인데, 그것을 피상적으로 보면 만물의 천변만화千變萬化지만 그 내용을 잘 살펴보면 물의 5단계 운동인 것이다. 수水의 활동이 바로 변화작용을 일으키는 만물의 활동원으로, 만물의 활동이란 것은 곧 수水의 활동임을 알 수 있다.

이렇게 '水'는 청초한 봄과 화려한 여름을 꾸며내며 장엄한 가을과 엄숙한 겨울을 만들어 내는 동시에 자기가 지닌 바의 응고성과 자율성과 중화성으로써 만물을 생성하는 기본존재이므로 우주의 본체라고 하는 것이다. 그러므로 수水는 그의 응고작용으로 정과 핵을 창조하고, 자율작용으로 변화를 일으키고, 중화작용으로 대립과 투쟁을 조화한다. 그러나 이것은 수水 자체가 이러한 작용의 기본을 이루는 것은 아니고 수水가 지니고 있는 그러한 특징으로 하여금 그렇게 하지 않을 수 없게 하는 천지天地운동의 기본요소가 있기 때문이다. 그것이 바로 지구의 운동원리, 즉 지구가 공전, 자전함으로써 거기서 일월日月이 정기精氣를 던져 주는 바로 그 작용 때문에 물이 자기의 기본 존재적 특징을 발휘할 수 있는 것이다.

◆ **수축과 통일의 2단계**

- 잠입潛入, 단단함의 속성, 감추다, 숨다, 저장貯藏, 응집凝集, 침정沈淨, 응축(winter)
- 끊임없이 단단해지고 싶어 하는 것: 생명의 씨를 얻어 새로운 봄을 위해 깊숙히 저장하는 모습
- 태음太陰: 음陰의 극함으로 태음(陰中之陰)
- 겉表도 음陰이고 속裏도 음陰
- 북쪽
- 겨울: 겨우겨우 살아감
- 노년기

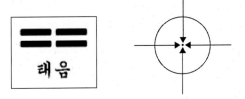

《자평진전子平眞詮》의 음양오행

"천지지간天地之間, 일기이이一氣而已, 유유동정惟有動靜, 수분음양遂分陰陽, 유노소有老少, 수분사상遂分四象, 노자老者, 극동극정지시極動極靜之時, 시위태양태음是爲太陽太陰, 소자少者, 초동초정지제初動初靜之際, 시위소음소양是位少陰少陽, 유시사상有是四象, 이오행구어기중의而五行具於其中矣, 수자水者, 태음야太陰也,

화자火者, 태양야太陽也, 목자木者, 소양야少陽也, 금자金者, 소음야少陰也, 토자土者, 음양로소陰陽老少, 목화금수충기소결야木火金水沖氣所結也"

명리학의 고전인《자평진전子平眞詮》에 나오는 음양오행에 관한 내용이다. 원문을 해석하면 "천지天地 간에 하나의 기氣가 있는데, 스스로 동動과 정靜이 있어 마침내 음양陰陽으로 나뉘어졌다. 음양에 노소老少가 있어 다시 사상四象으로 나누어진다. 노老라는 것은 동動이 극極에 이르거나 정靜이 극極에 이른 상태로 태양(太陽=純陽之氣)과 태음(太陰=純陰之氣)이라 한다. 소少라는 것은 동하기 시작하거나 정하기 시작하는 때로, 이를 소양(少陽=陰中之陽)과 소음(少陰=陽中之陰)이라 한다. 이를 일컬어 사상四象이라 하며 오행五行을 사상四象에 배치할 수 있는데, 수水가 태음太陰이요, 화火가 태양太陽이며, 목木이 소양少陽이고, 금金이 소음少陰이요, 토土가 음양陰陽과 노소老少와 목화금수木火金水의 기운들을 조화롭게 연결시켜 주는 것이다."

따라서 오행의 변화는 태음(겨울) ⇨ 소양(봄) ⇨ 태양(여름) ⇨ 소음(가을)으로 이어지며 토土는 각각의 기운변화를 중재한다. 결국 음양오행은 모두 인간사의 길흉에 관계되는 우주(天)와 지구(地)의 내변외화內變外化를 세밀히 관찰하여 어떠한 과정을 통해서 분화되었고, 어떠한 규칙 속에서 돌아가고 있는지를 탐구하여 얻어지는 결과물인 것이다. 지금의 현대인은 마치 물고기가 물을 의식하고 살아가지 않듯이 대자연의 변화(해와 달, 계절의 변화 등)에 거의 관심조차 없는데, 필자의 경험으로는 그냥 대자연속의 물物과 상象의 변화를 오랫동안 유심히 관찰하는 것만으로도 생장화수장生長化收藏의 자연이치를 더욱 깊이 이해할 수 있으리라 본다.

계절의 순환과 이치

음양오행의 또 다른 얼굴인 계절의 순환과 이치를 "칡"이라는 식물과 조선일보에 실렸던 "신문으로 배우는 실용한자 '落城'편"의 내용을 참고해서 쉽게 이해해 본다.

칡은 여름에는 덩굴과 잎에 물이 가 있기 때문에 뿌리는 몹시 공허해서 시골에서는 여름에 캔 칡뿌리는 '알이 빠졌다'고 한다. 실제 여름에 캐면 뿌리가 홀쭉하고 섬유질만 남아 있어 단맛이 나지 않는다. 가을이 지나 겨울에 접어들어 물이 뿌리 속으로 다 들어가고 잎은 말라버릴 때 비로소 녹말 알갱이들이 꽉 차게 되면서 통통해지며 단맛을 낸다. 칡뿌리처럼 천마나 더덕 등의 뿌리를 이용하는 식물의 약성도 똑같은 원리로 적용할 수 있다. 결국 여름의 실체는 내부에서 외부로 확산되는 기운으로 추상하고, 겨울의 실체는 외부에서 내부로 응축하는 기운으로 추상한다.

그리고 '落'은 '떨어질 낙(락)'자로 글자를 살펴보면 초두머리(艹, 풀이나 나뭇잎)와 洛(강 이름)으로 이루어진 문자로, 물에 꽃잎이나 나뭇잎 등이 떨어지는 것을 뜻한다. 꽃이 져야 열매를 맺을 수 있고 잎이 떨어져야만 겨울의 매서운 추위를 이겨낼 수 있다. 만일 잎을 떨구지 않고 겨울을 맞이했다가는 굵고 단단한 외피를 가진 나무줄기와는 다르게 그대로 추위에 노출된 잎에서 전해지는 한기로 인해 뿌리까지 얼어 버릴 것이기 때문이다. 봄에 돋아나 여름에 활짝 펼쳐졌다가 가을에 지는 나뭇잎인 단풍은 실은 동일한 자연의 섭리를 우리에게 보여주는 것으로, 태어남과 성장 그리고 성숙과 완성을 거쳐 다시 생명을 되살리려면 반드시 쇠락을 겪어야만 하는 '순환'의 이치를 보여준다.

나무로서는 머지않아 닥쳐올 겨울을 위해 당시의 무성했던 나뭇잎을 이젠 떨구어 주어야 하는 때인 것으로, 그것은 때를 놓치지 않고 한해 농사를 수확하는 농부와 같다. '이로울 이利'란 벼禾에 칼刀을 대는 것으로 벼를 베어야 할 때에 베어 수확치 않는다면 찬 서리에 그대로 벼는 땅위에서 얼어 죽어 버릴 것이다. 나무는 잎을 떨구어 내어 겨울을 그 단단하고 질긴 외피 안에서 웅크린 채 버티어 낸다. 그렇게 떨구어 낸 잎들은 다시 거름이 되어 나무로 되돌아가는데, 길고 두려운 겨울이 지나 다시 봄이 왔을 때 나무가 새순을 싹 틔우고 잎들을 펼치며 꽃 피우고 열매 맺는 자양분이 된다는 것은 놀라운 순환의 의미를 함축하고 있다. 낙엽落葉은 그저 쓸어내야 하는 귀찮은 존재가 아니라 다음 사이클의 가장 요긴한 힘이 되어주는 것이란 사실은 참으로 의미 깊은 섭리이다. 결국 '落'이란 글자에는 '떨어지다'라는 뜻 외에 '완성하다, 이루다'라는 뜻도 있으니, 이는 나뭇잎을 떨구는 그 시기로 인하여 사이클의 완성과 성취가 이루어진다. 그러므로 우리가 가을에 아름다운 단풍들을 보는 것은 잎들의 숭고한 희생을 보는 것이다.

오행의 상생상극의 이해

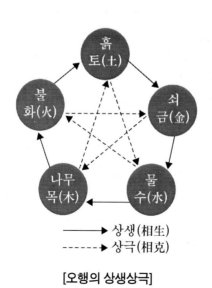

[오행의 상생상극]

오행五行이란 우주가 순환하는 원운동의 다섯 가지 패턴으로서, 오행五行을 이루는 목화토금수는 각각 다른 오행五行과 결합할 때 생해주거나 극하는 상생相生과 상극相克의 관계에 있다. 이를 물상物象에서 눈에 보이는 물物을 통해 쉽게 설명해본다.

1. 상생相生

① 木生火 : 나무는 불을 낳는다. 즉 나무를 태우면 불이 난다.

② 火生土 : 불은 흙을 낳는다. 즉 불이 타고 나면 재(흙)가 생긴다.

③ 土生金 : 흙은 쇠를 낳는다. 즉 흙 속에서 쇠나 바위를 캐낸다.

④ 金生水 : 쇠는 물을 낳는다. 즉 바위틈에서 샘물이 솟아나온다

⑤ 水生木 : 물은 나무를 낳는다. 즉 물을 주면 초목이 살아난다.

2. 상극相克

① 木克土 : 나무는 흙을 극한다. 즉 나무가 흙을 뚫고 나간다.

② 土克水 : 흙은 물을 극한다. 즉 제방(흙)으로 물을 막는다.

③ 水克火 : 물은 불을 극한다. 즉 물로 불을 끈다.

④ 火克金 : 불은 쇠를 극한다. 즉 불로 쇠를 녹인다.

⑤ 金克木 : 쇠는 나무를 극한다. 즉 쇠로 나무를 자른다.

상극의 현상들

우주는 태극이 돌아가는 상대계로서 항상 음과 양이 공존하고 있다. 그러므로 상생相生만 있다면 결코 우주가 지금처럼 돌아갈 수 없으니, 상생을 견제하는 상극相克도 반드시 필요한 것이다. 그러한 상극相克의 중요성을 주변에서 일어나는 몇 가지 현상들로 설명해본다.

① 아프리카의 육식동물은 초식동물을 잡아먹는데, 초식동물의 입장에서 보면 상극相剋인 존재이다. 만일 육식동물이 천적이 되어 초식동물을 잡아먹지 않으면 초식동물의 숫자가 기하급수적으로 늘어나게 된다고 한다. 목초지는 제한되어 있기 때문에 일정한 시간이 지나 초식동물의 숫자가 한계를 넘어서게 되면 결국엔 모두 다 죽게 된다. 근시안적으로 보면 초식동물이 육식동물에게 잡아먹히는 것이 상극相剋으로 보이지만, 멀리 보면 그것은 오히려 상생이 된다. 이처럼 상생相生과 상극相剋은 음양陰陽처럼 함께 작용하지, 일방적으로 상생相生만 있는 것이 아니다.

② 실험실에서 벼를 심고는 일정하게 여름의 기온이 유지되게 하고 항상 불을 밝혀 밤이 없는 상태로 지속하자 2-3년이 되어도 이삭이 패지 않고 잎만 무성해졌다. 결국 실험실이 잡초 밭으로 되어 버린 것이다.

③ 금붕어는 자연 상태에서 보통 약 만 개의 알을 낳지만, 어항 속에서 아무런 천적의 위협 없이 쾌적한 온도와 적절한 먹이를 공급받으면 약 3,000개~4,000개의 알밖에 낳지 못한다.

④ 열대어를 수족관에 넣어서 산지에서 판매지로 이송을 하는데, 도착해서 보면 열대어들이 비실비실해서 반은 죽어 있는 것이다. 그래서 온도나 환경 등을 바다 속 환경과 똑같이 만들었는데도, 이동을 해서 보면 비실비실해서 제 값을 못 받는 경우가 많다고 한다. 그래서 자문을 구했더니 거기다 문어를 한 마리 넣어주라는 것이다. 문어는 물고기를 잡아먹는데 문어를 한 마리 넣은 상태로 실어 와서 보니, 열대어들이 눈이 반질반질하고 생생하더라는 것이다. 이는 열대어들이 생명의 위험을 느끼니까 오히려 살려고 긴장하기 때문이라고 한다.

⑤ 표고 치기 또한 이와 유사한 원리인데, 표고 치기란 표고버섯이 자생하는 죽은 참나무를 망치로 치는 작업을 말한다. 비가 어느 정도 오고 나무가 물에 흠뻑 젖어 있는 상태에서 큰 망치로 두드리면, 표고의 포자가 퍼지면서

보다 많은 표고버섯을 채취할 수가 있다. 그런데 여기에도 알고 보면 상극의 원리가 숨겨져 있다. 망치나 해머로 힘껏 두들겨 주면 흔들리는 충격에 표고들은 위험을 느끼게 되는 동시에 자신을 지키려고 몸부림치게 되는데, 이때에 더 빨리, 더 많은 포자들을 퍼뜨려 엄청난 개체수로 늘어나는 것이다. 여기에서도 음양오행에 밝은 우리 선조들의 지혜에 경탄하지 않을 수가 없다.

⑥ 호박에 열매를 많이 열리게 하는 방법이 있다. 호박은 줄기가 뻗어가다가 잔뿌리를 땅에 박고 또 뻗어가다가 잔뿌리를 땅에 박고, 그렇게 뻗어나간다. 그런데 호박의 줄기가 약 2미터 정도 자랐을 때 막 흔들어주면 생명의 위협을 느껴서 호박을 많이 맺는다는 것이다. 이처럼 상극相剋은 생生을 견고하게 하고 생生을 살찌게 하며, 생生을 이루어내는 이면에 상극相剋이 작용하고 있는 것이다. 결국 세상의 모든 생물들은 생활의 조건이 열악하거나 삶의 위협이 크면 클수록 본능적으로 더 많은 2세를 낳는다. 인간 역시 출산율이 높은 시대에는 극剋을 많이 받는다는 것을 유추할 수 있겠다.

⑦ 지구의 계절 변화에서 가을 다음에 겨울이 와야지 봄이 와서는 절대 안 된다. 봄에 연약한 새싹이 상대적으로 아주 두껍고 단단한 씨앗 껍질과 땅을 뚫고 나올 수 있는 목기운의 작용력曲直은 겨울의 응축凝縮의 기운에서 비롯되므로, 겨울이 반드시 봄보다 먼저 와야 하는 것이다. 그러므로 가을의 금金 기운은 시기적으로 아직 먼 봄의 목木기운을 견제하는 동시에 겨울의 수水기운에게 자신의 기운을 넘겨주면서 겨울이 오는 법이다. 이는 상생相生과 함께 상극相剋이 공존하는 또 다른 이유이다.

상생과 상극의 응용

오행五行의 모든 기운은 생生과 극剋을 동시에 작용하면서 끊임없이 변화하며 순환한다. 오행五行의 상생相生과 상극相剋은 사주四柱에서 가장 중요한 바탕 이론으로 상생相生은 이롭기만 하고, 상극相剋은 해롭기만 하다는 의미가 아니다. 상생相生은 상생相生으로서 존재 이유가 있고, 상극相剋은 상극相剋으로서 존재 이유가 있는 것이다. 그리고 여기서는 상相을 '서로'의 개념보다는 '도움'의 뜻으로 보는 것이 상생相生과 상극相剋의 원리를 이해하는 데 더 낫다고 본다. 그러므로 오행의 상생相生과 상극相剋은 서로 도와주고, 서로 극한다는 의미가 아니라, 오행五行 중 어느 한 기운이 다른 기운을 생生으로 도와주는 것을 상생相生, 오행五行 중 어느 한 기운이 다른 기운을 극剋으로 도와주는 것을 상극相剋으로 보도록 한다.

1. 상생相生

'목⇨화⇨토⇨금⇨수⇨목' 순으로 순환하며 생하는 관계로 목木이 화火를 생하고(도와주고), 화火가 토土를 생하고(도와주고), 토土가 금金을 생하고(도와주고), 금金이 수水를 생하고(도와주고), 수水가 목木을 생하는(도와주는) 것을 말한다.

상생相生은 오행五行의 운행運行에 따라 서로 다른 것을 낳는 이치이며, 어머니가 자식을 낳아 무조건적인 모성애로 기르는 관계이며, 다음 기운을 만드는 데 자신의 기운을 넘기는 유정有情한 관계이다. 이러한 오행五行의 작용도 상황에 따라 적당한 때(平氣)가 있고 부족한 때(不及)가 있고 지나친 때(太過)가 있다. 이는 비정상적으로 벌어지는 관계로 너무 부족하거나 지나치면 오행五行의 부조화가 발생하여 득得보다 해害가 많게 된다.

가령 상생相生이 지나쳐서 넘치면 모자멸자母慈滅子로서 어머니의 애정이 너무 지나쳐서 오히려 자식을 마마보이나 사회열등생으로 망치는 형국이 된다. 즉 생을 받는 존재가 오히려 약해지거나 그 존재로서의 역할이 깨어진다. 그리고 상생相生이 너무 부족하면 자식이 어머니의 애정을 제대로 못 받고 자라 사회적으로 문제아가 되거나 또는 자신이 생해 주는 것이 지나치게 많으면 자왕모쇠子旺母衰 혹은 자다모쇠子多母衰로서 자식이 많아서 어머니가 쇠약한 형국이 된다. 이는 사주명리학에서 식상食傷이 많아 자신日主의 기운이 쇠약해지는 것을 말한다. 즉 생生을 하는 존재가 오히려 약해지거나 그 존재로서의 역할이 깨어지는 것이다. 내가 지나치게 강할 때는 나의 기운을 덜어 주어야 중화中和가 되나, 내가 지나치게 약할 때는 오히려 생生을 받아야 중화中和가 된다. 그러므로 오행五行의 순환에서는 적당하고 조화로운 기운이 가장 필요하고, 모자멸자母子滅子나 자왕모쇠子旺母衰처럼 오행五行의 기운이 너무 부족하거나 넘치면 오히려 그 균형이 깨어지게 된다. 이는 상생相生이 적당한 힘으로 작용할 때 길한 작용을 할 수 있다는 것을 의미한다.

(1) 목생화木生火
나무가 자신의 몸을 태워서 불을 지피고 빛과 열을 만든다.

태과 시: 목다화식木多火熄: 나무가 지나치게 많으면 오히려 짓눌려 불이 꺼져버린다.

불급 시: 화다목분火多木焚: 불이 지나치게 강하면 오히려 나무가 모두 다 타버린다.

(2) 화생토火生土
불이 타고 난 재가 모여 흙을 키운다.

태과 시: 화다토초火多土焦: 불이 지나치게 강하면 오히려 흙이 마르는 것이 지나쳐 용암처럼 불에 타버리거나 녹아버린다.

불급 시: 토다화멸土多火滅: 흙이 지나치게 많으면 오히려 불이 꺼진다.

토다화매土多火埋: 흙이 지나치게 많으면 오히려 불이 매몰되어 꺼져버린다.

(3) 토생금 土生金

흙 속에서 열과 압력으로 금속이나 바위를 키워 생산한다.

태과 시: 토다금매土多金埋: 흙이 지나치게 많으면 오히려 금이 묻혀버린다.

불급 시: 금다토약金多土弱: 금이 지나치게 많으면 오리려 흙이 약해지고 부스러져버린다.

(4) 금생수 金生水

비와 눈이 땅속에 스며들어 돌들의 정화작용으로 바위 틈에서 깨끗한 물을 만들어낸다.

태과 시: 금다수탁金多水濁: 금이 지나치게 많으면 오히려 물이 너무 깨끗해서 물고기도 살 수 없어진다.

불급 시: 수다금침水多金沈: 물이 지나치게 많으면 오히려 금이 물에 잠겨버린다.

(5) 수생목 水生木

물은 나무를 자라게 한다.

태과 시: 수다목부水多木腐: 물이 지나치게 많으면 오히려 나무가 물에 침수되어 썩어버린다.

불급 시: 목다수축木多水縮: 나무가 지나치게 많으면 오히려 물이 줄어 말라버린다.

2. 오행의 상극 相剋

'목 → 토 → 수 → 화 → 금 → 목' 순으로 순환하며 극하는 관계로 목은 토를 극하고, 화는 금을 극하고, 토는 수를 극하고, 금은 목을 극하고, 수는 화를 극하는 것을 말한다.

위에서 설명했듯이, 오행五行의 성질도 음과 양처럼 서로 부족하면 생生하고 지나치면 극剋하면서 조화로운 관계를 만드는데 있으니 생生이라고 무조건 좋고 극剋이라고 무조건 나쁜 것이 아닌게 세상이치이다. 그래서 상극相剋도 알맞게 작용해야 자신을 다스리는 역할을 해준다. 극剋을 당하는 입장에서 보면, 공격당함으로써 일종의 면역력이 생기는 등 긍정적인 작용이 있는 것이다. 가령 자동차는 달리는 엑셀레이터도 필요하지만 제동장치인 브레이크도 반드시 필요한 법이다. 또한 우주나 인체에서 일어나는 상극相剋 작용은 항상성(Homeostasis)을 유지하기 위해 일어나는 현상으로, 한 요소가 항진되면 그 항진된 요소에 의해 정상적인 균형 상태를 유지할 수 없기 때문에 다른 요소들이 이를 견제해 정상적인 상태로 만드는 '음성 피드백'의 한 과정이다. 그래서 어느 특정 오행五行이 지나치게 강할 경우 이를 견제하여 힘의 균형을 찾기도 한다. 〈황제내경 소문〉에 나온 '항즉해亢則害 승내제承乃制 제즉생화制則生化'를 줄인 말로 '항해승제亢害承制'라고 있는데, 바로 하나가 지나치게 강성하면 해로우니 이를 방어하고 잘 제어해야 살 수 있다는 뜻이다.

그래서 상극相剋이 지나치게 넘치면 상승相乘이라고도 하는데, 승乘은 위에서 올라탄다는 의미로 아랫것을 능멸하는 것을 승乘이라고 한다. 이강능약以強凌弱으로 강한 것이 약한 것을 능멸해 버리는 것을 승乘이라고 얘기하는데, 상승의 관계는 태과해서 나타나는 경우와 불급해서 나타나는 경우가 있다. 예를 들어 정상적인 관계 속에서는 목극토木克土가 이루어지지만 목木이 지나치게 왕성하면 목승토木乘土를 하여 토土를 아주 쇠약하게 해버리며, 반대로 목木이 지나치게 쇠약하면 금극목金克木이 아니라, 금金이 목을 타버려서 금승목金乘木을 하게 되니 이러한 것은 모두가 비정상적으로 벌어지는 상극관계라고 할 수 있다.

그리고 상극相剋이 너무 부족하면 반대로 업신여길 모侮 자를 써서 상모相侮의 관계가 된다. 능모凌侮, 반모反侮, 반극反克이라고도 하는데 자신의 강함을 믿고 약한 것을 깔보며 모욕한다는 뜻으로 상모의 관계는 본래 극을 당하던 것이 반대로 그것을 극해버리는 것이다. 본래는 목극토木克土를 했는데, 토土가 태과太過하여 토모목土侮木을 하게 되는 것으로, 이것을 상모相侮라고 얘기한다. 거꾸로 극을 하는 것이기 때문에 반극反克이라고도 한다. 상모相侮의 관계도 태과太過와 불급不及의 두 가지 경우에서 나타난다.

　결론적으로 상승相乘과 상모相侮의 공통점은 바로 비정상적인 상극관계라는 것이다. 한의학적으로 얘기하면 상생相生과 상극相剋은 정상적인 생리적 변화를 설명할 때 활용하고, 상승相乘과 상모相侮는 질병에 걸려 오행 중의 한 요소가 급격히 약화되거나 항성하게 되는 비정상적 병리관계를 설명할 때 활용한다. 또 다른 점은 상승相乘이 일어날 때는 상모相侮도 동시에 이루어진다는 것이다. 본래는 목극토木克土인데 목木이 왕성해서 목승토木乘土를 하면, 동시에 목모금木侮金을 하므로서 상승相乘과 상모相侮가 동시에 이루어진다. 이런 강성한 기운을 그대로 두게 되면 항상성을 유지할 수 없어 질병을 일으키거나 또 다른 큰 문제를 발생시킬 수 있다. 그러므로 상극相剋이 태과太過나 불급不及이 아닌 평기平氣의 적당한 힘으로 작용할 때 길한 작용을 할 수 있는 것이다.

(1) 목극토木剋土
나무의 뿌리는 두터운 흙을 서서히 뚫고 파고든다.

목다토함木多土陷: 나무가 지나치게 많으면 뿌리가 흙을 파헤쳐 버리거나 토양이 양분을 잃어 박토가 된다.

토다목절土多木折: 흙이 지나치게 많아 단단하면 나무가 뿌리를 내리지 못하고 오히려 부러져 고사해버린다.

(2) 토극수土克水
흙으로 흐르는 물을 막거나 메운다.

토다수건土多水乾: 흙이 지나치게 많으면 물은 매몰되어 흐르지 못하거나 완전히 말라버린다.

수다토류水多土流: 물이 지나치게 많으면 물살에 오히려 흙이 쓸려나가버리거나 흙탕물이 된다.

(3) 수극화

물로 뜨거운 불을 끈다

수다화식水多火熄: 물이 지나치게 많으면 불은 완전히 꺼져버린다.

화다수증火多水蒸: 불이 지나치게 많으면 오히려 물이 증발해버린다.

(4) 화극금火克金

불로 단단한 쇠를 녹인다.

화다금용火多金熔: 불이 지나치게 많으면 쇠는 형체도 없이 완전히 녹아버
린다.

금다화식金多火熄: 쇠가 지나치게 많으면 커다란 무쇠를 녹이려다 오히려
불이 꺼져버린다.

(5) 금극목金克木

쇠로 나무를 자르거나, 다듬어서 동량으로 쓸 수 있다.

금다목결金多木缺: 쇠가 지나치게 많으면 나무는 다치거나 완전히 잘려 죽
어 버린다.

목다금결木多金缺: 나무가 지나치게 많아 단단하면 오히려 쇠가 부러져 버
린다.

오행배속표의 이해

　황제내경皇帝內經은 동양의학東洋醫學이 집결된 저작으로, 음양오행설陰陽五行說을 최초로 인체人體의 질병과 치료에 응용한 문헌이다. 오행배속표는 동양의학의 경전인 황제내경을 중심으로 오행에 대한 설명을 요약하여 실제적으로 활용할 수 있도록 후세 사람들이 정리하여 묶어 놓은 것으로, 모든 세상 만물을 이러한 오행五行의 원리를 통해 풀이할 수가 있다. 오행학설은 세상의 모든 물질이 목木, 화火, 토土, 금金, 수水의 다섯 가지 기본물질 간의 운동 변화에 의해 생성된다는 학설로, 어떤 사물이건 고립 및 정지되어 있는 것이 아니라 끊임없이 상생相生과 상극相剋하는 운동과정 중에 평형을 유지하게 된다고 설명하고 있다. 이러한 오행배속표에 담긴 인체의 내용을 제대로 이해함으로써 한의학뿐만 아니라 사주명리학에서도 각자의 사주팔자에 드러난 오행기운의 태과太過나 불급不及에 따른 건강론이나 질병론, 운명론에까지도 활용이 가능하다.

　참고로 필자가 오행배속표의 내용을 여기에 열거한 이유는 음양오행의 원리는 아무리 강조해도 지나치지 않기 때문이다. 사주명리학도 결국 사주팔자속의 음양오행이 생극제화生克制化하는 변화를 분석하는 학문으로 음양과 오행의 원리는 깊이 알면 알수록 학문의 발전에 도움이 될 뿐만 아니라 그 응용에서도 뛰어난 실력을 겸비하게 된다고 본다.

오행五行	木	火	土	金	水
오장五臟	간肝	심心	비脾	폐肺	신腎
오부五腑	담膽	소장小腸	위胃	대장大腸	방광膀胱
오규五竅	눈目	혀舌	입口	코鼻	귀耳
오미五味	산酸-신맛	고苦-쓴맛	감甘-단맛	신辛-매운맛	함鹹-짠맛
오지五志	노怒-성냄	희喜-기쁨	사思-생각	우憂-근심, 슬픔	공恐-두려움, 공포

오행五行	木	火	土	金	水
오성五聲	호呼-고함 소리	소笑-웃음 소리	가歌-노래 소리	곡哭-울음 소리	신呻-신음 소리
오체五體	근筋-힘줄	혈血-피	육肉-살점	피皮-피부	골骨-뼈
오화五華	조爪-손톱	면面-안색	순脣-입술	모毛-솜털	발髮-머리털
오액五液	루淚-눈물	한汗-땀	연涎-양쪽 뺨에서 나오는 침	체涕-콧물	타唾-혀 밑에서 나오는 침
오취五臭	조臊-누린내	초焦-타는 내	향香-고소한내	성腥-비린내	부腐-썩은 내
오상五常	인仁	예禮	신信	의義	지智
오욕五慾	정욕情慾	색욕色慾	무욕無慾	탐욕貪慾	노욕老欲
오음五音	각角	치徵	궁宮	상商	우羽
오성五性	곡직曲直	염상炎上	가색稼穡	종혁從革	윤하潤下
오계五季	춘春	하夏	장하長夏	추秋	동冬
오화五化	생生	장長	화化	수收	장藏
오방五方	동東	남南	중앙中央	서西	북北
오색五色	청青	적赤	황黃	백白	흑黑
오곡五穀	보리	수수	조	현미	콩
오과五果	자두	살구	대추	복숭아	밤
오축五畜	닭	양	소	말	돼지
오채五菜	부추	염교	아욱	파	콩잎

1. 오장五臟과 오부五腑

인체 오장五臟의 각 부위도 음양오행이 있다. 서양의학에서의 장臟은 해부학적인 하나의 장기를 가리키나 한의학의 장은 그 일련의 생리기능까지를 포함한다. 그래서 한의학은 인체의 주인을 오장으로 보며, 오장五臟에 탈이 나면 정신은 병들 수밖에 없다고 설명한다. 그러므로 자신의 정신을 건강하게 하기 위해선 먼저 오장을 튼튼하게 해야 한다. 참고로 장臟이란 육肉변에 장으로서 감추어 비밀적 작용을 한다는 뜻이고, 부腑는 육肉변에 부府로 물질을 보관하고 출납하는 부고府庫의 뜻이다.

간肝과 담膽은 오행 상 목木에 해당된다.

심心과 소장小腸은 오행 상 화火에 해당된다.

비脾와 위胃는 오행 상 토土에 해당된다.

폐肺와 대장大腸은 오행 상 금金에 해당된다.

신腎과 방광膀胱은 오행 상 수水에 해당된다.

2. 오규五竅

얼굴의 다섯 가지 구멍으로, 각각이 오장五臟의 기운과 모두 연결되어 있다는 것을 알 수가 있다.

간肝에 이상이 오면 눈(目)에 문제가 생긴다.

심心에 이상이 오면 혀(舌)에 문제가 생긴다.

비脾에 이상이 오면 입(口)에 문제가 생긴다.

폐肺에 이상이 오면 코(鼻)에 문제가 생긴다.

신腎에 이상이 오면 귀(耳)에 문제가 생긴다.

3. 오미五味

오장五臟의 기운에 들어가는 다섯 가지 맛을 말한다. 음식의 오미五味 중에 좋아하고, 좋아하지 않는 것에 따라 오장 중의 어느 장에 변화가 있는가를 보는 데 참고로 한다.

간肝이 실하면 신맛(酸)을 싫어하며 허하면 좋아한다.

심心이 실하면 쓴맛(苦)을 싫어하며 허하면 좋아한다.

비脾가 실하면 단맛(甘)을 싫어하며 허하면 좋아한다.

폐肺가 실하면 매운맛(辛)을 싫어하며 허하면 좋아한다.

신腎이 실하면 짠맛(鹹)을 싫어하며 허하면 좋아한다.

4. 오지五志

　오지五志는 지나치면 병의 원인이 될 수 있는 다섯 가지 감정 상태로, 오장이 품는 뜻을 의미하는 오정五精이라고도 한다. 지나친 생각이나 지나친 감정의 변화는 기운에 변화를 주게 되며 결국 오장육부에까지 변화를 일으켜 몸의 균형이 깨지며 질병이 발생하게 된다.

　노怒: 지나치게 화를 내면 간肝에 문제가 생긴다.
　희喜: 지나치게 기뻐하면 심心에 문제가 생긴다.
　사思: 지나치게 생각하면 비脾에 문제가 생긴다.
　우憂: 지나치게 근심하면 폐肺에 문제가 생긴다.
　공恐: 지나치게 두려워하면 신腎에 문제가 생긴다.

▌참고 자료

　간: ≪소문素問≫〈음양응상대론陰陽應象大論〉에서 "갑자기 심하게 성을 내면 음陰을 상傷하고, 간肝을 상傷한다."라고 하였다. 우리가 지나치게 화를 내고 분노하면 기운이 위로 치솟게 되며 분노를 맡은 장기인 간이 상하게 되는 것이다.

　심장: ≪잡병원류서촉雜病源流犀燭≫〈경계비공희로우사원류驚悸悲恐喜怒憂思源流〉에서 "희는 심경心經과 폐경肺經이 병든 것이다. 심장병은 기쁨이 극에 달하면 생하는 병으로, 너무 기뻐서 한없이 웃으면 심장에 고동이 극심하여 병인病因이 된다."고 하였다. 지나치게 기뻐하면 기운이 과하게 늘어지고 흩어지게 되어 기쁨을 맡은 심장이 상하게 되는 것이다.

　비장: ≪내경≫에는 "비脾에 지志가 있어서 생각을 하게 된다. 또한 지나치게 생각을 하면 기氣가 몰린다."고 적혀 있다. 주해에는 "마음에 걸린 것이 내려가지 않으면 기氣도 역시 머물러 있어서 몰리게 된다."고 적혀 있다. 그래

서 지나치게 생각하는 것은 병을 일으키는 원인이 될 수 있다고 하여, 사思를 비脾에 소속시켜 놓았다. 그러므로 지나치게 생각하면 기氣가 몰리거나 중간에 막히고 정체되어 비脾를 상하여 운화기능이 장애된다고 하니, 깊은 생각이나 고민을 많이 하면 생각을 맡은 비장에 문제가 생기는 것이다. 지금의 신경성 위염과도 무관하지 않다.

폐: ≪소문素問≫ 〈음양응상대론陰陽應象大論〉에서 '우상폐憂傷肺'라 하여, 지나치게 근심을 하면 기운이 폐 부위의 가슴 위쪽에 맺혀서 온몸으로 퍼지지 못하고 소모되어 근심을 맡은 폐가 상하게 되는 것이다.

신장: ≪내경≫에는 "신腎에 지志가 있어서 무서움이 생긴다."고 적혀 있다. 위胃에 열이 있으면 신기腎氣가 약해지기 때문에 무서움이 생긴다. 불안, 초조도 해당된다. 지나치게 두려워한다면 기운이 위로 올라가지 못하고 아랫배의 신장 부위에서 막히게 되어 두려움을 맡은 신장이 상하게 되는 것이다. 신장腎臟의 병은 크게 놀라면 좌신에 병이 오고 크게 두려움을 당하면 우신에 병이 온다. 참고로 갑작스런 공포와 충격으로 의지와 관계없이 대소변을 보는 경우가 신장腎臟이 일시적으로 그 기능을 잃은 것을 의미한다. 신병腎病에 있어서 중요한 요소 중 하나가 경기驚氣로 신기腎氣가 안 좋은 어린이들이 경기驚氣를 잘한다는 어른들의 말도 연관이 있겠다.

5. 오성五聲

오장五臟의 이상 징후를 나타내는 다섯 가지 소리로 사람의 감정과 표현이 기氣의 오행적인 성질에 따라서 변한다. 한의학에서 음성을 통한 문진聞診이 있는데, 환자의 음성을 듣고 환자가 말할 때 나타내는 감정의 표현을 자세히 관찰함으로써 어느 장기에 문제가 있는가를 가려내는 것으로, 병리현상病理現象에 대한 진단에 있어서 중요한 일부분으로 활용하고 있다.

호呼: 부르짖는 간肝의 소리

소笑: 웃는 심心의 소리

가歌: 노래하는 비脾의 소리

곡哭: 슬피 우는 폐肺의 소리

신呻: 신음하는 신腎의 소리

▌참고자료

간에 목기운이 흔들리면 공연히 분노, 노여워하고 화내는 고함소리로 소리를 버럭 지른다. 간기肝氣가 허虛하면 미친 듯이 큰 소리를 지른다.

심장에 화기운이 지나치면 괜히 기쁨에 들떠 희희낙락하는 웃음소리가 많아지거나 헤프게 웃는다. 언言과도 상관이 있으므로 만약 말에 차질이 있으면 심경의 병이란 것을 알 수 있다. 또한 화기운인 술을 지나치게 많이 먹으면 심장에 영향을 끼쳐서, 들뜨거나 발음이 제대로 안 나오는 것과도 무관하지 않다.

비위의 토기운이 흔들리면 그리움, 사랑의 감정에 빠져 노래 소리처럼 말을 하거나 애절한 탄식을 한다. 비장에 사기邪氣가 머물러 있을 때는 높은 곳에 올라가 노래를 하고 싶어하는데, 일종의 정신병 증상과 동일하다.

폐의 금기운에 이상이 오면 까닭 없이 슬프거나 비애로운 생각에 잠겨 우는 소리를 내게 된다. 폐肺의 소리는 곡哭이다. 어떤 사람이 울 때마다 울음소리 속에 슬픔이 간직되어 있으면 폐에 병이 있는 사람이다.

신장에 수기운이 흔들리면 까닭 없이 두려움이 생겨 잘 놀라고 겁먹은 음성으로 말하게 된다. 만일 어떤 사람이 항상 끙끙거리며 고통 받는 신음소리를 내면 신장에 병이 있는 사람이다.

여기에 오성五聲과 관계된 국선도 창시자인 청산선사의 말을 인용해 본다 "본래 소리는 콩팥을 그 뿌리로 하며, 염통이 주관하고 허파가 말을 담당하니 간에서 나오는 소리는 부르짖음이 되고 염통에서 나오면 말이 되며, 지라에서 나오면 노래가 되고, 콩팥에서 나오는 소리는 신음이 되며, 허파에서 나오는 소리는 통곡이 되고, 쓸개에서 나오는 소리는 헛소리가 되나니 소위 쓸개 빠진 소리 말라는 말이 이것과 같다. 또, 염통의 기운이 약하면 잘 슬퍼하고 충실하면 콧노래를 부르며 웃기를 잘 한다. 기지개를 자주하는 것은 콩팥이 나빠서이고, 염통과 허파가 너무 차면 재채기를 하여 풀어내게 되며, 트림은 밥통에 거품이 많아서 나오는 것이고, 한숨은 염통의 줄기가 급하게 흐르면 나는 것이다."

※ **사기邪氣**: 정기正氣에 반대되는 것으로 몸에 해를 끼치고 질병을 일으킬 수 있는 기운을 말한다. 사기邪氣의 존재 자체가 발병인자가 되는 것은 아니며, 인체의 정기正氣가 허한 조건에서 사기邪氣가 실한 경우 발병한다.

6. 오체五體

오장五臟의 기능과 연계된 인체 부위로 한의학에서 간주근肝主筋, 심주맥心主脈, 비주육脾主肉, 폐주피모肺主皮毛, 신주골腎主骨로 표현한다.

간肝에 이상이 오면 근(筋)에 문제가 생긴다.
심心에 이상이 오면 피(血)에 문제가 생긴다.
비脾에 이상이 오면 살(肉)에 문제가 생긴다.
폐肺에 이상이 오면 피부(皮)에 문제가 생긴다.
신腎에 이상이 오면 뼈(骨)에 문제가 생긴다.

참고로 피부의 과민증상과 피부병은 서양 사람들에게 많이 발생했었으나, 요즘은 서양 음식을 받아들여 식생활에 변화를 가져오면서부터 동양 사람들에게도 흔히 나타나는 질병이 되었다. 일 년 사계절을 에어컨으로 조절된 방안에서 생활하게 되었고, 냉장고를 갖고 있기 때문에 항상 시원한 음료를 마실 수 있게 되었다. 한의학에 "과식냉음상폐過食冷飮傷肺"란 말이 있다. 다시 말하면 "지나치게 찬 음식을 먹고 찬 음료를 마실 경우 폐가 상한다."는 뜻으로, 폐기肺氣가 상하면 즉시 피모皮毛에 문제가 생긴다. 특히 자라나는 어린 아이들에게 찬 음식과 찬 음료를 마시게 하면 신체가 약해진다. 지금 당장 신체가 약해지는 것은 아니나, 후에 성년이 되어 질병이 발생하는 경우가 많다. 그래서 과민증상과 피부병은 면역력이 약해졌다는 증거이므로 면역력은 일상생활 습관과 밀접한 관계를 갖고 있다. 현대의 대표적인 피부병인 아토피도 결국 폐와 무관하지 않다.

7. 오화五華

오화五華 또는 오영五榮은 다섯 가지 꽃(봉오리)으로 오장五臟의 건강상태가 드러나며, 오장五臟이 기르는 부위를 의미하기도 한다. 인체 내부의 증상이 치료되면 외부에 나타난 관계된 증상은 저절로 치료된다.

간肝의 꽃은 손톱(爪)이다.
심心의 꽃은 얼굴(面)이다.
비脾의 꽃은 입술(脣)이다.
폐肺의 꽃은 피모(皮毛)이다.
신腎의 꽃은 두발(頭髮)이다.

간의 꽃은 손톱이다. 손톱은 계속 자라며 간기肝氣를 표현해 준다. 황제내경黃帝內經의 육절장상론六節臟象論에 보면 "간자肝者, 기화재조其華在爪"라고 기록되어 있다. 다시 말하면 "간의 건강 상태는 손톱에 나타난다."는 뜻이다. 손톱이 단단하고 약하고 두껍고 얇은 정도에 따라 또 손톱의 색깔이 생기가 있고 없고 마르고 윤택함에 따라 간이 건전한지 아닌지를 알 수 있다. 신체가 쇠약해져서 간혈肝血이 왕성하지 못하면 손톱이 연하고 얇아지며 약해진다. 색깔은 윤기가 없거나, 손톱에 함요처陷凹處가 발생(변형이 생김)한다.

손톱에 세로무늬가 생기며 손톱의 표면이 고르지 못하고 울퉁불퉁해지고 거칠어진다. 이는 간과 담에 문제가 생겼다는 것을 알려주고 있다. 한의학에서는 사람의 바깥을 보고 내부를 짐작할 수 있다고 본다.

심心의 꽃은 얼굴이다. 심心 기능의 정상 여부는 안색으로 나타난다. 얼굴이 불그스름하고 윤기가 흐르며 광택이 나면 심기心氣가 왕성한 증상이다. 얼굴의 색깔이 홍갈색紅褐色이거나 흑혈색黑血色이 나타나면 매우 좋지 않은 증상이다. 거무스름한 얼굴로 태어난 사람들은 얼굴에 광택의 유무로 건강 상태를 파악할 수 있다.

비脾의 꽃은 입술이다. 입술이 풍만하고 윤택이 있으면 비장의 기능은 정상이다. 입술이 부어올라 뒤집혀 있거나 종기가 생기거나, 건조하여 갈라지거나, 입술의 껍질이 벗겨지면 비허脾虛 증상이나 혈허血虛 증상이 있기 때문이다.

폐肺의 꽃은 모毛이다. 피모皮毛는 폐기肺氣와 관계가 깊다. 폐에 문제가 생기면 털이 초췌해진다고 한다.

신腎의 꽃은 두발頭髮이다. 신기腎氣는 두발頭髮로 나타난다. 발髮은 신장의 정기가 잘 운행되는지를 나타내는 지표로 신기腎氣가 충실하면 머리털이 유난히 검고 윤기가 나고, 부드러우며 잘 빠지지 않는다. 신腎이 허하면 윤기가 없고 자꾸 빠지고 푸석하며 일찍 백발이 된다.

8. 오액五液

오액五液은 오장五臟에서 주관하는 액체를 의미한다. 참고로 연涎은 묽고 저절로 흐르는 침을 뜻하고, 타唾는 잘 흘러내리지 않는 끈끈한 침이라고도 한다.

간肝에 이상이 오면 눈물(淚)에 문제가 생길 수 있다.

심心에 이상이 오면 땀(汗)에 문제가 생길 수 있다.

비脾에 이상이 오면 양쪽 뺨에서 나오는 침(涎)에 문제가 생길 수 있다.

폐肺에 이상이 오면 콧물(涕)에 문제가 생길 수 있다.

신腎에 이상이 오면 혀 밑에서 나오는 침(唾)에 문제가 생길 수 있다.

9. 오취五臭

오장에 배속되어 있는 조초향성부臊焦香腥腐의 다섯 가지 냄새를 말한다. 문진聞診에는 '문미聞味'라고 부르는 취각臭覺을 이용한 방법이 있다. 즉 환자의 구취口臭와 체취와 대변과 소변에서 방출하는 냄새는 병의 상태를 파악하는 데 도움이 된다. 그러므로 문미聞味를 가리기 위해서는 오취五臭를 잘 파악해야 된다. 다시 말하면 오장五臟의 냄새를 맡을 줄 알아야 한다. 그래서 심열心熱이 자체에서 성하면 타는 내(焦)가 나고, 폐열肺熱에서는 비린내(腥)가 나고, 신열腎熱에서는 썩은 내(腐)가 나고, 비열脾熱에서는 고소한내(香)가 나고, 간열肝熱에서는 누린내(臊)가 난다.

조臊: 누린내로 목木에 속하며, 간肝과 통하므로 간肝의 냄새이다.

초焦: 타는 내로 화火에 속하며, 심心과 통하므로 심心의 냄새이다.

향香: 고소한 내로 토土에 속하며, 비脾와 통하므로 비脾의 냄새이다.

성腥: 비린내로 금金에 속하며, 폐肺와 통하므로 폐肺의 냄새이다.

부腐: 썩은 내로 수水에 속하며, 신腎과 통하므로 신腎의 냄새이다.

10. 오상五常

오상五常은 사람이 항상 지켜야 할 다섯 가지의 떳떳한 도리道理나 덕목德目을 뜻한다. 바로 인의예지신仁義禮智信을 오상五常이라 한다. 삼강오륜과 함께 유교 윤리의 근본을 이루고 있는데, 한대漢代에 이르러서 동중서라는 사람이 이전에 맹자가 주창한 인仁·의義·예禮·지智에 신信을 포함시켜 인간이 항상 지켜야 할 5가지 기본덕목으로 설說한 것에서 유래되었다. 이러한 오상五常도 양생법의 관점에서는 오성五性의 생리로서 심리상의 도덕(仁義禮智信)으로 나타난다고 한다. 그리하여 국선도의 청산선사께서는 "수도를 깊게 하면 할수록 자연히 심성心性이 변하여 오성의 실행實行으로 나타나는데, 누가 가르쳐서 또는 배워서 되는 것이 아니고 수도함에 따라 자연히 생生하게 되는 것이다."라고 설명한다.

인仁을 관장하는 것은 목木의 기운이다
예禮를 관장하는 것은 화火의 기운이다
신信을 관장하는 것은 토土의 기운이다
의義를 관장하는 것은 금金의 기운이다.
지智를 관장하는 것은 수水의 기운이다.

▌참고자료

오상五常을 오행으로 구체적으로 설명하자면 다음과 같다.

인仁은 하늘로 뻗어나가는 나무의 작용인 목木에 해당한다. 목木은 베풀어 모든 생명이 탄생하는 것을 주관한다. 그리하여 봄의 상징은 하늘이 사랑을 베풀어 봄에는 모든 만물의 생명이 탄생되는 것이다. 인仁은 인자함이나 자비를 베푼다는 뜻인데, 그것은 생명을 소생시키고 탄생시키는 덕이다.

예禮는 위로 치솟으며 타오르는 불의 작용인 화火에 해당한다. 만물을 무성하게 자라게 하는 여름의 화火는 성장과 발전을 주관하여 모든 사물이 질서를 유지하여 이끌어 나가는 것이다. 다시 말하면 화는 문명을 나타내며 밝음을 상징한다. 하늘에 떠있는 일월과 같이 세상을 훤히 비추어 옳고 그른 것을 분명하게 처리하는 예禮와 같다. 항시 밝은 상태를 유지해 자신을 비추어보고 예절로써 자신의 마음을 겉으로 확실히 표현한다.

신信은 건실한 흙의 작용인 토土에 해당한다. 사계절이 성실하게 운행되도록 하는 토土는 후덕하고 묵묵한 흙의 형상으로 항상 같은 자리를 지키며 목화금수를 주관하여 믿음과 성실, 신용으로 질서를 유지하게 하는 근본이며 조화의 상징이다. 어느 누구도 차별하지 않고 "뿌린 대로 거두리라"는 믿음과 신용을 보여준다. 오행의 중앙에 위치해 있고, 또 각기 계절의 끝에 붙어 있으면서 오행 상호간을 조화로써 연결시켜주는 역할을 하는 것이 토土며, 한 계절이 지나갈 때면 반드시 다음 계절을 맺어주는 신용을 지킨다. 모든 만물은 이와 같이 믿음과 신용으로 서로 의지하며 질서를 유지한다. 이것이 파괴될 때는 불신과 배신과 사기가 일어나며 질서가 파괴되어 모든 분야에서 파멸이 오게 된다.

의義는 만물을 서늘하게 하고 쪼그라들게 하는 쇠의 작용인 금金에 해당한다. 만물의 결실을 맺게 하는 가을은 오행 중 금金의 기운이 가장 강한 금왕지절金旺之節이라고 한다. 살릴 것은 살리고, 죽일 것은 죽이는 살벌殺伐한 기운이 감도는 계절, 이것이 바로 금金이다. 〈적천수適天髓〉에서는 가을을 숙살지기肅殺之氣라고 하고, 홍범구주洪範九疇에서는 종혁從革이라고 했다. 금金은 단단하지만 외부의 충격이나 힘에 의해 모습을 바꾼다는 뜻으로, 살벌하고 무시무시한 시기에 전혀 굴하지 않고 뜻이 통하는 사람끼리 서로 목숨을 걸고 하나가 되는 의리義理야말로 금金이 말하는 덕목德目이다. 나라에서 범죄인을 다스릴 때 여는 것이 추국청인데, 이때의 '추'가 바로 가을 추秋이다. 그러므로 가을金은 모든 것이 열매 맺는 시점에서 추살과 불의를 냉정하게 처벌하는 정의를 집행하는 것이다.

지智는 속을 잘 감추고 겉으로 드러내지 않는 물의 작용인 수水에 해당한다. 겨울 운동의 시작은 가을의 살벌한 심판이 끝나갈 무렵에 땅에 떨어진 것을 밑으로 가두고 웅고 시키려는 활동에서부터 출발한다. 다시 말하면 지혜를 상징하며 모든 것이 완성을 이루어 동면에 들어가서 통일과 수렴을 주관한다. 지智가 수水와 닮은 점이다. 모든 것을 마무리하고 휴식을 취하고 있는 상태이며 이것을 '도道'라고도 말한다. 그러므로 겨울은 만물의 씨앗을 잘 감춰서 다음해의 봄(탄생)을 준비하는 것이다. 담는 그릇에 따라 그 형상形象이 달라지는 유연한 자세와 안으로 내실을 다져 씨앗(子)처럼 단단하게 웅고시키는 능력이야말로 수水가 말하는 지혜를 구하는 자세이며 덕목德目일 것이다.

11. 오욕五慾

다섯 가지 욕심慾心이라는 일반적인 의미가 아니라, 오행의 특징에 따라 배속된 오욕五慾을 의미한다. 목기木氣의 특징은 분발작용이고 정욕情慾이 발전한다. 화기火氣의 특징은 분산작용이고 색욕色慾이 발전한다. 토기水氣의 특징은 중화작용이고 의욕意慾이 발전한다. 금기金氣의 특징은 견렴작용이고 탐욕貪慾이 발전한다. 수기水氣의 특징은 웅고작용이고 노욕老慾이 발전한다.

목기木氣―정욕情慾이란 것은 흔히 청소년기에 일어나는 것인데, 정욕의 성격은 욕심 반에 감정 반인 것을 의미하는 것이다. 예를 들면 미색美色을 탐한다든지 승리를 욕구한다든지 또는 어떠한 특출한 존재를 흠모한다든지 하는 것은 모두 정욕에 속하는 것이다.

화기火氣―청년기에 접어드는 때로 차츰 정욕情慾에서 색욕色慾으로 변해가는 때인 것이다. 색욕色慾이란 것은 내용內容에 대한 욕심이 아니고 외세外勢에 대한 욕심이다. 화기火氣의 때에 이르게 되면 그것이 상당한 부분의 표면까지 분열하고 있으므로 그 힘이 점점 약해지는 시기이다.

토기土氣―토土는 중화지기中和之氣이므로 욕심의 편향이란 있을 수가 없는 것이다. 진실로 토土의 욕심이란 공욕公慾이므로 이것은 인간적인 욕심私心으로 볼 때는 무욕無慾이다.

금기金氣―금金에서는 탐욕貪慾이 발전되는 것이다. 왜 그런가하면 금金의 성질이 견렴堅斂을 위주로 하는 것인즉 그 의지는 결국 견렴성堅斂性으로써 고집을 부려 욕심을 달성하고야 마는 것이다. 이와 같이 욕심에 있어서도 청소년과는 다르거니와 그 욕심의 본질을 따져보면 탐욕貪慾이야말로 장년의 대표적인 욕심으로 흔히 노장기老壯期에 일어나는 것인바 이것은 부귀나 명예나 지위와 같은 것을 탐내는 것을 말한다.

수기水氣―인생 일대에서 보면 노년기인데, 이때는 인간의 욕심은 노욕老欲으로 변하는 것이다. 노욕老欲이라고 하는 것은 결행하는 욕심이라는 말이다. 다시 말하면 노욕老欲이란 것은 하려고 하는 일은 꼭 하고야 마는 것을 의미한다.

12. 오음五音

오음五音은 소리의 오행五行으로, 오장五臟의 각각의 기운氣運을 바탕으로 나오는 소리를 의미한다. 토土의 궁음宮音은 울려 퍼져나가는 소리로서 평탄하고 광활하다. 금金의 상음商音은 쇠가 마찰을 하는 듯한 소리로서 맑고 청명하다. 목木의 각음角音은 나무를 두들기는 듯한 소리로서 솟아오르듯 힘차다. 화火의 치음徵音은 불이 타오르는 듯한 소리로서 흩어지는 성질이 있다. 수水의 우음羽音은 물이 흐르는 듯 부드럽게 퍼져나가는 소리이다.

각角: 나무 두들기는 소리로 간肝의 목기에 영향을 준다.

치徵: 불타는 소리로 심心의 화기에 영향을 준다.

궁宮: 울리는 소리로 비脾의 토기에 영향을 준다.

상商: 쇠 두들기는 소리로 폐肺의 금기에 영향을 준다.

우羽: 물 흐르는 소리로 신腎의 수기에 영향을 준다.

참고로 사람이 내는 소리에 대해서 악서樂書에서는 다음과 같이 말한다. "소리가 비장에서 나와 입을 다물고 통하는 소리를 궁宮이라 이르고, 폐에서 나와 입을 크게 벌리고 토하는 소리를 상商이라 이르고, 간에서 나와 입을 벌려 입술을 솟아오르게 내는 소리를 각角이라 이르고, 소리가 심장에서 나와 이는 다물고 입술은 벌려 내는 소리를 치緻라 이르고, 신장에서 나와 잇몸을 약간 벌리고 입술을 모으며 내는 소리를 우羽라 이른다." 여기서 한의학뿐만 아니라 '궁상각치우' 오음으로 이루어진 국악의 소리 또한 오행의 원리를 따른다는 것을 알 수가 있다. 오음五音이 인체에 미치는 구체적인 영향은 인사편人事編의 소리선 수행법에서 다시 밝히기로 하겠다.

13. 오성五性

오행五行의 다섯 가지 속성屬性을 말한다. 서경書經의 홍범구주洪範九疇에서 "수왈윤하水曰潤下 화왈염상火曰炎上 목왈곡직木曰曲直 금왈종혁金曰從革 토원가색土爰稼穡"이라고 오행五行의 개념을 표현하였는데, 수水는 적시고 흘러서 아래로 내려가는 것이고, 화火는 불꽃으로 위로 타 올라가는 것이며, 목木은 굽어서 곧게 뻗어가고, 금金은 따르게 하여 바꾸는 것이며, 토土는 심고 거두는 것(農事)을 의미한다. 여기서 토土만 '曰'이 아닌 '爰'를 사용하면서 마지막에 위치한 것은, 토土가 중심에서 각 기운(木, 火, 金, 水)의 생성변화를 주재하고 도와주는 역할을 하기 때문이라고 본다.

목왈곡직木曰曲直: 곡직은 식물이 굽어 돌면서 곧게 밖으로 뻗어 나가는 형상을 비유한 것이다.

화왈염상火曰炎上: 염상은 불이 가지고 있는 뜨겁고 위로 치솟는 특성을 말한다.

토원가색土爰稼穡: 가색이란 씨를 뿌리고, 자라게 하여 거둘 수 있게 해주는 것을 말한다.

금왈종혁金曰從革: 종혁은 발산인 양陽에서 수렴인 음陰으로의 변혁을 의미한다.

수왈윤하水曰潤下: 윤하는 윤택하게 아래로 향하는 특성을 말한다.

14. 오계五季

지구의 다섯 가지 계절五季을 오행五行에 배속한 것을 말한다.

춘春은 오행 상 목木이 왕성한 절기節氣이다.

하夏는 오행 상 화火가 왕성한 절기節氣이다.

장하長夏는 오행 상 토土가 왕성한 절기節氣이다.

추秋는 오행 상 금金이 왕성한 절기節氣이다.

동冬은 오행 상 수水가 왕성한 절기節氣이다.

15. 오화五化

나고 자라고 변화하고 거둬들이고 저장하는 계절의 변화를 다섯 단계로 나눈 것이다. 생장화수장生長化收藏으로 봄에 싹이 돋아 자라고(生), 여름에 잎이 나며 무성해지고(長), 다시 무성한 힘이 정지되어 마디인 전환점을 이루고(化), 가을의 찬바람 속에 열매를 맺고(收), 겨울이 되어 씨앗은 땅속에 떨어져 생명력을 내부로 모았다가(藏) 다시 봄이 되어 뛰쳐나오는(生) 상象으로 순환하며 우주의 질서를 보여준다.

16. 오방五方

동·서·남·북·중앙의 다섯 방위를 오행五行에 배속한 것을 말한다.

동東은 오행 상 목木에 해당된다.

남南은 오행 상 화火에 해당된다.

중앙中央은 오행 상 토土에 해당된다.

서西는 오행 상 금金에 해당된다.

북北은 오행 상 수水에 해당된다.

17. 오색五色

다섯 가지 색을 오행五行에 배속한 것을 말한다.

청靑은 푸른 색으로 오행 상 목木에 해당된다.
적赤은 붉은 색으로 오행 상 화火에 해당된다.
황黃은 누런 색으로 오행 상 토土에 해당된다.
백白은 흰 색으로 오행 상 금金에 해당된다.
흑黑은 검은 색으로 오행 상 수水에 해당된다.

18. 오곡五穀, 오과五果, 오축五畜,오채五菜

오장五臟에서 받아들이는 오곡五穀, 오과五果, 오축五畜, 오채五菜를 의미한다. 한의학의 원전原典인 황제내경黃帝內經을 살펴보면 "다섯 가지 곡식인 오곡五穀은 영양營養을 가져다주고, 다섯 가지 과일인 오과五果는 보조補助작용을 하며, 다섯 가지 가축인 오축五畜은 보익補益작용을 하고, 다섯 가지 나물인 오채五菜는 보충補充작용을 하므로 곡식, 과일, 육류, 채소의 기미氣味를 합하여 먹으면 인체의 정기精氣를 보익補益할 수 있다."라고 설명하고 있다.

보리, 자두, 닭, 부추는 간허肝虛에 좋다.
수수, 살구, 양, 염교는 심허心虛에 좋다.
조, 대추, 소, 아욱은 비허脾虛에 좋다.
현미, 복숭아, 말, 파는 폐허肺虛에 좋다.
콩, 밤, 돼지, 콩잎은 신허腎虛에 좋다.

동양의 시간

동양학의 가장 큰 업적은 지금의 현대 과학기술로는 증명할 수조차 없는 물物 이면의 상象을 알아낸 것이다. 대표적인 것이 시간적 흐름에 따른 하늘과 땅의 상象을 밝혀놓은 육십갑자六十甲子이다.

우리가 흔히 띠로 보는 12지지地支와 10천간天干이 배합을 이루어 육십갑자가 나오게 되는데, 이것은 우리가 현재 사용하는 시계 단위와 비교해보면 놀라지 않을 수 없다. 시계는 60초에 1분이 되고 60분이 1시간이 되므로 명리학의 육십갑자와 같은 단위이며, 또 12시간을 시계에 표시하고 있으니 12지지地支와 같으며, 10초씩 구분 짓는 십진법은 10천간天干과 동양의 순旬 개념과도 같다. 결국 시계란 지구의 시간적 흐름을 구분해서 표현한 것으로, 그 단위가 우리가 알고 있는 동양의 개념과 일치한다.

그런데 서양의 시간단위와 동양의 시간단위 사이에는 큰 차이도 보이고 있다. 바로 서양은 하루를 24시간으로 표시하고 있지만, 동양의 시간은 여전히 12시간 단위라는 것이다. 즉 이것은 단지 12단위로 임의 상 편하게 나눈 것이 아니고, 실제 2시간마다의 단위가 음양오행陰陽五行의 기운象이 바뀌는 포인트라는 것이다. 이는 서양의 시간단위(년, 월, 일, 시)는 그 시점을 가리키는 표시 이외는 더 이상 아무것도 알 수가 없는 숫자단위일 뿐이지만, 동양의 시간단위(년, 월, 일, 시)는 그 시점의 하늘과 땅이 드러내는 상象의 의미까지 알 수 있다는 것이다. 참고로 우리가 쓰는 자정子正은 자시子時의 정 가운데를 뜻하니 밤 12시이며, 정오正午는 오시五時의 정 가운데이니 낮 12시를 표현한 것일 뿐이다.

사주명리학은 태양계의 변화에서 각도를 중시하며 입춘을 1년의 시작점으로 본다. 동지와 춘분의 각도를 90도로 볼 때 입춘점은 대략 45도 정도인데, 태양 주위를 공전하는 지구의 위치(각도)를 태양을 기준으로 하여 각도로 나타내는 것과 같다. 그래서 만세력萬歲曆의 1년 24절기에 대한 관측 내용들이 현대의 천문관측에서 내린 판단과 거의 일치하는 수치가 나오는 것을 보면 놀라지 않을 수 없다.

육십간지六十干支의 의미

천간天干과 지지地支를 살펴보면, 천간天干은 갑甲, 을乙, 병丙, 정丁, 무戊, 기己, 경庚, 신辛, 임壬, 계癸 열 개로 되어 있고, 지지地支는 자子, 축丑, 인寅, 묘卯, 진辰, 사巳, 오午, 미未, 신申, 유酉, 술戌, 해亥 열두 개로 되어 있다. 여기서 10 천간天干과 12지지地支를 순서대로 한자씩 결합하여 갑자甲子, 을축乙丑, 병인丙寅…… 순으로 나아가면, 갑자甲子에서 시작하여 다시 갑자甲子로 돌아오기까지 60개의 조합이 만들어지는 것이다. 이를 년年으로 본다면 10과 12의 최소공배수는 60으로, 하나의 간지干支는 60년마다 돌아오게 된다. 이렇게 얻은 60개의 서로 다른 맞춤을 육십갑자六十甲子나 육십간지六十干支라 한다. 그러므로 태어나서 만으로 60세 생일이 되는 해는 자신이 태어난 해와 같은 간지干支가 다시 돌아왔다고 하여, 이를 '회갑回甲'이라 한다. "甲이 다시 돌아왔다"는 의미의 환갑還甲이라는 용어도 자기가 태어난 해가 다시 돌아왔다는 것을 의미하는 용어이다. 이러한 육십간지六十干支는 사주명리학에서 년年은 물론, 월月이나 일진日辰, 시간時間에도 활용이 되고 있다.

[육십갑자]

1순	甲子 갑자	乙丑 을축	丙寅 병인	丁卯 정묘	戊辰 무진	己巳 기사	庚午 경오	辛未 신미	壬申 임신	癸酉 계유
2순	甲戌 갑술	乙亥 을해	丙子 병자	丁丑 정축	戊寅 무인	己卯 기묘	庚辰 경진	辛巳 신사	壬午 임오	癸未 계미
3순	甲申 갑신	乙酉 을유	丙戌 병술	丁亥 정해	戊子 무자	己丑 기축	庚寅 경인	辛卯 신묘	壬辰 임진	癸巳 계사
4순	甲午 갑오	乙未 을미	丙申 병신	丁酉 정유	戊戌 무술	己亥 기해	庚子 경자	辛丑 신축	壬寅 임인	癸卯 계묘
5순	甲辰 갑진	乙巳 을사	丙午 병오	丁未 정미	戊申 무신	己酉 기유	庚戌 경술	辛亥 신해	壬子 임자	癸丑 계축
6순	甲寅 갑인	乙卯 을묘	丙辰 병진	丁巳 정사	戊午 무오	己未 기미	庚申 경신	辛酉 신유	壬戌 임술	癸亥 계해

육십간지六十干支와 서기년도

육십간지六十干支의 의미도 알았으니 서기년도를 간지干支로 바로 표시하는 방법을 한번 알아보기로 하자. 10천간天干은 10년을 주기로 순환하므로, 서기년도의 마지막 숫자가 같은 해는 같은 천간天干을 가짐을 알 수 있다. 여기서 마지막 숫자는 서기연도를 10으로 나누었을 때 그 나머지 숫자와 같다. 서기 4년이 갑자甲子년임을 기억하면, 4로 끝나는 2004년, 2014년, 2024년은 모두 갑甲의 해이다. 그리고 십간十干을 서기년도와 비교하여 보면 갑-4 ,을 -5, 병-6, 정-7, 무-8, 기-9, 경-0, 신-1, 임-2, 계-3 으로 대응시킬 수 있다. 그래서 2004년을 기준으로 보면, 2010년은 경庚의 해임을 쉽게 계산할 수 있다. 그리고 12지지地支는 12년을 주기로 돌아오므로, 서기년도를 12로 나누었을 때 그 나머지로 대응시켜 보면 자-4, 축-5, 인-6, 묘-7, 진-8, 사-9, 오-10, 미 -11, 신-0, 유-1, 술-2, 해-3이 된다. 여기서 갑甲과 자子가 공통적으로 4에 대응한다는 것만 기억하면 쉽게 계산이 가능하겠다.

그러므로 이 기산법은 특정 사건의 년도를 파악하는 데 도움을 준다. 예를 들어 1592년을 60갑자로 나타내 보면 먼저 끝자리가 2 이므로 천간은 임壬이다 1592를 12로 나누면 나머지가 8 이므로 지지는 진辰이다. 따라서 1592년은 임진壬辰년으로 임진왜란(1592년부터 1598년까지 2차에 걸친 왜군의 침략으로 일어난 전쟁)이 일어난 해이다. 1636년은 끝자리가 6이니 천간은 병丙이고 1636을 12로 나누면 나머지가 4이므로 지지는 자子이다. 따라서 1636년은 병자丙子년으로 병자호란(후금의 태종이 국호를 청으로 고치고 2차로 조선을 침공한 전쟁)이 일어난 해이다. 1950년은 끝자리가 0이니 천간은 경庚이고 1950을 12로 나누면 나머지가 3이므로 지지는 인寅이다. 따라서 1950년은 경인년庚寅年으로 6.25 전란이 일어난 해이다. 참고로 서기 4년은 최초의 갑자년甲子年이면서 단기 2337년이다. 단기는 한민족의 기원, 즉 단군기원을 기점으로 단군조선이 세운 기원전 2333년을 단기 1년으로 하므로 서기 1년은 단기 2334년과 같다.

육십갑자의 응용

시간時間을 표현할 때 간지干支를 조합하여 육십갑자六十甲子를 사용하는데 삼원三元이란 상원上元, 중원中元, 하원下元을 의미하고, 각각의 일원一元은 육십갑자六十甲子로 구성되어 있다. 하나의 삼원은 육십갑자六十甲子가 세 번이므로 180개의 육십갑자六十甲子가 된다. 이 180년이 다시 음陰과 양陽이 존재하듯이, 2회 결합하면 360년이 되는데, 이것이 바로 소강절 선생(邵康節·1011~1077)이 말하는 원회운세元會運世의 1운運이 된다. 북송 시대의 유학자인 소강절 선생은 주역의 괘상卦象을 상수학적으로 풀어 우주의 큰 시간주기인 원회운세元會運世의 시간법칙을 발견해내었다. 원회운세元會運世란 우주의 한 시간을 1세(30년), 하루를 1운(360년=12세), 한 달을 1회(10800년=30운), 일년을 1원(129600년=12회)으로 구분한다. 이 시간 주기는 곧 지구의 시(1시간), 일

(12시간), 월(30일), 년(12달)과 같으며, 이러한 주기는 동의보감에서도 언급되어 있다. 참고로 여기서의 1일은 동양의 12시간(자, 축, 인, 묘, 진, 사, 오, 미, 신, 유, 술, 해)을 의미하며, 사람의 1세대를 우주의 한 시간인 30년으로 본다는 것도 짐작할 수가 있겠다.

그리고 1갑자甲子는 60년, 1갑자를 60번 회전하면 3600년으로 이것이 첫 큰 갑자라고 해서 상원 갑자, 또 다시 3600년이 중원 갑자, 또 다시 3600년이 하원 갑자로, 이 3600년(10운)의 연속 3번인 10800년(1회)이 끝나 새롭게 시작한 해가 1984년의 갑자년甲子年이라고 한다. 바꾸어 말하면 1984년부터는 이전과는 다른 기운이 천지에 작용하기 시작했다고 유추해 볼 수 있다. 국선도 창시자인 청산선사께서는 60갑자가 60번 돌아 다시 제자리로 돌아온 해를 3600년 만에 돌아온 대갑자년大甲子年이라 하는데, 1984년이 그 대갑자년大甲子年으로, 이 해부터 지축이 점차 바로 서기 시작하며 선천先天에서 후천後天으로 넘어간다고 언급하였다. 그리고 그 이유로는 지구와 관련된 모든 별들이 이동을 하면서 서로에게 인력을 미치므로 지구에도 영향을 주기 때문이라는 것이다.

또한 KBS에서 방영한 TV 사이언스 21의 '제 5빙하기의 경고'에서는 남극 빙하가 과거 기후변화를 연구하는 데 가치가 높다고 설명하면서, 학자들은 이런 빙하구조를 통해 지난 40만 년 간의 지구기후 변화에 어떤 주기가 있음을 알 수 있다고 말한다. 남극빙하의 기후를 분석한 결과를 보면, 지난 40만 년 동안 CO_2, 즉 이산화탄소의 양은 어떤 주기적인 변화를 보여 왔다고 한다. 이것은 지난 40만 년 동안의 기후 변화가 이산화탄소 양의 주기변화와 유사한 형태를 보이고 있는데, 이것은 지구의 빙하기도 일정한 주기가 있고, 그 주기가 대략 10만 년 정도라는 새로운 사실을 보여준다. 그런데 최근 네이처 지에는 식물 화석이 쌓였던 유럽의 한 호수바닥 퇴적층에서 가져온 식물 자료를 바탕으로 당시 기후 변화를 연구한 결과를 실었는데, 빙하주기가 10만 년이 아니라 12만 4천년에 가깝다는 연구 논문이다. 여기서 나온 결과는 10만 년보다 12만 4천 년 기후주기가 더 우세하다는 것이다. 우연하게도 소강절 선생의 1원에 거의 근접한 수치라고 볼 수 있다. 지구에 사계절의 순환이 있듯, 우주에도 어떤 순환적 패턴이 있는 것이다. 만일 위에서 설명한 과학적인 연구 결과와 동양학에서 설명하는 시간 단위의 패턴들을 현대의 물리학자가 관심 있게 바라본다면, 노벨물리학상에 접근할 수 있는 새로운 단서를 발견할지 모르는 일이다.

사주팔자의 천간과 지지

사주팔자四柱八字의 의미는 사람이 태어난 년, 월, 일, 시의 네 기둥(四柱)으로 된 여덟 글자(八字)란 뜻이다. 여기서 4개의 기둥이란 년주年柱, 월주月柱, 일주日柱, 시주時柱를 말하며, 각 기둥이 10천간天干과 12지지地支의 조합인 육십간지六十干支의 두 글자로 되어 있다. 그래서 사주팔자는 나의 타고난 에너지의 음양오행적 조합으로, 나의 타고난 기질이자 전체적 속성이다. 그리고 태어난 날의 천간인 일간日干은 나의 대표적 속성을 나타낸다.

천간天干은 하늘(우주)의 음양오행의 변화(運行)를 표시한 부호(하늘의 줄기)이며, 지지地支는 땅(지구)의 음양오행의 변화(運行)를 표시한 부호(땅의 가지)이다. "관어천문觀於天文 찰어지리察於地理"란 하늘의 상象을 관찰하고 땅의 이치理致를 살피는 것을 뜻하는데, 바로 천간天干과 지지地支를 분석하는 것 자체도 여기에 속한다고 볼 수 있다. 이렇게 육십간지六十干支를 통해 천기天氣와 지기地氣가 서로 감응하며 변화하는 이치를 음양오행陰陽五行의 생극제화生克制化란 한 폭의 그림으로 밝혀 놓은 것이 사주명리학이다. 사주명리학은 만세력萬歲曆을 통해 그 사람의 타고난 음양오행의 기운을 한눈에 파악할 수 있다. 이는 마치 마트에서 구입한 제품들을 계산할 때 사용하는 바코드와 같다고 할 수 있다. 스캔을 통해 그 제품에 대한 모든 정보를 알 수 있듯이, 타고난 에너지 코드인 여덟 글자에 담긴 정보를 통해 그 사람이 태어날 때 받은 우주의 선천적 기운이 어떤 것이고, 어떻게 작용할지를 파악할 수가 있다. 그래서 10년마다 바뀌면서 들어오는 대운大運과 해마다 변하는 세운歲運을 통해 앞으로의 운運의 변화까지 알 수가 있다.

이제는 이러한 천간天干과 지지地支를 단순히 한자漢字로만 보지 말고, 하늘의 에너지天氣와 땅의 에너지地氣를 나타내는 코드로서 바라본다면 사주명리학을 바라보는 인식자체가 달라질 것이다. 바꾸어 말하면 한자漢字로만 된 신살풀이 위주의 잡술이 아니라 천간天干과 지지地支라는 코드를 통해 그 사람의 타고난 명命과 운運을 분석하는 천문학이자 임상통계학이라고 보면 될 것이다.

참고로 여기서 표현되는 각각의 천간天干과 지지地支가 가진 음양陰陽과 오행五行은 원광디지털대학교 동양학과에서 배우는 명리학개론에 나오는 표를 따르기로 한다.

[천간지지의 음양오행]

四季	春		夏		季夏(長夏)		秋		冬	
四季陰陽	陽氣				陰陽교체		陰氣			
五行	木		火		土		金		水	
陰陽	陽	陰	陽	陰	陽	陰	陽	陰	陽	陰
天干	甲	乙	丙	丁	戊	己	庚	辛	壬	癸
地支	寅	卯	巳	午	辰戌	丑未	申	酉	亥	子

태양계의 행성들과 사주팔자

인간은 자전, 공전하는 지구상에 살면서 태양日과 달月, 태양계 행성들(星), 지구에서 관측되는 항성들(辰)과 밀접하게 연결되어 있다. 지구는 태양 주위를 공전함으로써 태양계의 행성들과 멀어지거나 가까워지고, 그에 따라 지구에 사는 인간에게 많은 영향을 끼친다는 것을 알게 되면서 오랜 연구를 통해 탄생한 학문이 사주명리학이다. 그래서 사주명리학은 고대 천문학이다. 사주팔자四柱八字란 태어난 순간에 부여받은 사람의 선천적인 에너지 코드나 기질氣質을 의미한다. 여기서 천간天干은 하늘의 에너지인 천기天氣를 의미하고, 지지地支는 땅의 에너지인 지기地氣를 의미한다. 그러므로 육십갑자의 글자 하나하나는 작용하는 천기天氣와 지기地氣를 음양으로 모두 표현한 코드인 것이다. 여기에 기공 전문가인 정종호 씨의 논문인 〈태양계 행성들이 인간의 바이오 에너지에 미치는 영향〉의 내용 중에서 사주팔자와 관련된 부분의 요약을 통해 온 우주가 파동적인 에너지로써 유기적으로 연결되어 있으며, 지구 밖의 에너지인 천기天氣가 인간의 타고난 기질氣質에 많은 영향을 줄 수 있음을 이해해본다.

고대 문명에서는 태양계 행성들이 상대적 위치가 지구상의 사건에 영향을 준다는 믿음을 가지고 있었다. 우리가 사는 지구는 태양계의 3번째 행성이고, 태양도 은하 중심에서 3만 광년 떨어진 곳에 있고, 은하는 태양보다 크거나 작은 2천억 개가 넘는 대단히 많은 별들로 이루어져 있고, 각 별들이 질서 정연하게 힘의 균형을 이루어 자전, 공전하고 있다는 것을 알아내었다.

지구의 에너지는 물질인 땅을 둥글게 둘러싸고 있을 것이라 예상하고 있고, 약 3천 8백만 킬로미터 떨어진, 지름 3,476 킬로미터의 달이 우주 공간으로 달아나지 못하게 붙잡고 있을 정도의 물리적 힘을 가지고 있는 것을 보면 지구의 에너지는 대단히 먼 우주 공간까지 영향을 미칠 것이다. 또한 태양계의 행성들이 자신들의 공전궤도를 이탈하지 않고 태양 주위를 공전하는 것을 보면 태양의 에너지는 우리의 상상을 초월할 정도로 먼 우주 공간의 다른 별까지 직접적인 영향을 미칠 정도로 강할 것이다. 무엇보다도 태양에서 오는 빛과 열이 지구에서 살고 있는 모든 생명체의 근원 에너지로 쓰이고 있으며, 태양은 춘하추동의 계절 변화를 일으킬 만큼 지구에 절대적이고 강력한 영향을 미친다. 달 또한 지구와 가장 가까이 있으므로 지구에 큰 영향을 미친다.

바닷물이 주기적으로 들어왔다가 나가는 조석 현상은 달이 지구에 미치는 인력으로 발생한다. 달은 조석 현상뿐만 아니라 우리가 느낄 정도는 아니지만 지구의 육지도 달의 인력으로 조금씩 부풀어오르고 내려앉는다. 여성들이 한 달에 한번 겪는 생리를 월경(月經)이라고 부르는 것도 달의 움직임과 관련이 있다.

지구는 우주 공간을 자전, 공전하면서 태양 주위를 돌고 있다. 강력한 여러 종류의 천기天氣가 미지의 우주 중심으로부터, 태양으로부터 그리고 태양계의 각 행성으로부터 지구 위에 살고 있는 인간의 기문氣門과 기도氣道를 통하여 흘러들고, 여러 별들의 움직임에 의하여 천기天氣의 변화가 지기地氣에 영향을 주게 되고, 인간도 하늘로부터 오는 천기天氣의 변화에 따라 자신의 에너지 순환이 활성화되어 기분이 좋기도 하고, 반대로 자신의 에너지 순환이 방해를 받아 기분이 나빠지기도 한다. 이상에서 천기가 인간에게 좋은 영향을 미치거나 또는 나쁜 영향을 미치는가는 태양日의 영향에 따른 춘하추동, 달月의 차고 기우는 현상, 태양계 행성들(星)의 배치, 지구에서 관측되는 항성들(辰)의 배치 등 여러 요인에 의해 영향을 받으리라 예상하고 있다. 특히 태양과 달이 천기에 가장 많이 영향을 미칠 것으로 예상된다.

결국 대자연은 태어난 연월일시에 따라 다양한 천기의 모습을 닮은 사람들이 이 땅에서 시시각각으로 변하는 천기를 받아 살게 하였다는 것을 알 수 있다. 이것을 쉽게 표현하면 인간은 자궁 속에서 육체가 만들어지고, 태어날 때의 태양계 행성들과 별자리의 배치에 의한 천기에 영향을 받는다는 뜻이다. 마치 컴퓨터의 하드디스크가 전혀 기록이 되지 않은 깨끗한 상태에서 컴퓨터 사용자가 여러 프로그램을 하드디스크에 기록하여 사용하듯이, 인간의 뇌도 태어나기 전에는 전혀 기록이 되어 있지 않다가 태어나는 순간의 천기로 인해 그 사람의 성향이 결정된다고 보는 것이다. 어떤 사람은 좋은 천기를 타고나고, 어떤 사람은 좋지 않은 천기를 타고나기도 한다. 그래서 천기가 좋은 날, 제왕절개로 좋은 천기를 받아 태어난 자식의 운명을 조금이라도 좋게 해보려는 시도를 하고 있는 사람이 있는 것이 우리의 현실이다.

참고로 정종호 씨의 논문에서는 태양계의 행성 중에 특정 행성의 위치가 지구에 가장 근접할 때 인간의 특정 차크라가 어떠한 영향을 받는지에 대해 자세히 설명하고 있는데, 진실 여부를 떠나서 동양학을 폭넓게 공부하는 분들에게는 한번 읽어볼 만한 내용이라고 본다.

사주팔자와 경우의 수

동서양에서 인간의 운명이나 기질을 파악하는 방법(術數)들은 다양하게 전해내려 왔는데, 그 중 현재 잘 알려져 있는 것들을 통해 그 각각의 방법마다 파악하는 경우의 수를 한번 알아보기로 하자.

(1) 혈액형血液型

1927년 후루카와 다케지가 발표한 이론으로, 1970년 방송 프로듀서인 노미 마사히코가 쓴 혈액형 성격설에 관한 책이 인기를 끌면서 대한민국 등에 전파되었다. 사람을 오직 4가지(A, B, O, AB)로만 분류하여 파악하는 것으로 수십만 가지로 분류하는 사주명리학과는 비교 자체가 안 된다.

(2) 사상의학四象醫學

이제마의 사상의학으로 사람을 태양, 태음, 소양, 소음으로만 구분하여 판단하는 이론으로 그 속에는 분명 심오한 음양오행의 원리가 들어있어서 동양학을 공부하는 사람이라면 한번쯤 공부해 볼만한 가치가 있다. 다만 사람을 4가지로만 분류하고 그 이상의 보완적인 이론이 없는 한계점도 분명 가지고 있다.

(3) 서양 점성술

황도 12궁에 근거해서 만들어진 이론으로, 태어난 시기에 따라 우리가 잘 아는 황소자리, 전갈자리, 물고기자리 등 12가지로 나누어 사람을 판단하는 방법이다. 역시 인간의 기질과 운명을 구체적으로 파악하기에는 한계가 있다.

(4) 타로카드

최대 78장의 다양한 그림이 그려진 카드를 배열한 상태에서 상대방이 뽑은 카드의 그림을 보고 과거, 현재의 상황을 파악하고 미래를 예측하는 방법으로 마치 동양의 주역점周易点과 같다. 이 또한 단순히 카드를 뽑는 우연한 결과로 상대방을 판단하는 점술로서, 상당히 뛰어난 직관력이나 영감이 필요하므로 학문적인 범주에 들어오기가 힘들다.

(5) 주역 64괘(周易点)

주역의 원리를 이용하여 인간의 길흉을 64가지로 판단하는 점법으로, 이전에는 주역 점의 대가들이 있었으나 이러한 점술능력은 상당히 뛰어난 직관력이나 영감이 필요하므로 학문적인 발전에는 한계가 있다. 따라서 주역도 동양학의 한 범주이지만, 사주명리학과는 인간의 운명을 판단하는 방법 자체가 전혀 다른 학문이다.

(6) 토정비결土亭秘訣

연年, 월月, 일日 세 가지만으로 괘卦를 찾아내는 방식으로 48괘에 3을 곱하여 144괘로 풀이하는 당사주류의 이론으로 사주四柱가 아닌 삼주三柱에서 지지地支만 따졌으므로 당사주 이전의 것일 수도 있다. 그래서 누구나 쉽게 볼 수 있는 당사주류의 토정비결土亭秘訣을 보고서 사주팔자四柱八字를 보았다고 하는 것은 전혀 맞지 않는 이야기이다. 참고로 토정비결土亭秘訣의 원문에 나오는 지명地名이 모두 중국 지명地名인 것과 '월영도'月影圖라는 대단한 저작을 저술한 토정이 과연 이러한 재미로 보는 책을 만들었을지 의문스럽게 보는 학자들도 있다.

(7) 매화역수梅花易數

64괘에 다시 변화를 주어 384괘로 판단하는 소강절의 점술이다. 소강절은 "주역은 상象과 수數로 귀결되며, 상수학으로써 우주가 발생하고 자연이 이루어진다"고 이야기하였다. 매화역수는 현재에도 계속 사용되고 있지만, 도출되는 경우의 수는 역시 사주명리학에 미치지 못한다.

(8) 당사주

년年, 월月, 일日, 시時 각각의 12지지地支를 통해 2만736가지(12×12×12×12)의 판단이 가능하다. 이 자체만으로는 위에서 설명한 방법들의 경우의 수에 비하면 대단한 것이라 할 수 있다. 그렇지만 천간天干을 빼고 지지地支만으로 판단하는 방법이다. 이는 음양의 원리에 어긋난 것으로, 지금의 사주명리학이란 학문과는 관계가 거의 없는 이론이자 당나라 시대에 쓰이던 방법이다. 최근 당사주만으로 풀이하는 인터넷 싸이트에서 마치 사주명리학 풀이처럼 이야기하는 것을 보았는데, 역시 학술보다는 잡술로 쉽게 돈을 벌려는 현상이라 할 수 있겠다. 사주는 믿을 것이 못 된다는 말에는 이러한 당사주가 크게 한 몫을 하고 있다는 한 역학자의 말에 필자도 동감한다.

(9) 사주명리학

당나라 시대에 행해지던 지지地支만의 판별법인 당사주의 잘못된 점을 보완하며 발전해 오다, 띠로 보는 관점을 고치고 일간을 자신으로 보고 판단하는 완전히 새로운 이론이다. 이는 동양학의 운명예측 이론 중 가장 많은 경우의 수를 가지고 있는데, 년의 60갑자와 월의 12개월, 일주의 60갑자와 시의 12시로 총 51만 8400가지의 변수(60×12×60×12)를 가진 임상통계학이라 할 수 있다. 결국 사람의 타고난 기질과 운명을 예측하는 방법 중 가장 강력한 무기를 가지고 있다고 보면 되겠다.

사주팔자의 의미

인간의 운명에 따른 길흉을 예측한다는 사주팔자의 의미는 다음과 같이 요약할 수 있다.

첫째로 사주팔자는 인간이 불완전한 존재임을 알려주는 코드의 집합체 이다.

오행이 가장 균형 있게 존재하려면 음양까지 계산했을 때 열자라면 더 완벽한 구성이 될 수도 있으나, 8자밖에 되지 않기 때문에 태과하거나 불급하는 불완전한 구성으로 이루어진다. 이는 곧 인간이 불완전한 존재로서 타고난 업장을 풀어가며 혼의 성장을 해야 하는 운명임을 나타낸다.

둘째로 사주팔자는 22개의 코드로 파악하는 타고난 에너지의 특징이며, 간지干支를 통한 시공간의 표현이다.

계절의 변화를 파악하여 농사에 활용하는 천문학으로서 한층 더 발전시켜 인간 탐구의 학문으로서 발전하게 된 것이 사주명리학이다. 물상론에서는 하늘의 에너지인 10천간天干은 드러난 세계를 의미하고, 땅의 에너지인 12지지地支는 잠재된 세계로 비유하기도 한다. 결국 세상만물의 이치인 음양陰陽과 오행五行이 인간에게 10천간天干과 12지지地支의 코드의 조합으로 구체화 된 것이 사주팔자인 것이다. 또한 오행체질만으로 분류했을 때의 부족한 구체적인 내용을 보완해주는 역할이 사주명리학이며 대운과 세운에 따라 앞으로 변화되는 상태까지 파악이 가능하다.

셋째로 사주팔자는 분명한 대자연의 관찰에서 나온 자연과학이다.

대자연은 일정한 법칙에 의해서 순환하고 있는데 그것을 이용하여 인간들은 하루의 12시간을 만들고, 24절기를 만들고, 1년 12달의 달력을 만들어서 사용하고 있다. 이러한 시간의 변화에 인간의 삶을 접목 시키게 된 근거와 일상생활에서 알게 모르게 사용하고 있는 모든 것들이 사실은 사주명리학과 관련되어 있는 것들이 많은 것을 알 수 있다. 이렇게 유용하게 사용되어 왔던 실용학문을 마치 잡술이나 음지의 학문으로 취급하는 것은 옳지 않으며, 오히려 후학들이 이러한 학문을 계승, 발전시켜서 인간의 삶에 더욱 유용하게 활용할 필요가 있겠다.

넷째로 사주팔자는 절대적인 운명론이 아니다.

천문학 분야인 사주명리학을 "사람의 인생은 절대적으로 전부 다 결정되어 있다"는 학문으로 오인해서는 안 된다. 동일한 사주팔자라도 태어난 국가나 시대, 집안 등의 서로 다른 환경에 따라 만나는 인연도, 경험도 다 다를 수밖에 없으므로 살아가는 모습 그 자체는 다를 수밖에 없다. 그러므로 사주만으로 모든 사람의 인생을 정확히 예측한다는 것은 언어도단이며, 사주만으로 100% 정확하게 예측하여 말하라는 것도 문제다. 오히려 자신을 객관적으로 판단하는 데 확률적인 데이터에서는 사주명리학만큼 유용한 학문도 드물다. 사주명리학은 분명히 수천 년을 내려오면서 인간사의 길흉에 적용시켜온 임상 통계학이라는 것을 잊지 말아야 하겠다.

다섯째로 사주팔자는 현대에도 활용 가능한 운명 컨설팅이다.

현대에서 사주명리학 공부의 진정한 활용은 사람마다 능력과 목표가 다 다르기 때문에 그 사람이 가진 특징들(기질, 성격, 적성, 건강, 재물, 명예, 궁합 등)을 파악하고, 이를 토대로 자신의 타고난 기질氣質이 가진 장점은 살리고 단점은 노력하여 다듬어 나가는 것이다. 더 나아가서는 '음극양陰極陽 양극음陽極陰'의 원리처럼 좋은 때가 도래하면 그 때가 영원하지 않음을 알고 다른 때 보다 더욱 최선을 다해야 하겠고, 나쁜 때가 도래하면 그 역시 영원하지 않음을 알고 항상 인내하는 자세로 그 역경을 이겨내면서 때를 기다릴 줄 알아야 할 것이다.

여섯째로 사주팔자는 앞으로도 연구가치가 높은 학문이다.

사주팔자에 대한 논쟁은 오늘날까지도 이어지고 있지만, 사주명리학의 이론은 분명 수천 년 동안 내려오면서 나름대로의 체계와 정확성, 임상데이터를 가지고 있을 뿐 아니라, 요즈음에는 서양 사람들도 이 분야에 논리적 측면, 과학적 측면, 통계학적 측면에서 관심을 보이고 있다. 반드시 사주명리학은 운명에 대한 절대적이고 퍼펙트한 결과를 도출하는 학문이 아니라 통계학적인 분석으로 결과를 도출하는 추명학推命學이라는 것을 잊지 말아야 하겠다.

일곱째로 "맹신하면 어리석고 무시하면 경솔하지만 참고하면 지혜롭다"라는 말이 있듯이, 사주명리학을 공부하는 올바른 자세에 대해 동양학과 박정윤 교수의 글을 인용해 본다.

安分知足(안분지족)하면 趨吉避凶(추길피흉)할 것이요.
制慾中節(제욕중절)하면 敎化治平(교화치평)하리라.
然而(연이) 逆命不知足(역명부지족)하면 趨吉反爲凶(추길반위흉)이요.
過慾不中節(과욕불중절)하면 敎治必爲亂(교치필위난)하리라.

"분수를 편안히 여기고(자신의 분수를 정확히 알고) 만족할 줄 알면 길함을 추구하고 흉함을 피할 것이요. 욕망(욕심)을 제어하고 절도를 지키면 가르침과 교화(정치)가 태평할 것이다. 자신의 운명을 거스르고 만족할 줄 모르면 길함을 추구한다 할지라도 오히려 재앙이 될 것이요, 지나친 욕망을 추구하고 절도를 지킬 줄 모르면 교육이든 정치든 모두가 반드시 혼란을 초래할 것이다."

고전에서 사주명리학을 공부하는 근본은 분수를 지키는 것으로, 사주공부를 이루고 나서 가장 먼저 해야 할 것은 자신의 사주부터 보아 지나친 욕망추구(과욕)를 경계하고 분수를 지키며, 분수에 맞게 살아가는 것이다. 왜냐하면 지금의 현대사회에는 재물과 명예도 중요하지만, 자신의 기질에 맞지 않은 잘못된 욕심과 진로로 인해 불행하게 사는 사람들이 너무나 많다. 인생의 상승기와 전성기가 있으면 반드시 하강기와 침체기도 있음을 깨닫지 못하고 과욕만을 부리다 추락하는 사람들도 많고, 객관적으로는 아주 행복하게만 보이지만 주관적으로는 행복하지 못한 삶을 살아가는 판검사, 의사, 공무원 등의 사람들도 너무나 많은 게 현실이다. 그러므로 자신의 타고난 재능(적성, 진로)과 운(상승과 하강곡선)을 파악하여 잘못된 길로 들어서는 불행을 방지하는 법을 아는 것이 사주명리학을 공부하는 목적이라 할 수 있으며, 가족과 직장과 사회와 국가의 행복과 평화는 가장 먼저 자기 자신으로부터 출발하는 것임을 명심해야 할 것이다.

필자가 강의시간에 했던 조크가 생각난다. "지금 시대에서는 자신이 하고 싶은 일로 돈을 버는 삶이 특별한 삶이고, 자신이 하고 싶은 일로 돈도 벌면서 남들에게 베풀기까지 하는 삶은 짜릿하거나 가슴 뛰는 삶이다."

24절기의 의미

우리나라는 예로부터 1년을 춘·하·추·동의 네 계절로 나누고 그것을 다시 24개의 주기적 틀인 24절기로 나누었다. 이것은 태양과 지구 그리고 달이 만들어내는 주기적인 리듬에 자연스럽게 적응하며 활용하는 참으로 놀라운 지혜와 경험과학이다. 그래서 "농부農夫는 태양을 보고 들에 나가고, 고기 잡는 어부漁夫는 달을 보고 바다에 나간다."는 말이 있듯이, 자연과 순응해 자연스럽게 살아온 증거가 바로 24절기로 농경사회인 우리민족의 삶과는 불가분의 관계이다.

[태양을 중심으로 돌아가는 지구의 24절기]

　인간이 월력月曆을 만든 가장 큰 이유는 계절의 변화를 기록하기 위해서이다. 농경사회에서는 계절의 변화에 민감할 수밖에 없는데, 농사를 짓기 위해 씨를 뿌리고 추수를 하기에 가장 좋은 날씨를 알아야 했기 때문이다. 24절기도 이런 바탕에 근거하고 있다. 이러한 24절기의 한 절기와 다음 절기의 사이는 대부분 15일이며, 경우에 따라 14일이나 16일인데 그 이유는 지구의 공전 궤도가 타원형이어서 태양을 15° 도는 데 걸리는 시간이 똑같지 않기 때문이다. 따라서 대개의 경우 한 달에 절기가 두 번쯤 들어 있다. 그러나 어느 절기가 그 달의 가운데에 들어 있으면 그 달에는 절기가 한 번밖에 들지 않을 수도 있다.

　이러한 24절기는 양력으로도 따지기는 하지만 주로 음력으로 계산한다. 특정한 절기가 월초에 있는 것은 절기節氣라 하였고, 월중에 있는 것을 중기中氣라 하였으며, 각 기를 대략 5일 간격으로 세분하여 초후, 중후, 말후로 불렀다. 다시 이야기하면 한 달에서 5일을 1후候, 3후인 15일을 1기氣라 하여 이

것이 기후氣候를 나타내는 기초가 된다. 24절기를 나누는 기준 자체가 달이 아닌 태양이 기준인데, 24절기의 이름은 중국 주周나라 때 화북지방의 기후를 잘 나타내도록 정해졌기 때문에 우리나라의 기후와는 약간 차이가 날 수 있다.

달의 운행과 변화를 보고 만든 달력, 즉 순태음력純太陰曆은 태양의 운행과 무관하기 때문에 계절의 주기(변화)와 맞지 않아 불편하다. 즉 태양의 움직임에 따른 일조량, 강수량, 기온 등을 보고 농사를 짓는 데는 순태음력純太陰曆이 그다지 유용하지 않다. 그래서 이러한 문제점을 보완하기 위하여 음력에서는 태양의 운동(운행)에 따른 계절의 변화, 즉 지구가 태양의 둘레를 도는 길인 황도黃道를 15° 돌 때마다 황하유역의 기상과 동식물의 변화 등을 나타내는 명칭을 붙인 24절기를 도입하여 같이 사용한다. 따라서 음력은 태양의 움직임을 24절기로 표시하여 주기 때문에 태음태양력(우리가 흔히 음력이라 말하는 것은 원래 '태음태양력 太陰太陽曆'의 준말이다 여기서 '陰'은 '달'을 뜻하고 '陽'은 태양을 뜻한다)이라고 한다. 즉 달과 태양의 운동을 모두 고려하는 역법이란 뜻이다.

서양에서도 태어난 날짜에 따라 별자리를 배정하는데 이것은 24절기와 관계있다. 24절기가 태양의 운동을 기준으로 15도씩 나누어진 구간을 나타내는 것과 비슷하게, 서양 별자리는 춘분점을 기준으로 30도씩 나누어 별자리를 배정하였다. 서양별자리는 계절을 12절기로 나눈 것이고, 나누는 눈금은 동양 24절기의 중기中氣에 해당된다고 볼 수 있다. 하지만 황도를 12궁으로 처음 나누었던 2000년 전에는 춘분점이 백양에 있었지만 지금은 물고기자리에 있다고 한다.

24절기의 구분

봄의 절기(입춘에서 곡우까지)

봄철에 해당되는데, 봄은 시작과 풍요, 부활의 의미를 지니고 있다. 계절의 시작이며, 농사일을 준비하고 씨를 뿌리는 계절로 모든 만물萬物이 생명의 근원을 다시 얻어 소생蘇生하는 계절이다.

입춘(立春, 양력 2월 4, 5일경) - 봄이 시작되는 때

우수(雨水, 양력 2월 19, 20일경) - 봄을 알리는 단비가 내림

경칩(驚蟄, 양력 3월 5, 6일경) - 숨어 있던 개구리가 놀라서 잠에서 깸

춘분(春分, 양력 3월 21, 22일경) - 봄을 나누는 지점으로 낮이 길어지기 시작

청명(淸明, 양력 4월 5, 6일경) - 날씨가 맑고 밝으며 봄 농사를 준비

곡우(穀雨, 양력 4월 20, 21일경) - 곡식에 필요한 비가 내림

여름의 절기(입하에서 대서까지)

여름철에 해당되는데, 여름은 1년 중 가장 양기가 왕성한 때이므로 '천중가절天中佳節'이라 하며, 들에서 땀 흘려 일하는 계절이다.

입하(立夏, 양력 5월 6, 7일경) - 여름이 시작되는 때

소만(小滿, 양력 5월 21, 22일경) - 만물이 점차 성장하여 가득 찬다는 의미

망종(芒種, 양력 6월 6, 7일경) - 보리가 익고 모를 심기 좋은 때

하지(夏至, 양력 6월 21, 22일경) - 낮이 가장 길어짐

소서(小暑, 양력 7월 6, 7일경) - 작은 더위라는 뜻으로 더위의 시작

대서(大暑, 양력 7월 23, 24일경) - 큰 더위라는 뜻으로 더위가 최고

가을의 절기(입추에서 상강까지)

가을철에 해당되는데, 여름 내내 가꾼 것을 수확하는 계절로 가을은 풍요
와 결실의 계절이다.

입추(立秋, 양력 8월 8, 9일경) - 가을이 시작되는 때

처서(處暑, 양력 8월 23, 24일경) - 더위가 물러가고 시원한 바람 불기 시작

백로(白露, 양력 9월 8, 9일경) - '흰 이슬'로 이슬이 맺히기 시작

추분(秋分, 양력 9월 23, 24일경) - 가을을 나누는 지점으로 밤이 길어지는 시작

한로(寒露, 양력 10월 8, 9일경) - 찬 이슬이 내리기 시작

상강(霜降, 양력 10월 23, 24일경) - 서리가 내리기 시작

겨울의 절기(입동에서 대한까지)

겨울철에 해당되는데, 쉬면서 다음해를 준비하는 계절을 말한다.

입동(立冬, 양력 11월 7, 8일경) - 겨울이 시작되는 때

소설(小雪, 양력 11월 22, 23일경) - '작은 눈'으로 이 무렵부터 눈이 내리기 시작

대설(大雪, 양력 12월 7, 8일경) - 눈이 많이 내리는 때

동지(冬至, 양력 12월 22, 23일경) - 밤이 가장 길어짐

소한(小寒, 양력 1월 6, 7일경) - 추위가 시작

대한(大寒, 양력 1월 20, 21일경) - 추위가 최고

참고로 24절기는 아니지만 다른 세시 풍속으로 설날(음력 1월 1일), 대보름
(음력 1월 15일), 한식(寒食, 동지로부터 105일째 날(15×7)), 삼짇날(음력 3월 3일), 단오
(端午, 음력 5월 5일), 유두(流頭, 음력 6월 15일), 칠석(七夕, 음력 7월 7일), 백중(百中, 음
력 7월 15일), 추석(秋夕, 음력 8월 15일), 중양(重陽, 음력 9월 9일) 등이 있다.

신년新年의 의미

　신년新年이 되면 천간天干의 색깔과 지지地支의 동물을 결합해서 그 해의 상징적 의미를 표현한다. 60년 만에 돌아온다는 황금돼지띠니, 흑룡띠니 하는 것이 그 대표적인 예이다. 그래서 2007년(丁亥年)에는 황금돼지의 해가 재물을 몰고 온다며 화제가 되었고, 또한 2012년(壬辰年)에는 예부터 제왕과 최고를 상징으로 여겨온 동물이 용이니, 흑룡의 해에는 신성한 기운을 가진 아이가 태어난다고 화제가 되었다. 그런데 최소한 잡술가가 아닌 술사라면 상업적인 이득을 위해 이러한 내용으로 사람들을 현혹케 해서는 절대 안 될 것이다. 모든 띠가 육십갑자로 항상 60년 만에 돌아오는 것을 너무 거창하게 표현해서도 안 될 것이고, 동물의 상징적인 의미를 과장된 수식어로 지나치게 포장해서도 안 될 것이다. 먼저 간단히 신년新年마다 사용되는 동물과 그 색깔을 어떻게 정하는지 알아보기로 한다.

　　甲乙(갑을) - 청색(木)

　　丙丁(병정) - 적색(火)

　　戊己(무기) - 황색(土)

　　庚辛(경신) - 백색(金)

　　壬癸(임계) - 흑색(水)

　　子(자) - 쥐

　　丑(축) - 소

　　寅(인) - 범

　　卯(묘) - 토끼

　　辰(진) - 용

　　巳(사) - 뱀

午(오) - 말

未(미) - 양

申(신) - 원숭이

酉(유) - 닭

戌(술) - 개

亥(해) - 돼지

가령 2013년은 계사년癸巳年이다. 천간天干은 색깔의 단위로 사용하며, 지지地支는 동물의 단위로 사용한다. 그래서 계癸 천간天干은 수水이니 다섯 색깔 중에 흑색黑色이고, 사巳 지지地支는 12동물 중에 뱀巳을 뜻하므로 흑뱀의 해라고 하는 것이다. 2015년은 을미년乙未年으로 을乙 천간天干은 목木이니 다섯 색깔 중에 청색이고, 미未 지지地支는 12동물 중에 양未을 뜻하므로 청양띠라고 하는 것이다.

그런데 양띠는 성질이 온순하고, 원숭이띠는 재빠르며, 호랑이띠는 불의를 보면 참지 못한다는 등의 이야기가 널리 퍼져 있는데, 사주명리학을 조금이라도 공부한 사람이라면 태어난 띠 하나만으로 그 띠에 해당하는 동물의 특성과 그 사람의 기질을 연결시켜 판단한다는 것은 너무나 구시대적인 발상이란 것을 알게 된다. 문제는 태어난 해의 의미를 자칫 너무 비약적으로 확대 해석을 해서 표현하는 경우가 많다는 것이다. 예를 들어 계사癸巳년은 계癸가 흑색을 뜻하고, 사巳가 뱀을 뜻하니 당연히 흑뱀이다. 뱀은 불사와 재생의 상징, 집을 지키는 수호신, 재물의 풍요와 다산의 상징 등으로 그 해의 의미를 풀이하는데, 역사적으로나 학문적으로도 검증이 전혀 안된 단지 미화적인 속설일 뿐이다. 같은 학년까지도 갈 필요도 없이 같은 반에 있는 황금돼지 띠의 학생들이 모두 그러한 띠의 영향력을 받고 있는지 상상하면 답은 이미 나와 있다. 오히려 2013년 계사癸巳년의 진정한 의미는 그 해에 하늘의 기운이 계수癸水로서 지구에 뿌려지고, 그 기운을 받은 지구에서는 사화巳火의 기운이 발현된다는 기운의 코드표시이다. 그러므로 어느 해가 누구에게나 다 특별

하다는 것은 말이 안 되는 것이니 지나치게 그러한 속설에 휩쓸리지 말아야
하겠다.

사주팔자의 십신十神

　태어난 생일의 일간日刊을 중심으로 나머지 일곱 글자와의 상생상극 관계
를 육십갑자(干支)라는 코드로서 인간사의 길흉화복의 기준, 즉 한 개인의 총
체적인 삶인 운명이란 현실에 적용하고 해석하기 위하여 분류해 놓은 것이
십신十神이다.(육신六神, 육친六親, 십성十星, 통변성通辯星이라고도 한다.)

　사주팔자의 핵심인 십신은 일간日刊을 기준으로 5개의 오행五行이 음양陰陽
으로 나누어져 일간과 대조하여 생生하고 극剋하는 관계를 일정하게 이름을
붙인 것으로서 비견比肩, 겁재劫財, 식신食神, 상관傷官, 편재偏財, 정재正財, 편
관偏官, 정관正官, 편인偏印, 정인正印의 10가지 명칭 십신十神으로 구분한다.
그리고 비견과 겁재는 일간과 동일하여 격을 이루지 못하므로 제외하고, 편
인과 정인, 그리고 편재와 정재는 서로 그 작용이 같으므로 인성印星과 재성財
性으로 통일하여 인성, 재성, 식신, 상관, 정관, 편관을 육신六神이라고도 한
다. 여기서 십신十神의 용어를 보면 정正과 편偏으로 구분한 것을 볼 수 있는
데, 예로부터 정正이란 음과 양의 배합이 바르게 된 것으로 길하게 보았으며,
편偏이란 음양이 한쪽으로 치우쳐 편중된 것으로 흉하게 여겼다. 중요한 건
단순히 정인, 정관, 정재, 식신을 길하게 보고 편인, 편관, 편재, 상관을 흉하
게만 보지 말고, 사주의 구성에 따라서 전혀 다르게 해석될 수 있으므로 모든
것은 일간日刊과의 상호관계로 면밀히 분석하여 어떤 것이 길하고 흉한 것인
가를 판단해야 하는 것이 핵심이다.

　그리고 십신十神은 그 일간을 중심으로 음양陰陽의 차이와 오행五行의 생
극관계 등을 판단하여 자신이 살아가면서 인연을 맺는 부모, 형제자매, 배

우자, 자식, 동료, 직장상사, 부하, 스승, 제자, 동업자 등의 혈연관계와 사회적인 인간관계뿐만 아니라 인간사의 길흉화복의 핵심 요소인 성격, 적성, 전공, 직업, 재물, 배우자, 지위, 명예, 건강, 수명 등을 파악하는 데도 중요하게 쓰인다. 결국 십신+神은 음양오행의 상생상극의 작용원리를 인간사의 길흉화복(서로 간의 이해득실)에 적용하기 위한 이론으로 명리학의 꽃으로 불리는 것이다. 바로 사주팔자 해석의 가장 기본적이면서 중요한 척도라고 할 수 있다.

생아자生我者는 나를 생하는 오행으로 정인, 편인
아생자 我生者는 내가 생하는 오행으로 식신, 상관
아극자我剋者는 내가 극하는 오행으로 편재, 정재
극아자剋我者는 나를 극하는 오행으로 편관, 정관
비아자比我者는 나와 동일한 오행으로 비견, 겁재

〈십신+神〉
식신食神: 내가 생生하는 오행 중에서 나와 음양이 같은 것
상관傷官: 내가 생生하는 오행 중에서 나와 음양이 다른 것

편재偏財: 내가 극剋하는 오행 중에서 나와 음양이 같은 것
정재正財: 내가 극剋하는 오행 중에서 나와 음양이 다른 것

편관偏官: 나를 극剋하는 오행 중에서 나와 음양이 같은 것
정관正官: 나를 극剋하는 오행 중에서 나와 음양이 다른 것

편인偏印: 나를 생生하는 오행 중에서 나와 음양이 같은 것
정인正印: 나를 생生하는 오행 중에서 나와 음양이 다른 것

비견比肩: 나와 동일한 오행 중에서 음양이 같은 것
겁재劫財: 나와 동일한 오행 중에서 음양이 다른 것

[십신표]

日干	比肩	劫財	偏印	正印	偏財	正財	偏官	正官	食神	傷官
甲	甲	乙	壬	癸	戊	己	庚	辛	丙	丁
乙	乙	甲	癸	壬	己	戊	辛	庚	丁	丙
丙	丙	丁	甲	乙	庚	辛	壬	癸	戊	己
丁	丁	丙	乙	甲	辛	庚	癸	壬	己	戊
戊	戊	己	丙	丁	壬	癸	甲	乙	庚	辛
己	己	戊	丁	丙	癸	壬	乙	甲	辛	庚
庚	庚	辛	戊	己	甲	乙	丙	丁	壬	癸
辛	辛	庚	己	戊	乙	甲	丁	丙	癸	壬
壬	壬	癸	庚	辛	丙	丁	戊	己	甲	乙
癸	癸	壬	辛	庚	丁	丙	己	戊	乙	甲

日干	比肩	劫財	偏印	正印	偏財	正財	偏官	正官	食神	傷官
甲	寅	卯	亥	子	辰戌	丑未	申	酉	巳	午
乙	卯	寅	子	亥	丑未	辰戌	酉	申	午	巳
丙	巳	午	寅	卯	申	酉	亥	子	辰戌	丑未
丁	午	巳	卯	寅	酉	申	子	亥	丑未	辰戌
戊	辰戌	丑未	巳	午	亥	子	寅	卯	申	酉
己	丑未	辰戌	午	巳	子	亥	卯	寅	酉	申
庚	申	酉	辰戌	丑未	寅	卯	巳	午	亥	子
辛	酉	申	丑未	辰戌	卯	寅	午	巳	子	亥
壬	亥	子	申	酉	巳	午	辰戌	丑未	寅	卯
癸	子	亥	酉	申	午	巳	丑未	辰戌	卯	寅

만세력을 통한 사주팔자의 이해

지금 우리가 보는 만세력은 이전에는 '천세력千歲曆'이라 불렀다. 이 천세력으로 앞으로의 100년 동안의 여러 가지 역에 관한 지식을 미리 알 수 있게 한 것이다. 이렇게 천세력을 매 10년마다 추가 계산하여 나가면 1만 년에 걸친 역서를 한 책에 수록할 수 있어, 1904년에 천세력을 '만세력'이라고 고쳐 발간하였다. 여기서는 만세력萬歲曆이란 책을 통해서 자신의 사주팔자를 직접 도출하는 방법을 알아보기로 한다. 만세력은 서점에 가면 다양한 종류가 출판되어 있으니 구입하는 데 어려움이 전혀 없다.

1. 년주年柱 정하는 법

년주年柱는 태어난 년의 간지干支를 말한다. 사주명리학에서는 1년을 경계 짓는 기준은 입춘일立春日이며, 입춘을 기준으로 입춘 이후에 출생하였다면 해당년도의 년주年柱를 쓰고, 만약 입춘 전에 출생하였다면 해당년도에 출생하였어도 전 년도의 년주年柱를 사용해야 한다. 참고로 만세력을 보면 매년 입춘立春 절입일節入日뿐만 아니라 절입시節立時까지 자세히 나타나 있다.

2. 월주月柱를 정하는 법

월주月柱는 태어난 월의 간지干支를 말한다. 1년의 기준을 입춘으로 정하듯이 해당 월은 절기節氣를 기준으로 정한다. 동양에서는 1년을 24절기로 구분하는데, 이 24절기는 다시 12절기節氣와 12중기中氣로 구분할 수 있다. 여기서 월의 기준으로 사용하는 것은 12절기로, 각 절기節氣의 절입일節入日에 의하여 구분되어진다. 그리고 월지月支는 매년 같은 월지月支를 고정으로 사용하며, 월간月干은 월간조견표月干早見表를 보고 적용하면 된다. 추가로 통합적으로 다 볼 수 있는 월간지조견표月干支早見表도 넣기로 한다.

〈24절기節氣〉

- 12절기節氣: 입춘 경칩 청명 입하 망종 소서 입추 백로 한로 입동 대설 소한

- 12중기中氣: 우수 춘분 곡우 소만 하지 대서 처서 추분 상강 소설 동지 대한

1월(寅) - 입춘 이후에 적용	7월(申) - 입추 이후에 적용
2월(卯) - 경칩 이후에 적용	8월(酉) - 백로 이후에 적용
3월(辰) - 청명 이후에 적용	9월(戌) - 한로 이후에 적용
4월(巳) - 입하 이후에 적용	10월(亥) - 입동 이후에 적용
5월(午) - 망종 이후에 적용	11월(子) - 대설 이후에 적용
6월(未) - 소서 이후에 적용	12월(丑) - 소한 이후에 적용

〈월지月支〉

1월 - 寅 월	7월 - 申 월
2월 - 卯 월	8월 - 酉 월
3월 - 辰 월	9월 - 戌 월
4월 - 巳 월	10월 - 亥 월
5월 - 午 월	11월 - 子 월
6월 - 未 월	12월 - 丑 월

[월간조견표月干早見表]

月干 年干	月干											
	寅月	卯月	辰月	巳月	午月	未月	申月	酉月	戌月	亥月	子月	丑月
甲己	丙	丁	戊	己	庚	辛	壬	癸	甲	乙	丙	丁
乙庚	戊	己	庚	辛	壬	癸	甲	乙	丙	丁	戊	己
丙辛	庚	辛	壬	癸	甲	乙	丙	丁	戊	己	庚	辛
丁壬	壬	癸	甲	乙	丙	丁	戊	己	庚	辛	壬	癸
戊癸	甲	乙	丙	丁	戊	己	庚	辛	壬	癸	甲	乙

- 년 천간이 갑목이나 기토이면 병화를 인월寅月의 천간에 넣어서 순차적으로 적용한다.
- 년 천간이 을목이나 경금이면 무토를 인월寅月의 천간에 넣어서 순차적으로 적용한다.
- 년 천간이 병화나 신금이면 경금을 인월寅月의 천간에 넣어서 순차적으로 적용한다.
- 년 천간이 정화나 임수이면 임수를 인월寅月의 천간에 넣어서 순차적으로 적용한다.
- 년 천간이 무토나 계수이면 갑목을 인월寅月의 천간에 넣어서 순차적으로 적용한다.

[월간지조견표月干支早見表]

월	접입일/년	甲. 己년	乙. 庚년	丙. 辛년	丁. 壬년	戊. 癸년
1 월	입 춘	丙 寅	戊 寅	庚 寅	壬 寅	甲 寅
2 월	경 칩	丁 卯	己 卯	辛 卯	癸 卯	乙 卯
3 월	청 명	戊 辰	庚 辰	壬 辰	甲 辰	丙 辰
4 월	입 하	己 巳	辛 巳	癸 巳	乙 巳	丁 巳
5 월	망 종	庚 午	壬 午	甲 午	丙 午	戊 午
6 월	소 서	辛 未	癸 未	乙 未	丁 未	己 未
7 월	입 추	壬 申	甲 申	丙 申	戊 申	庚 申
8 월	백 로	癸 酉	乙 酉	丁 酉	己 酉	辛 酉
9 월	한 로	甲 戌	丙 戌	戊 戌	庚 戌	壬 戌
10월	입 동	乙 亥	丁 亥	己 亥	辛 亥	癸 亥
11월	대 설	丙 子	戊 子	庚 子	壬 子	甲 子
12월	소 한	丁 丑	己 丑	辛 丑	癸 丑	乙 丑

예를 들어 진월辰月생인데 절입일인 청명淸明보다 생일生日이 빠르다면 전달인 묘월卯月을 월주로 쓰면 된다.

또한 천간天干이 丙 또는 辛년이면 정월은 庚寅월이고, 2월은 辛卯월이고, 3월은 壬辰월이 되며, 천간天干이 戊 또는 癸년의 정월은 甲寅월이고, 2월은 乙卯월이고, 3월은 丙辰월이 된다.

3. 일주日柱를 정하는 법

일주日柱는 태어난 날의 일진日辰을 말한다. 하루를 나누는 기준(날의 기준점)은 자시子時를 기준으로 새로운 날로 정하며, 일주日柱는 반드시 만세력을 보고 작성한다.

참고로 자시(11시-01시)를 야자시(11시-12시)와 조자시(12시-01시)로 나누어 야자시夜子時는 그날의 일진日辰을 그대로 사용하고 조자시朝子時는 다음날 일진日辰을 사용하는 역학가도 있지만 필자는 구분하지 않고 사용한다. 원래부터 자시子時를 구분하지 않는 것이 전통학설이고, 구분하는 학설은 밤 12시부터 날이 바뀐다는 서양의 시계 개념을 받아들여 연구해온 일본식 학설이라는 주장을 필자는 따르고 있다. 참고로 이전의 어떠한 명리학에 관한 고전 중에 시대나 천체의 변화로 인해 자시子時를 쪼개야 한다는 내용은 아직 없다.

4. 시주時柱를 정하는 법

시주時柱는 태어난 시時의 간지干支를 말한다. 시지時支는 월지月支와 동일하게 고정적으로 정해져 있으며, 시간時干은 시간조견표時間早見表를 보고 적용한다. 참고로 시지時支는 현재 우리나라에서 사용하고 있는 동경 135도를 기준으로 표시하였고, 여기서는 통합적으로 다 볼 수 있는 시간지조견표時間支早見表를 넣기로 한다.

〈시지時支〉

子時: 오후 11시 30분부터 오전1시 29분까지

丑時: 오전 1시 30분부터 오전3시 29분까지

寅時: 오전 3시 30분부터 오전5시 29분까지

卯時: 오전 5시 30분부터 오전7시 29분까지

辰時: 오전 7시 30분부터 오전9시 29분까지

巳時: 오전 9시 30분부터 오전11시 29분까지

午時: 오전 11시 30분부터 오전1시 29분까지

未時: 오후 1시 30분부터 오후3시 29분까지

申時: 오후 3시 30분부터 오후5시 29분까지

酉時: 오후 5시 30분부터 오후7시 29분까지

戌時: 오후 7시 30분부터 오후9시 29분까지

亥時: 오후 9시 30분부터 오후11시 29분까지

[시간지조견표時間支早見表]

시간 / 일간	甲 . 己 일	乙 . 庚 일	丙 . 辛 일	丁 . 壬 일	戊 . 癸 일
子 시	甲 子	丙 子	戊 子	庚 子	壬 子
丑 시	乙 丑	丁 丑	己 丑	辛 丑	癸 丑
寅 시	丙 寅	戊 寅	庚 寅	壬 寅	甲 寅
卯 시	丁 卯	己 卯	辛 卯	癸 卯	乙 卯
辰 시	戊 辰	庚 辰	壬 辰	甲 辰	丙 辰
巳 시	己 巳	辛 巳	癸 巳	乙 巳	丁 巳
午 시	庚 午	壬 午	甲 午	丙 午	戊 午
未 시	辛 未	癸 未	乙 未	丁 未	己 未
申 시	壬 申	甲 申	丙 申	戊 申	庚 申
酉 시	癸 酉	乙 酉	丁 酉	己 酉	辛 酉
戌 시	甲 戌	丙 戌	戊 戌	庚 戌	壬 戌
亥 시	乙 亥	丁 亥	己 亥	辛 亥	癸 亥

5. 대운수大運數 계산하는 방법

대운수大運數란 10년간의 운세運勢를 관장하는 대운이 몇 살부터 시작되고 몇 살 때마다 변하는지를 알 수 있는 수이다.

출생일로부터 해당 절입일節入日까지의 날 수를 계산한 다음 그 날 수를 3으로 나눈 값(소수점은 버림)이 대운수大運數가 된다. 그리고 남자의 사주팔자에서 년 천간이 음양으로 양陽이면 양남陽男, 음陰이면 음남陰男이며, 여자의 사주팔자에서 년 천간이 양陽이면 양녀陽女, 음陰이면 음녀陰女이다. 그러므로 10년마다 변화하는 대운大運의 글자들은 월주月柱의 간지干支를 기준으로, 양남음녀陽男陰女이면 순행順行, 음남양녀陰男陽女이면 역행逆行으로 적어 나가면 된다.

- 양남음녀순행陽男陰女順行일 경우: 출생한 날로부터 다음 절입일까지의 날 수÷3
- 음남양녀역행陰男陽女逆行일 경우: 출생한 날로부터 전 절입일까지의 날 수÷3

날짜 계산은 만滿으로 정하는데, 예를 들어 순행順行에 해당하는 20일생이면 21일부터 1일로 계산하여 다음 절입일(달이 바뀌는 절기)까지의 일수를 계산한다. 다음 절입일이 청명이면 청명날까지를 계산한다. 반대로 역행逆行에 해당하는 20일이면 19일부터 1일로 계산하여 전 절입일까지의 일수를 계산한다. 전 절입일이 경칩이면 경칩날까지를 계산하면 된다. 그래서 생일부터 세어나가면 절입일은 빼야 하는데 이는 날짜를 만滿으로 계산하기 때문이다.

절입일까지의 날 수를 '3'으로 나누는 것은 '한 달 30일'을 대운으로 환산하기 위해서이다. 월건月建을 기준으로 대운을 산정하기 때문에 '한 달 30일'은 '대운의 10년'에 해당한다. 즉 한 달 30일을 대운 10년으로 환산하면 3일이 대운 1년이 된다.(30일 : 대운 10년 = X일 : 대운 1년, 따라서 X = 3)

실제로 '3'으로 나눈 값이 소수점 이하일 경우 일반적으로 단순하게 표시하기 위해 정수만으로 표기하는데 정확하게는 소수점 이하의 숫자를 달수로 환산하여 대운이 바뀌는 시점을 정해야 한다. 즉 절입일까지의 날 수가 '8'일인 경우 8÷3 = 2.66(대운 2년 66/100 = 2년 + 1년의 66%)이 되는데, 정확하게 대운은 '2.66년, 12.66년, 22.66년……' 순으로 전환한다. 그런데 2.66에서 소수점 이하의 0.66은 대운 1년의 66/100이다. 대운 1년은 12개월(365일)에 해당하므로 대운수大運數 0.66은 약 234일(365 × 0.66 = 240.9)이다. 따라서 대운은 '2년 234일, 12년 234일, 22년 234일……' 순으로 바뀌게 된다.

참고로 예전에는 오직 만세력萬歲曆이란 책을 통해서만 사주팔자를 도출하는 것이 가능했으나, 지금은 컴퓨터 프로그램이나 모바일 어플리케이션의 만세력을 이용하면 매우 쉽게 개인의 사주팔자를 파악할 수 있게 되었다. 필자는 원광디지털대학교 동양학과를 졸업하고 그 학과에서 개발한 원광만세력을 쓰고 있는데, 대학교에서 개발한 무료 어플로 다른 어떤 어플보다 믿을 만하다고 본다.

사주명리와 영혼

사람은 누구나 태어나는 순간에 천기天氣와 지기地氣를 부여 받으며 태어나게 되므로, 각자 천간天干과 지지地支로 구성된 에너지 코드인 여덟 글자를 가지고 있다. 태어난 년, 월, 일, 시만 안다면 누구나 이 여덟 글자를 알 수가 있다. 각자 이러한 여덟 글자를 통해 자신의 선천적 에너지 상태를 파악하여 그 사람의 체질體質, 기질氣質, 성질性質 등에 대한 정보를 알 수가 있다.

그런데 인간은 윤회를 한다는 전제를 깔고 본다면 내 영혼은 윤회를 거듭함에 따라 태어난 시대와 장소인 시공간이 다 다르니, 당연히 윤회할 때마다 여덟 글자인 사주팔자가 다를 것이므로 결국 매 인생마다 육체와 마음 또한 다를 것이다. 가령 가장 단순하게 예를 들면, 어느 인생에서는 특히 화火기운이 강한 사주팔자로 태어나고 다른 인생에서는 특히 수水기운이 강한 사주팔자로 태어난다면, 그러한 여덟 글자의 조합에 따른 기질氣質에 맞게 장부(육체)와 성격(마음)이 정해질 것이다. 그리하여 영혼들은 새로운 육체의 마음과 합쳐 새로운 개성에 걸맞은 특성의 조합을 이루어 내므로 "지금의 마음을 나라고 착각하지 마라"고 하는 말과 상통한다. 왜냐하면 이번 생에 타고난 육신(사주팔자)으로 인해 체질, 두뇌, 개성이 새롭게 정해지므로 마음조차도 사실 영혼의 진아眞我가 아니기 때문이다. 결국 지금의 육체가 가진 마음도 사실은 영혼의 성격이자 진정한 자아自我인 진아眞我를 싸고 있는 하나의 껍데기(에고)인 것이다.

운명은 우연이 아니다

　필자가 예전에 아주 감명 깊게 보았던 영화 〈벤자민 버튼의 시간은 거꾸로 간다〉에 나오는 대사들 중에 인간의 운명 속에 정해지지 않은 우연을 가장한 정해진 필연이 존재할 수 있는가에 대해 깊은 생각을 하게 하는 내용이 있어 여기에 적어본다.

　"우린 살아가면서 끝없이 상호작용을 한다. 우연이든 고의든, 그걸 막을 방법은 없다. 쇼핑을 나선 한 여자가 외투를 깜박해 다시 자기 집으로 들어갔고 그때 전화가 울렸고 그녀는 약 2분간 통화를 했다. 같은 시각에 데이지(여자 주인공)는 공연 리허설 중이었다. 집으로 들어갔던 여자는 전화를 끊고 택시를 타려고 밖으로 나왔지만 택시를 놓치고 만다. 한편 금방 손님을 내려준 한 택시 기사는 커피를 사려고 카페에 들렀고 데이지는 계속 연습 중이었다. 손님을 내려주고 커피를 산 그 택시 기사는 앞선 택시를 놓쳤던 그 쇼핑객을 태웠다. 그런데 잘 출발했던 택시가 바로 앞에서 길을 건너던 남자에 의해 급정거하게 된다. 길을 건너던 남자는 평소보다 5분 늦게 출근하는 길이었다. 알람 맞추는 걸 깜박했기 때문이다. 회사에 늦은 남자가 길을 건널 때 데이지는 연습을 끝내고 샤워 중이었다. 데이지가 샤워할 때 그 쇼핑객은 부티크에 있었는데 미리 주문한 물건이 포장 안 돼 있었는데 전날 애인과 헤어진 점원이 깜박한 거였다. 여자는 세워두었던 택시를 다시 탔는데 배달 트럭이 길을 막았고 그때 데이지는 옷을 입고 있었다. 트럭이 비켜줘서 택시가 다시 움직였고 옷을 다 갈아입은 데이지는 밖으로 나가려는 순간 신발 끈이 끊어진 친구를 기다리게 된다. 택시가 신호에 걸려 서 있는 동안 데이지와 친구는 극장 뒷문을 나왔다. 단 한 가지만 달랐더라면, 즉 신발끈이 안 끊어졌거나 트럭이 길을 막지 않았거나 부티크 점원이 실연을 안 당해 물건을 포장해놨거나 그 남자가 알람을 맞췄거나 택시 기사가 커피를 안 샀거나 쇼핑객이 코트를 안 잊고 앞 택시를 탔다면 데이지와 친구는 길을 건넜고 택시는 그냥 지나갔을 것이다. 하지만 삶은 무수히 많은 상호작용의 연속이다. 누구도 통제 못하는……. 그 택시 기사는 순간적으로 한눈을 팔았고 데이지를 치었다. 다리뼈는 으스러져 다섯 조각이 났고 장기간 치료 받으면 걸을 수는 있겠지만 춤은 못 추게 됐다"

여기서 만일 여자 주인공이 사고를 당하지 않고 국제적인 무용수의 길로 계속 걸어갔더라면 다시는 남자 주인공과 만나지도 않았을 것이고 영화 속의 이야기는 더 이상 이어질 수가 없었을 것이다. 하지만 더 이상 춤을 출 수 없게 된 그 절망적인 사건으로 인해 여자 주인공은 시간이 지나 다시 남자 주인공에게 나타나게 되면서 아름답고 감동적인 이야기로 끝까지 이어지게 된다. 결국 우연을 가장한 그 필연적인 사고가 그 여자 주인공에게는 죽는 순간까지도 잊지 못할 소중한 삶의 의미를 만들어준 매개체가 된 것이다. 참고로 영화를 직접 보게 되면 여기서 설명하는 내용의 의미를 더욱 쉽게 이해할 수 있으리라 본다.

運운과 命명의 지배

그러면 인간의 선천적인 에너지인 운명(사주팔자)을 바꿀 수 있는 방법이 있을까?

영적 수행자였던 프란츠 바르돈은 인체에 대해 이렇게 언급한다. "이 세상의 만물은 전기電氣와 자기磁氣의 힘에 지배된다. 생체자기는 가장 완벽한 생명 원소이자 지상의 생물의 기초를 이루는 생명에너지이자 생명질료이다. 이 생체자기를 통해 지구와 지구를 둘러싸고 있는 특정 영역(물질계보다 한 단계 높은 진동 수준을 가진 영계)까지 연결된다. 그래서 인간의 생체자기는 하늘과 땅과 사람 등 모든 것을 연결한다. 인간은 순수한 생체에너지를 방사하고 그 에너지의 힘과 순도는 각 사람의 의지, 개성, 정신적 성숙도에 달려 있으며 건강 또한 이 세 가지 특성들에 달려 있다. 이 자기磁氣는 특히 의식적으로 자신의 영(Spirit)과 혼(Soul)을 훈련시키고 자신을 통제하는 힘을 소유하고 자신의 운명을 통제하는 방법을 이해한 사람들에게 강하게 나타나는데, 이 생명 에너지를 통하여 그들은 자신들의 생각과 의지의 힘을 강화시킬 수 있고, 그 결과 기적적인 일들을 행할 수 있다"

위의 말의 핵심은 그러한 생명에너지를 통하여 생명과 건강을 유지하고 자신의 생각과 힘을 강화시킬 수 있으며, 그 결과 자신의 운명에까지 강한 영향력을 행사할 수 있다는 것이다. 어찌 보면 이 우주는 완벽한 음양의 법칙으로 존재하기 때문에 정해진 운명이 있다면 그 운명을 바꿀 수 있는 힘 또한 그 속에 숨겨져 있다. 다만 그 정해진 운명을 바꿀 수 있는 힘을 발휘하려면 영적인 길을 따라 계속 여행해야만 일정한 성숙을 얻게 되고 그때에야 비로소 자신의 운명의 지배자가 될 수 있다. 뿐만 아니라 인간은 자기존재의 모든 차원에서 그 성숙을 계속 유지할 수 있어야만 한다. 간단히 말해서 우리가 자신의 정해진 운명을 완전히 지배하길 원한다면 물질적(육체), 멘탈적(마음), 아스트랄적(영혼) 균형을 모두 성취해야만 한다고 프란츠 바르돈은 설명하고 있다. 이 말은 결국 정해진 운명을 바꿀 수는 있어도 그 운명을 지배하려면 상당한 노력과 수행이 필요함을 이야기하고 있다.

필자가 마음속에 품고 있는 화두가 하나 있다. "혹시 혼의 성장을 위해 이번 생에 스스로 선택한 배역(운명)을 단지 에고인 육체의 마음으로 거부하거나 바꾸려 하고 있지는 않은 것일까? 아니면 그 배역(운명)조차도 통제하고 초월하도록 살아야 하는 것일까?"

명리학계의 오늘

이전까지 명리학을 제대로 공부하려면 개인지도를 통해서만이 가능하였다. 적게는 수십만 원에서 많게는 수백만 원을 개인지도에 대한 수업료로 지불해야 했던 것이 현실이었다. 단순히 취미로 공부하는 경우야 상관없겠지만 이 방면에 나름대로 깊이 있는 공부를 하려고 마음먹은 사람이나 이 학문을 배워서 직업적으로 나가려는 사람, 또는 이러한 학문에 자신의 재능을 발휘하고 싶은 사람은 결국 개인지도를 선택하게 된다.

그런데 문제는 개인적으로 인터넷을 검색하거나 소문을 듣고 찾아간 철학관이나 역학원에서 명리학의 이치를 제대로 가르쳐 줄 수 있는 스승을 만나기란 하늘에 별 따기만큼 힘든 것이 한국 명리학계의 현실임을 부정할 수가 없다. 물론 오랜 공부와 경험을 통해 제대로 된 실력을 갖추고서 상담을 하고 있는 고수들도 상당수 있겠지만, 창업만을 목적으로 비싼 수업료로 속성지도를 받고 바로 간판을 내 건 사람이나 학술적인 체계가 제대로 갖추어지지 않은 혼자만의 이론으로 운명을 봐주는 사람을 만날 수도 있음을 생각해 봐야할 것이다. 언젠가 방송을 보니 3만 원짜리 사주를 보러 온 사람에게 운명이 너무 안 좋으니 개명을 하라고 하면서 100만 원을 요구하는 어처구니없는 장면을 본 기억이 난다. 또한 모 방송사의 〈이영돈 PD의 운명, 논리로 풀다〉란 프로그램에서도 일부 명리학이란 학문을 잡술로 만드는 데 앞장서는 사람들의 적나라한 모습을 보기도 했었다. 말로는 10년, 20년 이상 경력을 가지고 있다고 하면서, 정작 명리학의 핵심인 음양오행의 원리도 제대로 깨우치지 못하고, 상담하러 온 사람들의 눈치를 보면서 그때그때 상황에 맞춰 변칙적으로 운명을 보는 눈치파가 상당 부분 존재하고 있는 게 지금의 현실이다. 결국 정말 나름대로의 절박한 심정을 갖고 있는 개인이 철학관이나 역학원 문을 두드렸을 때 제대로 된 상담을 해줄 수 있는 명리가가 과연 얼마나 될지한번 생각해 볼 일이다. 필자가 생각하기에 역술가 혹은 명리가의 진정한 소임은 상담을 통해 자신을 찾아온 사람이 현재 안고 있는 고민과 번뇌의 고통을 조금이라도 덜어주면서 올바른 길을 제시해 주는 것이다. 그러므로 "지금 그렇게 힘들어한다는 것은 이제 그 고통의 끝이 보이기 시작한다는 것과 같다"는 말이 있듯이 설령 감정 결과가 긍정적이지 못하더라도 그 상황을 잘 극복해 나갈 수 있도록 내면에 긍정과 희망의 에너지를 심어줄 수 있는 상담사가 되어야 할 것이다. 살면서 훌륭한 책을 접하기가 어렵다지만 훌륭한 스승을 만나기란 더욱 어려운 것이 현실이다. 다행히 지금은 원광디지털대학교의 동양학과와 같은 학과들이 하나씩 개설되어 누구나 이러한 명리학을 학술적으로 공부할 수 있는 곳이 있다는 것은 여간 반가운 일이 아닐 수 없다.

2부

지리

地理

풍수지리학의 이해

옛날에는 천문天文, 지리地理, 인사人事에 모두 능통한 신선이나 위인들이 존재했으나 지금은 천기天氣와 지기地氣, 인기人氣에 관한 각각의 세부적인 분야로 분리되어 나름대로의 독자적인 발전을 해오고 있다. 그 중에서도 특히 지기地氣에 대한 연구로써 지금 전 세계적으로 유행을 타고 있는 풍수지리학의 시작은 사람의 운명에 대한 깊은 성찰을 통해 시간적, 공간적으로 부여받은 개인의 운명을 초자연적인 힘을 빌려 불운을 막고 행운을 얻겠다는 바람에서 출발하였다.(탈신공개천명脫神功改天命, 구빈救貧, 발복發福, 추길피흉趨吉避凶)

풍수지리학은 사실 인간과 자연이 서로 조화롭게 살아가는 방법을 모색하는 자연친화적인 학문이며 조상들이 오랜 경험을 통해 체득한 지혜의 보고인 생활과학이다. 한마디로 2천 년의 세월이 넘게 우리 생활 문화 전반에 걸쳐 커다란 영향을 미치며 내려온 전통사상이자 문화인 것이다. 그러나 현대에 들어와서는 물질론적, 기계론적 이원론 사고방식에 바탕을 둔 서양과학이 그 자리를 차지함으로서 자연과의 공존이 무너져 생태계 파괴, 환경오염, 자연재해의 증가, 자원 고갈, 새로운 질병의 증가, 인류의 파괴 등이라는 엄청난 부작용을 겪고 있다. 그 결과 일부 선각자들은 서양과학의 한계를 깨닫고 그 해결책을 다시 동양의 학문에서 찾으려 하고 있다. 그 과정 속에서 현대의 풍수지리학은 죽은 자의 묘지뿐 아니라 살아있는 사람에게도 적용되는 학문으로서, 사람이 잠을 자고 생활하는 집의 장소와 그 내부의 형태에 따른 땅속의 기氣와 공간의 기氣는 가족의 건강과 자녀의 성장과 학업, 사업의 성공 여부에까지 영향을 미칠 수 있다고 설명하고 있다. 그러므로 이제는 풍수지리학이 그냥 신비롭고 난해한 학문이 아니라 인간의 삶에 직접적으로 관계된 자연발생적이며 자연친화적인 생활과학이자 경험과학으로서 일반인들이 누구나 쉽게 이해하고 접근할 수 있는 학문으로 재조명되고 있으며, 또한 실제 인간의 풍요로운 삶에 얼마나 활용될 수 있는지에 대해서도 많은 연구가 진행되고 있다.

풍수지리학을 통해 인간이 얻고자 하는 바를 한마디로 표현하면 '奪神功改天命'이라 할 수 있다. 4세기 때에 중국 동진東晉의 곽박郭璞이 지은 풍수 최고의 경전인 《장경藏經》의 핵심내용으로서 "지리의 도道를 터득한 풍수사가 길지를 정해 묘를 쓰면 자연의 신령한 공덕功德을 취할 수 있어, 하늘이 내린 운명까지도 더욱 복되게 바꿀 수 있다."고 풍수의 위력을 설명하고 있다. 여기서 말하는 신공神功은 《장경》의 제 1장 1절에 "사체를 길지에 매장하면 자연의 생기를 받게 되고, 그러면 자손이 복을 받는다. '장자승생기야葬者乘生氣也'라 하며, 신공의 정체를 생기生氣로 보았는데, 자연이 가진 무한한 생명력(강력하게 응집되어 있는 초자연적인 기운)을 의미한다. 현대적으로 다시 풀이하면 지구가 가진 무한한 전자기력이 응집된 곳에 묘나 주택을 쓰게 되면 하늘이 내린 운명조차 변화시킬 수 있다는 말이다. 그리하여 동양의 여타 철학이 사람은 타고난 운명은 이겨낼 수 없다고 말하는 반면, 풍수지리학은 초자연적인 힘을 빌려 불운을 막고 행운을 얻을 수 있다고 하며 동서양을 막론하고 널리 선호되어 오면서 숙명적인 운명학이 아니라 적극적인 운명 개척학임을 강조한다.

하지만 현재의 풍수지리학은 인간을 복되게 하는 좋은 묘자리나 주택을 찾는 방법론적인 내용들이 주류를 이루고 있고, 그러한 자리를 통해서 인간에게 미치는 영향의 근원적 원리인 동기감응同氣感應에 대한 구체적인 설명은 아직 미비하다고 할 수 있다. 그러므로 현대인들의 풍수지리학에 대한 관심이 커져 감에 따라 풍수지리학의 핵심인 땅의 기운과 동기감응同氣感應에 관한 고전의 난해한 내용들을 동서양을 막론하고 쉽게 이해할 수 있도록 하기 위해서 필자는 동기감응同氣感應과 인체기人體氣와의 직접적인 상관관계를 고대의 풍수 경전 속의 기氣적인 측면과 현대의 양자역학의 파동波動적인 측면을 연결하여 접근해 볼 필요가 있다고 생각한다. 그리하여 땅의 에너지地氣를 연구하는 이러한 풍수지리학이 과학적 타당성을 갖춘 실증적 학문으로 인식되고, 일반인들이 좀 더 쉽게 이해할 수 있기를 바란다. 지금은 천기天氣와 지기地氣, 인기人氣에 관한 동양학이 각각의 세부적인 분야로 분리되면서 아직까지 각 분야의 학자나 연구가들 간에 서로 배타적인 입장을 가지고 있는 것이 현실이다. 따라서 필자가 바라는 게 있다면 앞으로는 단지 공통분모인 '기氣'에 대해 접근하는 방식이 다를 뿐 그러한 배타적 이질성이라는 껍질을 한 풀 벗겨서 결국 한 울타리 속에 있음을 인식하게 되기를 바란다.

조선시대의 과거제도

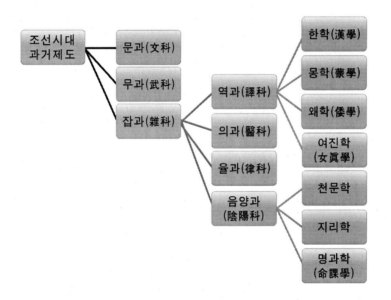

조선시대 초기부터 국가고시 과목으로 문·무과와 함께 잡과(雜科, 기타)가 있었으며 잡과 속에 역과(譯科, 지금의 외무부)와 의과(醫科, 지금의 의학), 율과(律科, 지금의 형법), 음양과(陰陽科, 지금의 천문학, 풍수지리학, 사주명리학)를 두어 기술관을 등용하였다. 여기서 분명하게 알 수 있는 사실은 음양과陰陽科에 천문학, 지리학, 명과학이 배속된 것으로, 풍수지리학과 사주명리학이 국가에서도 학문

적으로 인정을 받던 제도권 안의 학문이라는 것이다

잡과는 3년마다 시행하는 식년시式年試와 국가에 경사가 있을 때 부정기적으로 보던 증광시增廣試가 있었으며, 1차 시험인 초시初試와 2차 시험인 복시覆試의 2단계 시험을 거쳐 합격자에게는 합격증서인 백패白牌를 주었다. 잡과 합격자 중 역과 1등은 종7품, 2등은 종8품, 3등은 종9품의 품계를 주고 다른 잡과 합격자의 1등은 종8품, 2등은 정9품, 3등은 종9품의 품계를 주되, 실직實職이 아닌 권지權知로서 각사에 분속分屬시켰다가 자리가 나면 실직實職을 주었는데 이들 기술관은 윤번으로 근무하는 체아직遞兒職이어서 역과의 경우 6개월마다 교체되었다. 잡과 선발인원은 천문학이 초시 10명, 복시 5명, 지리학·명과학은 초시 각 4명, 복시에서 각 2명을 뽑았다. 1등 합격자는 종8품, 2등은 정9품, 3등은 종9품 품계를 주어 관상감의 권지權知로 분속시켰다가, 자리가 나면 실직實職을 주었다. 응시자격은 관상감에서 음양학을 일정기간 공부한 생도들에게 주어졌다. 관상감에는 천문학 20명, 지리학 15명, 명과학 10명의 생도가 있었는데 거의 사족士族이 아닌 양가良家의 자제나 양반의 서얼들이었다. 여기서 조선시대 관상감의 업무는 세 가지로서 천문학에서는 천체에 대한 관측과 책력을 만드는 일을 담당하였고, 지리학에서는 묘자리나 집자리를 잡는 일을 하였고, 명과학에서는 길흉을 판단하여 국가 행사의 날짜를 잡았다.

명과학命課學에서는 정직正職의 명과학훈도(정9품) 2명을 두어, 운명·길흉 등에 관한 학문을 가르쳤다. 초기에는 문신文臣, 후에는 기술관이 훈도에 임명되었다. 《경국대전》에는 명과학생도를 10명으로 정하였는데 명과맹命課盲이 소속되어 교육받은 것으로 미루어 천인賤人도 있었던 것 같다. 학업을 마친 뒤 명과학 시험을 통하여 관상감 참외參外의 체아직遞兒職을 제수 받을 수 있었다. 그렇게 명과학고시에 합격한 사람은 궁중의 택일, 혼인, 제삿날 등을 잡을 때 공무원처럼 그 역할을 수행하였다

반면 지리학 고시에 합격한 사람은 지관(地官, 땅을 보는 관리)으로서 매월 녹봉 먹는 관리가 아니라 증을 받고 고향으로 돌아가서 이론과 실전을 쌓아감

으로써 왕릉을 선정할 필요가 있을 때만 임명되는 임시직이었다. 지관은 한문에 능통해야 했고, 또 선배 풍수사를 따라 명산대천을 답산해야 했으므로 생업에 종사하는 평민이나 글을 모르는 무당이나 점쟁이는 지관이 될 수 없었다. 따라서 조선의 풍수사는 대개 승려였거나 양반 혹은 중인 계층에서 학식이 뛰어난 사람이 담당했고, 그들의 신분이 대체로 양반에 속했기 때문에 '지관 양반'이라 불렸다. 그렇게 현장의 경험을 축적하고 있다가 이론과 현장적 실력이 뛰어나다는 소문이 돌게 되면 임금이나 왕비, 대궐터의 선정이 필요할 때 그 당시의 뛰어난 풍수사를 선발하였다.

　결론적으로 나라에서 인정하는 고시과목인 잡과에서 역과는 지금의 통역관 또는 외교관이며, 의과는 지금의 의사, 율과는 지금의 판검사로서 현대에는 오히려 잡과에 속했던 조선시대보다 훨씬 더 인정받는 직업으로 대우를 받고 있지만 오직 음양과만이, 특히 국립천문대나 기상청과 관련된 천문학을 제외한 풍수지리학과 사주명리학만이 잡술로서 양지에서 인정받지 못하고 음지에서만 대우받아 왔다는 사실이 참 아이러니하다. 그러나 다행히 현재 원광디지털대학교에서 최초로 동양학과를 개설해 음양과陰陽科의 학문들을 다시 재조명하면서 학술적인 체계를 구축해 가며 후학양성에 힘쓰는 모습은 매우 의미있다고 본다.

고대 풍수경전의 이해

　지금까지 수많은 고대의 풍수경전들을 통해 각자 나름대로의 학파와 학설이 정립되어 온 것을 알 수 있는데, 그 중에서도 단연 풍수지리학의 기본 필독서로 중국 한나라 이전의 《청오경青烏經》과 《장경葬經》이 거론될 수 있다. 가장 큰 이유 중의 하나가 《청오경》과 《장경》의 내용을 근간으로 해서 최초의 풍수학파인 양자강 이남의 지형지세(용, 혈, 사, 수)의 적절한 배합을 추구하는 학파(物)와 성괘星卦를 중시하면서 오행五行과 팔괘八卦의 원리를 추구하는 학파(象)를 탄생시킨 점이다. 또한 조선시대에는 풍수경전의 기본 필독서로서 과거제도 중 음양과(지관 선발)에 들어가기 위해 공부해야 하는 과목 중에서 오직 《청오경》과 《장경》만이 배강背講을 하였는데, 배강이란 책을 보지 않고 돌아앉아서 외우는 행위로 전체를 암기하여 묻고 답하는 방식으로 시험을 보는 것인데 그것만으로도 그 내용이 얼마나 기본적이고 중요한 내용인지를 짐작할 수 있다.

그런데 중요한 것은 위의 풍수경전 속에 쓰인 한자들의 정확한 해석도 중요하겠지만, 가장 기본적인 의미인 '기氣'라는 단어를 제대로 이해하지 못한다면 그 고전이 말하고자 하는 핵심을 모두 이해했다고 볼 수가 없다. 말하자면 뛰어난 한문학자가 기氣에 대한 정확한 고찰 없이 해석을 한다면 그 물物 속에 담긴 상象을 보지 못하는 오류를 범할 수 있는 것이다. 그래서 본인 스스로도 오랜 시간 동안 여러 풍수서적과 불교와 도교 관련 서적, 우리 민족 고유의 양생술 관련 서적 등의 연구를 통해 이 기氣란 에너지를 제대로 파악하고 나서야 두 책의 내용이 더욱 뚜렷하게 이해가 되기 시작했다. 필자의 생각으로 이 두 책의 내용을 여러 번 탐독하여 그 속에 담긴 의미를 완전히 흡수할 수 있다면 풍수 공부의 반은 끝났다고 감히 자부한다.

그리고 두 책의 내용 중에 한 가지 흥미로운 것은 이 책을 지은 저자들인데, 《청오경》은 한나라 청오자로 백 살을 넘어 살다가 신선이 되었다고도 하며 다른 자료에는 사백일흔한 살까지 살았다는 다소 신화적 풍모로 묘사되어 있다. 또한 《장경》의 저자는 곽박이라는 사람으로 광범위한 학식과 뛰어난 재주로 오행, 천문, 복서, 의술에 능통하고 죽은 후 신선이 되었다고 한다. 모두가 지금처럼 한 학문에만 능통한 것이 아니라 인간 생명과 관련된 천문과 지리, 인사 모두(천지자연의 원리)에 해박한 전문가였음을 알 수가 있으며, 인체를 통해 천지자연의 기운을 직접 느낄 수 있는 능력까지 갖추었음을 짐작할 수가 있다. 이 책들의 저자 외에도 동양학 분야에서 각각의 술수별 경전이라 할 수 있는 책을 남긴 사람들 중에 대다수가 다방면에 능통한 재주를 보이거나 신선의 면모를 보인 사실을 보면 고대에는 지금의 서로 독립적이고 배타적인 성향을 가진 각 학문들이 근원적인 부분에서는 모두 유기적으로 연결되어 있었음을 알 수 있다. 이것은 인간의 모든 삶을 좌우하는 천기天氣, 지기地氣, 인기人氣라는 단어에서 보듯이 '기氣'라는 의미로서 모두 한 가족(천지인 삼재 시스템)인 것이다. 자식들이 성격이나 역할이 다르다 한들 다 같은 핏줄임(宇宙의 一氣)을 어찌 부정하랴!. 결국 동양의 모든 과학적, 철학적 학문이 음양오행적 이치를 담은 천지인天地人의 기氣라는 시스템 속에 자리 잡고 있는 것이다.

지기地氣의 본질적 요소들

풍수지리학이란 학문도 결국 인간의 삶이 다양한 자연환경의 요소들이 결합하여 순환함으로써 만들어지는 현상에 의해 지배당하고 영향을 받는다는 원리가 작용하므로 전통적 풍수이론의 명 풍수가는 산세, 물의 흐름, 바람 등 필요한 자연적 요소 하나하나를 눈과 마음으로 잘 살펴 결국 생기가 가장 많이 머무는 곳을 찾아내는 능력을 가지고 있는 사람이라 말할 수 있다. 그래서 풍수가는 지금도 산천지세를 눈으로 관찰하거나 패철(나경)을 이용해 생기가 응집된 혈과 좌향을 잡아 묘자리나 주택 지을 터를 찾아내는데, 그러한 풍수가가 살펴야 되는 지기地氣의 형성과 변화에 가장 큰 영향력을 행사하는 자연의 본질적 요소인 흙, 물, 생기, 바람, 좌향이 무엇인지를 먼저 간단히 알아볼 필요가 있겠다.

1. 흙土

풍수고전을 살펴보면, "흙이란 생기生氣 자체는 아니지만 생기生氣의 요소인 물을 가장 적당히 간직할 수 있는 물질物質로서 흙이 있으면 물이 있고 물은 곧 생기의 본체本體로 흙이 있으면 생기가 있는 것이다."라고 했다. 이는 흙 입자 사이의 구멍인 공극으로 인해 그 안에 물이 스며들 수 있다는 말과도 상통하는데, 바로 생기生氣는 물을 품을 수 있는 흙에 한정하여 존재하는 것이다. 가령 공극(틈새)이 없는 바위는 생기의 요소인 물을 품지 못하는 물질이기 때문에 바위로만 된 곳에서는 초목이 무성히 자라지 못한다. 간혹 바위틈에서 초목이 자라긴 하지만 그것은 균열로 인한 나무뿌리가 비집고 들어갈 틈에 흙이 조금이나마 묻어 있기 때문에 가능한 일이지, 바위 자체를 뚫고 들어가 생기를 받는 것은 아니다. 그래서 고속도로를 운전하다 보면 도로를 만들기 위해 끊어놓은 산의 깨끗한 절단면(갓길 절벽)조차도 시간이 어느 정도 지나면 풍화작용에 의해 균열이 일어나거나 미세하게 흙으로 변화함으로써 식물이나 넝쿨이 자라는 장면을 볼 수 있다. 그 외에 아스팔트 포장도로의 부서지고 균열된 곳의 식물들, 바위 위에 홀로 자라는 소나무도 같은 예이다. 그만큼 흙이란 물질이 식물의 탄생에 절대적인 역할을 하는 것으로, 물을 품을 수 있는 흙만 있으면 생기가 있는 것으로 무조건 식물이 자라나게 되어 있다.

결국 물이 너무 많은 곳도 생명의 씨앗이 썩어 죽게 되고, 너무 적은 곳도 싹이 트지 못하게 되어 모두가 흉지凶地이니 풍수적 명당은 생기가 충만하여 항상 만물이 탄생할 기운을 간직한 곳으로, 땅 속에 고운 흙으로 이루어진 특정한 장소에 한정된다. 그러므로 생기의 본체인 물은 흙속에 스며들어 만물을 탄생하는 생기의 역할을 다하는 것이며, 그것은 마치 사람의 정신精神이 물이요, 사람의 신체身體가 흙으로서 사람의 정신이 신체에 의존해 사람의 역할을 다 하는 것과 같은 이치다. 어찌 보면 풍수학은 이러한 흙을 사랑하는 학문이라고도 할 수 있겠다.

그리고 명당자리임을 검증할 수 있는 가장 명쾌한 증거인 '흙 중의 흙'이 있으니 바로 오색의 색깔을 띠는 흙인데 풍수경전인《장경》의 명쾌한 내용을 인용하여 본다.

"흙이란 기氣의 몸이요 기氣는 수水의 근본 모체다. 오행 생기五行 生氣란 오행五行의 기氣가 지중地中을 움직이는데 금기金氣가 응결하면 백색이요, 목기

木氣는 청색, 수기水氣는 흑색, 화기火氣는 적색, 토기土氣는 황색이라 대개 땅이 처음 응결凝結함에는 황을 본本으로 하는 것이니 오색이면 상上이요, 삼사색이면 중中이요, 일이색이면 하下라고 하니 오행의 생기가 모두 있으면 반드시 오색토五色土가 그에 대할 것이니 이는 모두 자연의 이치라 한다.”

경전에서 말하는 핵심은 오행의 기운이 오색五色으로 드러난다는 것이다. 앞서 설명한 동양학 입문자들의 기본 숙지표인 오행배속표의 내용을 보면 세상의 모든 물질이 목木, 화火, 토土, 금金, 수水의 다섯 가지 기본물질 간의 운동 변화에 의해 생성되니, 세상만물의 이치를 음양오행의 관점에서 풀 수가 있다는 것을 알 수 있다고 설명하였다. 결국 그 내용을 보면 우주의 조물주가 인간의 얼굴(얼이 나오는 굴)의 눈, 코, 입, 귀의 감각기관들을 통해서 세상(지구)에 드러나는 오행五行의 기운을 오색五色, 오향五香, 오미五味, 오음五音 등으로 느낄 수 있도록 안배한 것이다. 그래서 혈을 이룬 흙의 색깔도 분명히 주위의 것과 다르며, 흙도 돌도 아닌 비석비토非石非土의 상태로 홍황자윤紅黃紫潤한 색깔로 밝고 유연하게 드러나는 것이다. 홍황자윤紅黃紫潤이라고 표현하는 것은 오색토가 결합하여 더욱 윤기가 나기 때문이다. 또 생기가 뭉쳐 있는 땅은 단단하면서도 부드러워 견고유연堅固柔軟하다는 표현을 쓰는데 결국 택지는 무엇보다도 토색土色이 좋아야 한다. 토색이 좋다는 이야기는 그만큼 지기地氣가 좋다는 것과 상통하는 말로 기氣가 없거나 빠져버린 무기허모無氣虛耗한 땅은 잿빛 회색灰色이거나 검은 흑색黑色으로 윤기가 없다. 그래서 옛말에 “양명陽明한 기운이 감도는 생토生土에 집을 짓고 사는 사람은 정재병발(丁財竝發, 사람과 재물이 함께 흥함)에 무병장수하며 대대로 안거安居할 수 있다고 하며, 황백색黃白色이 자윤滋潤하면 재관제래(財官齊來, 재물과 벼슬이 함께 들어옴)하고, 자황색紫黃色이 자윤滋潤하면 재관운財官運과 건강운이 좋다. 그러나 무기력한 사토死土에 집을 짓고 살면 정재불흥(丁財不興, 사람과 재물이 흥하지 않음)에 병고상정(病苦傷丁, 병들어 고통스럽고 결국 장정이 다침)한다”고 하였다.

참고로 요즈음 택지개발 현장에서 흔히 볼 수 있는 매립지나 심하게 절토切土한 땅은 풍수적으로 좋지 못하다. 그래서 불가피하게 보토補土를 해야 할 경우는 생땅인 생토生土를 파다가 보토를 해야지 진흙, 모래, 자갈 등이 섞인 땅을 가지고 보토를 하면 안 된다. 또한 땅을 깎아 정지整地할 때는 매장할 때에 시신을 생토生土로 이루어진 부분에 안장하듯이, 부토(腐土, 낙엽 등이 썩어 흙으로 된 것)를 걷어내고 신선한 생토生土 위에 집을 지어야 한다. 또한 산의 맥을 지나가는 도로를 만들 때에도 생토生土로 이루어진 부분을 모두 파내게 되면 그 맥이 끊긴 거나 다름이 없다. 왜냐하면 땅속에서 생기生氣가 가장 잘 전달되는 부분이 생토生土이기 때문이다. 사실 지금의 네이버나 다음의 우리나라 위성지도를 자세히 살펴보면 크고 작은 도로들이 산의 맥들을 상당부분 건드린 것을 볼 수가 있는데, 반드시 도로개설을 할 때 어떤 방법으로든 생토生土를 보존하여 생기生氣가 흘러갈 수 있는 여지를 남겨두는 것이 필요하다.

※ **풍화작용** : 지표 부근의 암석이 부서져 토양으로 변하는 현상. 바다의 조류나 지상을 흐르는 강물의 흐름, 강한 바람에 실려온 모래 등이 암석의 표면을 침식시키거나 암석의 틈에 있던 물이 얼면서 쐐기처럼 쪼개지는 것을 물리적 풍화라고 한다. 지표수나 지하수에 의한 용해 작용이나 나무, 풀뿌리가 암석에 달라붙어 녹여내는 것은 화학적 풍화라 한다.

※ **공극** : 토양 입자와 입자 사이에 공기나 물로 채워질 수 있는 틈새를 말한다. 크기에 따라서 물과 공기의 저장 또는 통로가 된다. 공극의 양은 토양의 구조에 따라 다르다. 공극량에 있어서는 10㎤당 1~50개이면 적은 편이며, 50~200개이면 보통이고, 200개 이상이면 많은 편이다.

2. 물水과 생기生氣

풍수의 목적은 간단히 말하면 생기生氣와의 감응感應이라고 할 수 있다. 생기生氣는 천지만물을 탄생시키고 성장시키며 큰 결실을 맺게 할 뿐만 아니라 《장경》 첫 장에서는 '장자승생기야葬者乘生氣也'라 하여 죽은 사람의 몸을 땅속에 묻게 되면 그 생기生氣를 받아 복福을 얻는다고 하여 사람의 운명까지 변화시킬 수 있는 기운으로 본다. 이러한 생기生氣는 바로 물이라는 물질의 어머니이자 근원으로, 먼저 생기生氣로 이루어진 물에 대해 알아볼 필요가 있다.

물이란 물질은 가장 중요한 음기陰氣로서 흙이란 매개체를 통해 생명을 탄생시키는 필수적인 요소로, 만물이 탄생하기에 가장 알맞은 물을 간직한 땅이 음기陰氣가 충분한 길지吉地가 된다. 연못에 씨앗을 아무리 던진들 싹이 틀 이유가 없으며 물을 거의 품지 않는 바위에서 어찌 생명의 탄생과 성장을 기대하겠는가? 만약 가뭄이 계속된다면 바위에 얹힌 흙은 물을 공급받지 못할 것이고, 그곳에 뿌리를 내린 초목은 다른 곳의 초목보다 빨리 말라 죽을 것이다. 또한 바위에 얹힌 흙은 물을 품을 수 있는 게 한계가 있으니 큰 나무가 자랄 수 없다. 그래서 자연적인 상태라면 바위, 돌, 자갈, 모래, 흙 중에서 적당량의 물을 품을 수 있는 물질은 오직 흙뿐이며 그 속의 물은 생명을 탄생시키는 필수적인 요소로 작용하는 것이다. 그러므로 물이 없다면 모든 생물은 메말라 죽게 될 것이며, 너무 많아도 생명을 잃기 때문에 만물이 탄생하기에 알맞은 양의 물을 간직한 땅이 음기陰氣가 충분한 길지吉地가 된다.

《장경》에 나오는 "부토자기지체夫土者氣之體 유토사유기有土斯有氣 기자수지모氣者水之母 유기사유수有氣斯有水"는 "무릇 흙은 생기의 몸체로써 흙이 있으면 생기가 있는 것이고, 생기는 물의 어머니로서 생기가 있으면 물이 있다"는 말이다. 이는 기氣가 수水의 근본 모체로서 현자 탈레스가 "만물은 신들로 가득 차 있다." 그리고 "만물의 근원은 물이다"라고 한 것과 일치한다. 탈레스는 살아있는 것은 곧 만물이며 죽은 것이란 것은 없고, 세상 만물이 다 살아있다고 보았는데, 인간이 물질계에서 살아있는 것과 죽은 것을 규정한 것일 뿐 죽어 있다고 생각되는 돌멩이도 사실 돌멩이로 존재하기 위해 신의 작용력으로서 진동하고 있는 것이다. 이는 전자가 핵 주위를 도는 운동 외에 자기 무게중심을 지나는 축을 중심으로 회전운동(스핀)을 하는데, 이러한 운동으로 우주의 모든 물질이 진동하고 있는 현상과 연결지어 볼 수 있겠다. 그리고 탈레스가 말한 물이란 물질에 국한하지 않은, 보다 근원적인 '물'로서 곧 신의 생명력(氣)이 천지 만물의 모든 것에 스며들어 있는 것이다. 실제로 물 없이는 지구상의 어떤 생명체도 살아갈 수 없으며 기氣가 물水로서 지구에서 만물의 생장소멸에 작용한다. 그래서 동양학에서 말하는 음양陰陽이 발전하여 오행五行을 만들어가는 생生의 순서(水→火→木→金→土)에서도 당연히 가장 먼저 수水에서부터 출발하는 것이다. 그리고 필자의 생각으로는 탈레스가 '물'이라고 표현한 것은 최초 번역상의 문제일수도 있겠지만 '물'이라는 단어는 기氣의 액체상태만을 연상할 수 있으니, 고체든 액체든 기체든 어느 상태이든지 상관없는 '수水'라는 표현이 가장 적절하다고 하겠다.

　결론적으로 이 물이란 물질은 문명발상지의 근원이며 생명력의 원천으로서 지구상 모든 생물은 이 물에서 탄생을 한다. 그래서 인간도 예외 없이 어머니 자궁 속의 양수에서 태어나는 것이다. 뿐만 아니라 우리 몸의 70%이상도 물이니 이 물로써 생명을 유지하고, 혈액, 체액이란 에너지 전달 매체로써 영양분을 공급받으며 살아간다. 이렇게 지구상에 없어서는 안 될 물은 풍수에서 말하는 액체 상태로써 기氣를 전도하는 역할로 땅속 생기生氣의 모체일 뿐만 아니라 물질 고유의 파장을 민감히 전사하는 물질이기도 하다. 역사적으로 기독교의 성수나 우리 조상들의 정화수만 보더라도 인간의 생각(염)까지도 잘 전사하는 물질임을 알 수가 있다. 그래서 인체구성의 전반이 물로 구성된 인간으로서는 몸속의 물의 변화가 곧 인체의 건강과 직결되는 것으로, 몸속의 물 분자가 변형되거나 파괴되는 외부 파장의 유해한 영향력을 신중히 고려할 필요가 있다. 곧 육체속의 물의 성질에 영향을 끼치는 외부의 기운(물, 음식, 공기 등의 후천지기나 수맥파, 전자파 등의 유해파장 등)과 내부의 기운(마음의 안정, 분노, 좌절, 스트레스 등) 모두가 강력한 영향력을 갖고 있음을 잊지 말아야겠다. 참고로 물만이 가지고 있는 신비한 작용들이나 물의 실체 등을 연구하여 출판한 서적들은 주변에 큰 서점이나 인터넷 서점을 통해서 다양하게 찾아 볼 수가 있다.

3. 바람空氣

바람은 양기陽氣 중에서 가장 중요한 것으로 태풍이 너무 심하게 불어오면 숨을 쉬지 못해 반대쪽으로 얼굴을 돌리듯 적당량인 최적의 공기만이 생기生氣로서 역할을 하고, 너무 세거나 적다면 오히려 질식해 죽을 수 있다. 그런데 그러한 바람은 사방에서 마구잡이로 불어오는 것이 아니라 주변의 산천 형세를 따라 일정한 순환궤도를 그리면서 움직인다. 가장 쉬운 예로 고속도로를 운전해본 경험이 있다면 특정 지역을 지나 갈 때 노선 상에 안개나 강풍 주의 표지판을 본적이 있을 것이다. 그러한 특정한 안개나 강풍구간은 그 지역의 지형지세에 의한 바람의 순환궤도에 따른 영향으로 당연히 그렇게 되는 것이다. 그러므로 현재의 산천은 지구 탄생 이후로 오랫동안 융기와 침강 그리고 침식과 퇴적 작용을 반복하며 변화해 왔고, 바람과 물의 기계적, 화학적 풍화작용에 의해 현재의 지형이 만들어진 것인데, 주로 산천의 모양에 따라 움직이며 산천을 변화시킨다.

결국 지금의 산천은 오랜 세월 동안 바람과 물이 빚어놓은 작품으로 앞으로도 계속 변할 대상으로 보는데, 땅만 보아서는 풍화 작용에 의해 어떻게 변화되어 왔으며 또 어떻게 변화 될 것인가를 판단하기 힘드므로 진정한 풍수사는 현재의 땅보다는 땅을 변화시켜온 바람과 물의 순환궤도와 그 양을 잘 살펴야 땅을 올바로 이해할 수 있는 것이다. 그러므로 풍수사는 눈으로는 땅을 보지만 마음으로 땅을 변화시켜 온 바람과 물 즉 양기陽氣의 영향력을 살펴야 땅을 올바로 이해할 수 있다. 땅을 올바로 이해할 수 있는 안목이 생기면 인위적인 터널, 도로 공사 등을 통해 그 특정 지역의 풍수적 국세에 어떠한 변화가 올지도 예측 가능할 뿐만 아니라 현재의 산천山川 모양에 따른 일정한 바람의 순환궤도 속에서 최적의 바람을 맞이하는 장소를 선택할 수도 있는 것이다. 가령 한국에 전해지는 고택 중에는 유독 북향집이 많은데, 이것은 북향집이 살기에 불편하다는 것을 모른 결과가 아니라, 뻗어 내려온 지맥의 흐름에 순응하여 배산임수의 배치를 취한 것뿐만 아니라 그 장소를 에워

싸고 흘러가는 바람의 영향을 살필 때, 그 장소에서는 북향을 놓아야 가장 길한 양기를 받을 수 있다고 판단한 결과이기도 하다. 즉 주택의 좌향坐向을 결정하는 절대 요인은 일조량이 아닌 바람이고, 바람의 영향을 길하게 받는 좌향坐向을 놓아야 풍수적 발복을 받을 수 있다.

4. 좌향坐向

《장경》에 나오는 '외기횡형外氣橫形 내기지생內氣止生'은 "땅밖의 기운은 만물의 형체를 이루고, 땅속의 기운은 만물의 탄생을 주관한다"는 말로, 땅속의 기운은 물로써 작용하며 땅밖의 기운은 공기로서 작용한다고 볼 수 있다. 서로 다른 위치의 묘가 있는 장소는 지질적 형태나 순환궤도가 다르므로 물의 기운이 다르고 바람의 기운도 다른데, 풍수에서는 햇볕의 양(일조량)이 아닌 최적의 바람이 오는 방위를 좌향으로 선택한다. 혈처穴處나 주택住宅의 주변을 순환하는 바람(空氣)의 세기 중에서 그곳의 생물이 건강하게 성장하여 큰 결실을 맺기에 알맞은 양의 공기를 취할 수 있는 선택된 방위가 있고 풍수학은 이 방위를 좌향(머리 쪽의 방위를 좌, 다리 쪽의 방위를 향)이라 부른다. 그 최적의 향에 맞게 놓아진 묘나 주택을 풍수지리학에서는 "향명당"이라 부른다. 이는 그 터에 영향을 주는 양기陽氣의 순환궤도와 그 양을 살펴 가장 알맞은 세기의 양기陽氣를 취하는 명당은 어떤 터라도 추가적인 비용이나 희생 없이도 선택이 가능하며, 정해진 땅 안에서 그 땅을 명당에 가깝게 만드는 비보책으로서 활용할 수가 있다. 더욱이 현대에는 경제적, 법적 제약으로 좋은 터를 찾는다 하더라도 그 장소에 묘나 주택을 설치하기가 어려우니 그 결과로 21세기 풍수학은 땅 명당 대신 향 명당으로서의 대안이 떠오르고 있다고도 이야기한다. 필자 또한 양택삼요 등의 풍수 관련, 천문 관련 서적뿐만 아니라 기氣의 실체를 논하는 도교나 민족고유 양생술 서적들을 통해서 공간의 방향이나 시간의 흐름에 따라 기운의 변화가 일어난다는 것을 믿고 있다.

위의 내용과 관련된 《장경》의 내용을 필자 나름대로 풀어보면 다음과 같다.

"고대에 혼돈混沌의 상태(무극)에서 기(태극)가 생겨나고 그 속에서 음양陰陽이 분리되고 생로병사生老病死가 생겨 순환하는 것으로, 이는 곧 불교에서 말하는 제행무상諸行無常으로 우주만물은 늘 돌고 돌며 한 모양으로 머물러 있지 않다는 것을 의미한다. 그 속에서 무릇 음양陰陽의 기氣는 내뿜으면 바람이요, 오르면 구름이요, 떨어지면 비요, 땅속을 돌아다니면 생기가 된다. 바로 기氣의 순환循環인 것이다. 그 기氣는 바람을 타면 흩어져 버리니 풍風이요, 물을 만나면 멈추게 되는 것이니 수水니, 오는 기氣가 혈중의血中 기를 흘러가지 못하게 하기 위함이니 풍風과 수水가 제일 중요한 것이다. 그래서 땅속의 생기生氣가 머무는지 떠나는지, 즉 기氣를 머물게 하는 물을 얻는 득수得水가 으뜸이요, 기氣가 큰지 작은지를, 즉 기氣의 흐트러짐을 막고 최적의 바람을 얻는 장풍藏風이 그 다음이다."

결국 풍수지리학이란 바람과 물의 영향이 최적인 터(명당, 길지, 혈)를 찾는 방법과 과정을 학문적으로 체계화시켜 놓은 학문으로, 땅 속에선 최적의 물(음기)을 품은 흙을 찾는 것으로 '水'요, 땅 밖에서는 최적의 공기(양기)가 불어오는 향을 선택하니 '風'이 되어 이 학문을 '풍수학風水學'이라 이름 지은 것이다.

동기감응同氣感應의 매개체인 기氣

우리들이 살고 있는 세상은 기氣로 가득 찬 에너지의 바다 즉 파동波動의 세계다. 살아있는 생물은 물론 무생물에 이르기까지 모든 만물은 기氣를 내뿜고 있으며, 모든 생명체는 서로 기氣를 주고받으며 교류를 하게 된다. 사람도 물질로 이루어진 인체와 함께 주변의 여러 가지 다른 진동수를 지닌 에너지에 둘러싸여 있다. 그래서 하늘에 떠 있는 태양, 달, 별, 행성 등으로부터 나오는 에너지天氣와 땅에서 나오는 에너지地氣의 영향을 늘 받고 있으며 사람 자체에서도 에너지人氣를 내뿜고 있다. 삼라만상이 모두 기氣로써 연결되며 곧 에너지인 것이다. 이러한 기氣는 개개의 정보를 지닌 파장이나 빛 혹은 소리 등으로 나타나며, 우리를 둘러싼 우주공간에는 무한한 힘을 지닌 이 진동하는 기氣로 가득 차 있다. 다시 말하면 기氣 자체는 물질적이며, 정보적이며, 에너지적이며, 의식적인 성질을 모두 갖고 있다.

전 세계적으로 이 '기氣'란 단어를 수천 년 동안 언어적으로나 문화적으로 매우 많이 사용하고 있는 민족(거대한 원주민)이 바로 우리나라이다. 일제의 민족문화 말살정책 이후에도 우리 민족이 자주 사용하는 일상 언어들 중 '기氣'와 관련된 말들은 아직까지도 매우 많이 남아 있다. 여기서 현재까지 사용되는 '기氣'와 관련된 말들 중 우리에게 친숙한 것들만 보더라도 우리 조상들의 생활과 문화 속에 '기氣'라는 의미가 얼마나 중요한지 엿볼 수 있다. 아래에 열거한 말들 이외에도 인터넷 사전을 검색해 보면 훨씬 더 많은 단어가 있음을 확인할 수 있다.

◆ 기 관련 말들

생기生氣, 기운氣運, 정기正氣, 양기陽氣, 기풍氣風, 절기節氣, 신기神氣, 기분氣分, 자유전기自由電氣, 온기溫氣, 오기傲氣, 증기蒸氣, 활기活氣, 살기殺氣, 연기煙氣, 열기熱氣, 용기勇氣, 정기精氣, 호연지기浩然之氣, 화장기化粧氣, 기색氣色, 향기香氣, 환기換氣, 원기元氣, 화기火氣, 혈기血氣, 허기虛氣, 한기寒氣, 취기醉氣, 정전기正電氣 , 전기電氣, 기후氣候, 일기日氣, 윤기潤氣, 심술기心術氣, 수증기水蒸氣, 상기上氣, 사기邪氣, 방기放氣, 공기空氣, 경기驚氣, 감기感氣, 광기狂氣, 자기紫氣, 자기磁氣, 지자기地磁氣, 현기眩氣, 훈기薰氣, 습기濕氣, 총기聰氣, 심기心氣, 기개氣槪, 기상氣像, 냉기冷氣, 습기濕氣, 동기同氣, 수증기水蒸氣, 기체氣體, 분위기雰圍氣, 진기津氣, 대기大氣, 기절氣節, 기운氣運, 기합氣合, 천기天氣, 인기人氣, 곡기穀氣, 기분氣分, 생기 발랄, 기름기, 바람기, 핏기, 시장기, 익살기, 기똥차다, 기막히다, 기가 죽다, 기가 차다, 기절하다, 기분 좋다, 기운 빠진다, 기운이 없다, 인기 좋다, 화기애애하다.

우리 문화 속에 깊이 자리 잡고 있으며 인간의 삶과 운명에 연관되어 적용되는 풍수지리학의 가장 중요한 원리이자 핵심은 바로 동기감응同氣感應이다. 우리 민족은 고대로부터 전해지는 민족 선도수련인 양생養生의 술術로써 사람 속의 기氣가 하늘, 땅, 우주만물宇宙萬物의 기氣와 통하면 그와 같은 힘을 얻는다고 믿고 수련을 통해 자연의 힘을 이용해 왔다(혹자는 자신은 그냥 통로일 뿐이지 모든 게 신(우주에너지)의 힘이라고 표현하기도 한다). 그런데 그와 같은 수련을 하지 않고도 자연自然의 기운氣運을 받아들이는 방법이 있다면 그것이 바로 풍수지리에서 말하는 술법이다.

풍수지리학의 기본원리는 첫째로 산 사람이 기氣가 좋은 장소에 집을 지어 살면 그 지기地氣를 받아 발복發福한다는 논리로, 사람은 잠자고 있을 때 자의식이 희박해지고 뇌파가 떨어지므로 그로 인해 자연스럽게 그 지기地氣를 받아들이게 된다. 즉 살아있는 사람이 생기生氣가 모이는 땅(유익한 땅의 에너지)에 집을 짓고 살면 그 기氣는 그것을 받는 사람의 것이 되는 것이요, 나쁜 기(유해한 땅의 에너지)는 그 기氣로 인해 그 사람의 신체와 정신을 병들게 한다는 것이다. 둘째로 풍수에서는 조상의 유골遺骨이 받은 기운이 후손들에게 전달된다는 것을 친자감응親子感應 또는 동기감응同氣感應이라고 한다. 그런데 죽은 사람이 받은 기氣가 어떻게 살아 있는 사람에게까지 영향력을 미칠 수 있는가에 대해서는 구체적으로 설명하기가 어렵다. 모든 고대 풍수경전이나 현재의 풍수서도 아직 시원한 해답을 제시하지 못하고 있는 실정이다. 필자가 보기에 고대의 풍수경전은 그러한 원리를 당연한 것으로 여기고 구체적인 설명까지는 하지 않은 것이라 생각한다.

하지만 만물은 파동이라는 전제로 보면 문제는 쉽게 풀린다. 모든 물체는 자기만이 갖고 있는 아주 독특한 성분을 발산한다. 이 성분은 양자, 중성자, 전자를 구성하고 있는 우주에너지인 초미립자로서 양자역학(필자는 음양체용론이라고도 표현)에서는 입자가 파동처럼 행동하고 파동이 입자처럼 행동한다고 밝혔다. 즉 입자(물질적 성질)와 파동(비물질적 성질)은 서로가 별개가 아닌 같은 것(태극안의 음과 양의 속성, 物과 象)이라는 사실이다. 모든 물질은 진동震動을 통해 고유주파수(파장)를 발산하는데, 전자電子의 숫자와 형태에 따라 원자는 고유한 진동을 가진다. 그런데 각자의 고유한 진동을 가진 물질 속에서 동일한 주파수를 가진 물질은 서로가 상호 반응한다는 것이다. 가장 간단한 예로 성악가나 소리굽쇠의 소리로 유리잔이 깨지는 현상도 그 소리가 커서라기보다는 동일한 주파수의 공명으로 일어난 에너지 증폭작용의 현상이다. 그러므로 필자는 풍수학의 핵심인 동기감응同氣感應의 원리를 물질의 파동적인 공명 현상에 근거하여 설명을 함으로써 현대인들이 좀 더 쉽게 풍수지리학이란 학문에 접근할 수 있도록 하고자 한다.

양자역학의 세계관

1. 양자역학의 이해

17세기부터 물리학자는 거시적 현상을 기술하기 위하여 고전역학(classical mechanics)을 발전시켜 왔다. 그러나 이런 거시적 해석이 물체의 속도가 빛의 속도에 가까울 때의 현상은 설명할 수 없었다. 또한 분자, 원자, 소립자와 같은 아주 작은 물체들을 다루는 미시세계에서의 실험 결과도 고전역학으로 설명할 수 없었다. 이에 1900년에서 1927년에 걸쳐 플랑크, 보어, 아인슈타인, 하이젠베르크, 드브로이, 슈뢰딩거 등의 많은 물리학자들이 그 대안으로 양자역학(quantum mechanics)이라는 새로운 역학체계를 제시하였다. 양자역학量子力學이란 양이 있는 입자粒子의 세계가 역(力 : Power)의 세계 즉, 에너지(energy)의 세계라는 뜻을 의미하는데, 양자론의 기초를 이루는 물리학이론의 체계로서 원자, 분자, 소립자 등의 미시적 대상에 적용되는 역학으로 거시적 현상에 보편적으로 적용되는 고전역학과 상반되는 부분이 많다. 그런데 이처럼 사람 눈에 보이지 않는 원자 내부의 세계를 들여다보겠다는 물리학으로서 미시세계에 존재하는 '전자(electron, 電子)'의 성질을 파악하여 원자핵 주위를 돌고 있는 전자의 위치를 정확히 알기 위해서 파장이 짧은 빛으로 관찰할 수밖에 없는데, 그 빛에 쬐인 전자는 높은 진동수를 얻어 천방지축으로 움직이기 때문에 속도를 잴 수 없는 상황을 연출한다. 여기서 전자의 질량에다 전자의 속도를 곱해야 운동량을 구할 수 있는데, 전자의 위치를 포착하는 순간 전자의 속도가 변화무쌍하게 달라지니 결국 전자의 운동량을 구할 수 없게 된다. 미시적인 양자세계에서 일어나는 이러한 현상은 미래를 예측할 수 없는 결과를 낳기 때문에 '하이젠베르크의 불확정성 원리'라고 부른다.

모든 물체는 분자, 원자로 구성되어 있고 원자는 중심에 양전하의 양성자와 중성 전하의 중성자가 뭉쳐진 원자핵이 있고 그 주위를 전자가 도는 구조로 되어 있다. 그리고 원자핵은 궁극적으로는 더 쪼갤 수 없는 극미極微의 세계인 소립자素粒子로 구성되어 있는데, 원자 내부가 진동하면 그 주변에 전자장이 형성되면서 눈에 보이지 않는 에너지가 발산되고, 이것을 파동波動이라고 한다. 인체를 예로 설명해 보면 인간은 위, 장, 간, 심장 등의 조직(organ)으로 되어 있고 조직은 세포로, 세포는 분자, 분자는 원자로 구성되어 있다. 인체의 경우도 소립자 레벨까지 내려가면 입자와 파동이 공존한다. 즉 양자역학의 궁극의 핵심은 '물질 = 에너지 = 파동'이라는 것이다. 결국 인간의 육체도 단순히 기계의 부속들처럼 서로 연결된 것이 아니라 파동이라는 에너지로 유기적 결합을 이루고 있는 집합체이기도 한 것이다. 알고 보면 사람이나 동식물뿐만 아니라 기계장치나 돌 등 세상에 존재하는 모든 것은 하나의 우주질이 나름대로의 고유한 형태로 존재하기 위해 특정하게 진동하고 있는 다양한 생명체이다.

불교에서는 '색심불이色心不二'라고 하는 철학적인 표현을 쓴다. 물질과 에너지는 둘이 아니라 하나라는 뜻이다. 물질의 본질은 에너지가 집중 고정화된 것이므로 그것이 분산되면, 에너지로서 존재하게 되는 것이다. 아인슈타인은 에너지 불멸의 법칙, 질량불변의 법칙을 다음과 같이 설명하고 있다. $E=MC^2$. E는 일을 할 수 있는 능력, 즉 에너지이다. 그리고 C는 빛의 속도를 표시하고 M은 질량을 나타내고 있다. 이것은 곧 질량과 빛의 속도의 적積은 일을 수행할 수 있는 능력이라는 말이다. 결국 불교에서 말하는 '색심불이色心不二'의 의미도 현대 물리학에서 증명하고 있는 자연의 법칙과 상통한다. 한 예로 물은 고체로도 기체로도 변한다. 압력이나 열熱에 의해서 세 가지의 상相으로 변화하지만 물의 본성인 H_2O는 잃지 않고 있다. 공중에 증발한 수증기는, 공중에서는 보이지 않을 뿐이다. 그러나 보이지 않을 뿐이고 열의 강하降下나 압력과 같은 연緣에 의해서 다시 비나 눈이 되어 형태를 바꾸어 지상에 내려온다. 이것도 '색심불이色心不二'의 다른 표현인 '색즉시공色卽是空 공즉시색空卽是色'이라는 의미를 따르고 있는 것이다. 풍수경전에서도 우주가 고대에 혼돈混沌의 상태에서 기氣가 생겨나고 그 속에서 음양陰陽이 생성되어 만물萬物이 탄생하고 생로병사生老病死가 생겨 순환하는 것이라 설명하는데, 현대의 양자역학 분야의 과학자들이 발견한 질량과 에너지의 법칙과 '기氣가 모이면 형形이 되고 흩어지면 상象이 된다'라는 동양의 이치는 결국 서로 동일한 이야기이다. 세상이 음양陰陽이듯이 공간과 시간의 거시적인 세계에서는 뉴턴의 운동법칙으로 물질을 설명하지만, 미시적인 세계인 원자의 단위로 내려가면 완전히 다른 법칙이 지배하는 것이다. 즉 양자 물리학과 고전 물리학은 세상이 움직이는 방식과 본질을 이해하는 서로 다른 두 개의 방정식이다.

2. 전자의 더블슬릿 실험

양자역학에서는 입자가 파동처럼 행동하고 파동이 입자처럼 행동한다고 이야기한다. 즉 입자이면서 파동인 것인데 전자와 빛은 모두 간섭효과를 나타낸다. 간섭효과란 2개 이상의 같은 파동(물결처럼 퍼져 나가는 것)이 겹쳐져서 파동을 세게 하거나 약하게 하는 현상을 말한다. 아래의 '전자의 더블슬릿 실험'에서 발견한 것은 이들의 행동을 관측하려고 하면 이들은 개개의 양자로 관측되고, 그 결과 어느 한 지점에 존재하는 것으로 나타난다. 미국 버지니아 대학의 천체물리학 교수 투안(Trinh Xuan Thuan)이 말하기를, "양자역학은 국소

성국所性이라는 개념을 전부 제거한다. 그것은 공간에 전체론적 특징을 부여한다. '여기'나 '저기'라는 개념은 더 이상 의미가 없다. '여기'와 '저기'가 동일하기 때문이다. 이것이 물리학자들이 '불가분성'이라고 부르는 것이다."라고 설명한다. 〈WHAT THE BLEEP DO WE KNOW〉라는 동영상에서 나오는 더블슬릿 실험의 내용을 통해 물질의 작은 소립자 또는 소립자들이 실제로 어떻게 움직이는지 이해해 본다.

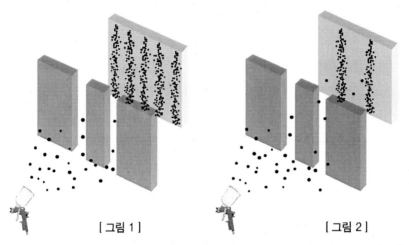

[그림 1]   [그림 2]

http://www.planetvids.com/html/Quantum-Physics-Double-Slit-Experiment.html

만일 구슬 같은 작은 작은 물체를 무작위로 화면으로 쏜다면 그 구슬들이 틈을 통과하여 벽에 맞아 만드는 무늬를 볼 수 있다. 더블슬릿에서도 추가한 그 옆의 슬릿에서도 같은 모양의 막대무늬를 볼 수 있다. 그런데 파동은 슬릿을 통과한 후 방사상으로 퍼져나가서 벽을 가장 세게 도달하는 것은 슬릿을 직접 통과한 선이 된다. 화면에 있는 선의 밝기는 그 강도를 나타낸다. 여기까지는 구슬로 실험했을 때와 비슷하다. 하지만 슬릿을 하나 더 더하면 다른 일이 일어난다. 만일 하나의 파동의 꼭대기가 또 다른 파동의 바닥과 만나면 파동들은 서로 상쇄된다. 이때 벽에는 간섭무늬가 생기게 되는데 파동의 꼭대기가 만나는 곳이 가장 강도가 센 곳, 가장 밝은 선을 띤다. 상쇄한 곳은 아무런 무늬도 생기지 않게 된다. 그래서 물질을 두 개의 슬릿을 향해 발사하면 맞은 부분에 띠가 생기고 파동을 통과시키면 많은 띠를 가진 간섭무늬가 생긴다.

이제 양자의 세계로 들어가서 보면 전자는 매우 작은 물질이다. 하나의 슬릿으로 전자들을 발사시키면 우리가 구슬로 했던 실험과 같이 하나의 띠가 생긴다. 만일 두 개의 슬릿을 향해 쏜다면 두 개의 띠가 생겨야 하는데 간섭무늬가 생겼다. 물질의 작은 단위인 전자를 통과시켰는데 작은 구슬에 의해 생기는 무늬가 아니라 파동과 같은 무늬가 생겼다. 어떻게 작은 물질의 전자가 파동과 같이 간섭무늬를 만들어 낸 것일까? 말이 되지 않는다. 하지만 물리학자들은 영리하다. 물리학자들은 이 작은 입자들이 서로 간섭하여 그러한 무늬를 만들었다고 생각하고 한 번에 하나씩 전자를 쏘기로 한다. 서로 간섭할 가능성이 없어진 것인데 하지만 한 시간 후에 똑같은 간섭무늬가 생겨나기 시작했다. 결론은 피할 수 없다. 작은 전자가 입자의 형태로 떠난 뒤 파동으로 전위되어 두 개의 슬릿을 통과한 후 스스로 간섭을 일으킨 후 입자처럼 벽에 부딪힌 것이다. 하지만 수학적으로 그것은 더욱 이상하다. 입자는 동시에 두 슬릿을 통과하기도 하고 어느 것도 통과하지 못하기도 한다. 또는 둘 중 하나만 통과하기도 하고 또 다른 하나만 통과하기도 한다. 이 모든 가능성이 입자가 여러 곳에 존재한다는 것이다. 물리학자들은 이러한 결과에 완전히 당황해서 입자가 실제 어떤 슬릿을 통과하는지를 지켜보기로 했다. 슬릿에 관측 장치를 놓고 입자가 통과하는 것을 관찰했다. 하지만 양자의 세계는 우리가 상상하는 것보다 훨씬 더 신비롭다. 관찰할 때 전자는 입자와 같이 움직였다. 여러 개의 간섭무늬가 아니라 두 개의 띠가 나타난 것이다. 어느 쪽을 통과하는지 알기 위한 바로 그 관측 관찰 장치가 두 개의 입자가 아닌 하나의 입자를 통과시키는 결과를 만든 것이다.

요약하면 전자의 더블슬릿 실험에서 전자를 하나, 둘, 셋씩 연속해서 쏘면 스크린 벽면에, 마치 수면파의 파동이 중간에 놓여 있는 2군데 틈새를 통해서 간섭현상을 일으키는 형태로 [그림 1]과 같이 파동의 결과로 나타난다. 그런데 전자의 더블슬릿 실험에서 슬릿에 관찰기기를 배치하여 작동하게 하면, 전자총에서 발사된 전자는 [그림 2]와 같이 독립된 개체로서 움직이는 입자 형태를 띠었으며 결과적으로 스크린 벽면에는 2개의 막대무늬 모양으로 나타났다. 관찰기기로 관찰할 때면 전자가 입자와 같이 변한 상태에서 움직이는데, 이는 미시세계인 양자세계의 신비롭고 새로운 사실을 알려준다. 바로 전자는 관찰자가 자신의 모습을 촬영하는 상황을 정확하게 파악하고 자신의 정체를 숨기는 행위를 한다. 전자가 의식을 가진 존재처럼 스스로 관찰되고 있다는 것을 알고 독립적으로 움직이려고 결정한 것이다. 물리학자들은 여기서 전에는 없었던 양자의 신비로운 세계로 한발 더 들어가게 된다. 관찰자가 단지 관찰함으로써 파동기능이 붕괴된 것이다. 관찰되지 않는 모든 것은 파동으로 존재하고 보는 것만이 입자 곧 물질로 존재하는 것일까?. 물질은 무엇이고 입자와 파동은 무엇인가? 파동은 무엇이 움직이는 것일까? 이러한 것들과 관찰자는 무슨 관계가 있는 것일까? 하는 과제가 남는다. 또 하나의 이상하고도 불가사의한 것, 즉 양자의 세계에서도 가장 이상한 것이라고 물리학자들이 이야기한 것이 바로 공명현상이란 것이다. 풍수경전에서 설명했던 바로 그 내용이 지금 양자물리학의 새로운 법칙으로 돌출된 것이다. 공명현상이란 시간을 거슬러 올라가는 현상으로, 시간의 개념을 깨뜨리고 공간의 개념 역시 무너져버린다. 두 개의 사물, 즉 같이 만들어진 두 개의 전자는 서로 동조한다. 하나를 우주 밖으로 보냈을 때 나머지 하나에 자극을 주면 다른 하나도 즉시 반응한다. 그래서 정보가 무한한 속도로 전달되거나 아니면 실제로 그것들은 여전히 연결되어 있는 것인데 빅뱅 순간 이후부터 모든 것들은 서로 공명하기 때문에 모든 것들은 여전히 접촉하고 있다는 것으로 공간이라는 것은 단지 물질이 분리되어 있다는 환상을 심어주는 구성개념이라는 것이다.

결국 '물질'이라는 입자는 실제로는 소위 '중첩'되어 있는 존재, 즉 가능한 위치의 파동으로 퍼져 있는 것으로 모든 장소에서 존재한다는 것이다. 비 관찰 시는 가능성의 파동으로 존재하지만 관찰 시는 경험의 입자로 변화한다는 말이다. 바로 하나의 입자가 사실은 수많은 독립된 장소에 존재하는 것인데 조사하는 순간 가능한 위치에서 하나의 위치로 고정된다는 것이다. 대부분의 양자물리학자들은 "물질이란 빛에너지가 사로잡힌 상태 또는 빛에너지가 덫에 걸린 상태"라고 말하기도 한다. 여기에 더하여 제프리 츄의 구두끈 가설(bootstrap)은 "소립자의 상태에서부터 상하좌우 전 우주가 그물망처럼 엮여 있다."고 말한다. 이 말은 마치 불교에서 말하는 이 세상에 존재하는 모든 형체色는 공空이며 형상은 일시적인 모습일 뿐, 실체는 없다는 의미인 '색즉시공色卽是空'과 이 세상의 모든 사물은 실체가 없는 현상에 불과하지만 그 현상의 하나하나가 그대로 이 세상의 실체라는 의미인 '공즉시색空卽是色'의 의미와 아주 흡사하다.

3. 양자역학의 세계관

현대에는 양자역학이 매우 중요한 이론으로 연구되고 있다. 양자물리학이 한편으로는 모순되고 혼란스럽거나 당황스러운 이론이지만 또 한편으로는 그것을 던져버리거나 무시할 수도 없다. 왜냐하면 우리 앞에 펼쳐진 물리학 시스템의 성질을 예측하는 데 양자물리학은 검증된 가장 강력한 도구이기 때문이다. 양자의 세계는 실제로는 정보의 흐름과 잠재적인 전자들의 흐름이고 가능성과 정보의 펼쳐짐과 응축이다. 전자의 세계가 아니라 잠재적인 전자의 세계다. 파동의 장은 우주적인 바다이며 순수한 잠재성의 바다이다. 이러한 양자역학의 세계관을 살펴보면 결국 모든 만물은 진동하며 전자장을 형성하면서 에너지를 발산하며 모두가 유기적으로 연결되어 있으므로 인간 또한 다양한 형태의 기氣와 교류를 하면서 인체의 생체전자기장에 영향을 미친다는 것을 쉽게 이해할 수 있다.

참고로 물질의 기본 입자인 쿼크의 양자적 형태(quantum, 量子)가 에너지이면서 입자이기도 한 현상을 '모순된 결론'이라거나 '불확정성'이라고 설명하지만 그 말 자체가 모순일 수 있다. 왜냐하면 모든 입자는 우주의 창조원리인 음양의 원칙에서 물物과 상象으로 동시에 존재하기 때문이다. 그래서 '물질이 면서도 물질이 없기도 하다'라는 표현은 틀렸고, 그냥 동양의 '음중양 양중음 陰中陽 陽中陰'의 개념처럼 물질의 성질(입자)과 에너지(파동)의 성질을 음양陰陽 으로서 동시에 가지고 있다고 정의하면 된다. 최근 빅뱅 우주론의 거장 스티 븐 호킹은 "양자역학이 지금까지 해놓은 것은 동양철학의 기본 개념인 태극, 음양, 팔괘를 과학적으로 증명한 것에 지나지 않는다."고 표현하기도 했듯이, 앞으로도 양자역학과 동양의 이치인 음양오행 원리의 상호보완적인 접근을 통해 새로운 이론이 더 나올 것이라 기대해본다.

공명共鳴

　모든 물질은 저마다 고유한 진동수(공명 주파수=Hz)를 가지고 있는데, 진동 수는 물체가 1초 동안 흔들리는 횟수로서 달리 이야기하면 모든 물질은 보이 지 않게 일정한 주기로 떨리고(진동하고) 있다. 공명이라는 것은 쉽게 말하면 '같이 울리는 것'으로, 서로 공명을 일으키는 주파수(고유 진동수)가 맞아서 그 물체가 울리는 것이다. 즉 그 주기에 정확하게 맞춰서 똑같은 진동을 외부에 서 주면 그 진동이 엄청나게 커지는 현상을 말한다. 가령 유리가 갖고 있는 공명 주파수에 맞는 소리를 인간이 일정하게 계속 낸다면 깨뜨릴 수 있는 것 인데, 유리잔과 똑같은 진동수를 가진 음을 찾아내어 오랫동안 지속적으로 같은 음을 내면 된다. 유리잔 같은 경우에는 목소리가 가늘고 높을수록 그에 반응하여 소리의 파장을 많이 튕겨내기 때문에 컵의 표면이 떨리다가 견디지 못하여 깨지게 된다. 바꾸어 말하면 100Hz의 진동수를 가지고 있는 물체에 100Hz의 소리를 지속적으로 쏘아주면 물체가 진동하면서 흔들리거나 파괴 될 수도 있다는 것을 말한다.

　그러한 현상이 가능한 이유를 좀 더 구체적으로 설명한다면 사람이 내는 소리로 공명현상이 일어나기 위해서는 소리의 공명 주파수와 다른 물체들의 주파수가 일치해야 하는데, 물체의 분자구조에 따른 고유 진동수와 소리의 고유 진동수가 같으면 진폭이 정수배가 되는 공명현상이 일어나면서 진폭(주기적인 진동이 있을 때 진동의 중심으로부터 최대로 움직인 거리 혹은 변위)이 커지게 되고 에너지는 그 진폭의 제곱만큼 늘어난다. 결국 소리의 고유 진동수와 한 물체의 고유 진동수가 같을 때 진동하는 폭이 둘 다 점점 커지게 되고, 오랜 시간 동안 계속 그 진동수의 소리를 준다면 그 에너지가 축적되어 유리잔을 깰 수 있는 것이다. 바꾸어 말하면 음파의 공명이 어느 이상 지속되게 되면 분자들 간의 연결이 흔들리게 되고 이것이 결국 흩어지는데 우리가 말하는 '깨진다'는 현상이 바로 이것이다. 이러한 공명을 이용하면 약한 힘이나 에너지를 통해서도 큰 진동을 얻을 수 있는데, 공명이 일어나는 모양은 진동에 대한 저항의 크기에 따라 다르다.

다른 말로 공진(共振, resonance)이나 동승(Entrainment)이라는 것도 있는데, 공명이란 소리를 포함해 보통의 역학적 진동, 전기적 진동 등 모든 진동에서 일어나는 현상인데, 이 중에서 전기적·기계적인 물리적 공명일 때를 공진(공명하여 진동)이라고도 하며, 동승이란 행동이나 상황들이 동시성이 되어 주는 현상으로 시계의 추들이 서로 가까이 놓일 때 추들은 결국 동시성을 보여주는 것이다. 여성들이 같이 생활할 때 점차 생리가 동시에 나오게 되는 것으로, 이것은 소리굽쇠가 옆의 소리굽쇠와 진동수가 같아지기 시작하는 현상과 같다.

이러한 공명현상을 이해하다 보면 전자레인지의 마이크로웨이브(microwave)로 물 분자를 회전시켜 열을 발생시키는 것처럼 인간도 하나의 물체이고 일정한 공명 주파수를 갖고 있는데, 만약 그에 맞는 주파수로 이것의 에너지를 높여 사용한다면 사람을 죽이는 것도 가능하며 반대로 치유할 수도 있다고 본다. 문득 '태초에 빛과 소리가 있었다'라는 말을 한번 음미해본다.

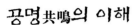

공명共鳴의 이해

공명共鳴에 대한 좀 더 폭넓은 이해를 위해 공명共鳴과 관련된 여러 정보들을 간략하게 요약해서 열거해본다.

- 공명은 진동계가 그 고유 진동수와 같은 진동수를 가진 외력外力을 주기적으로 받아 진폭이 뚜렷하게 증가하는 현상을 가리킨다. 이를 이용하면 세기가 약한 파동을 큰 세기로 증폭(에너지 증가)시킬 수 있다. 모든 물체는 고유진동수를 갖고 있으며 이 고유진동수에 해당하는 전파나 파동을 흡수하는 성질을 갖고 있다.

- 물리학에서 우주 안의 모든 사물은 고유한 파장과 진동수를 갖고 있는데, 공명이란 고유 진동수가 같은 두 가지 물체가 서로 거리가 떨어져 있어도 한쪽이 진동되면 다른 쪽도 함께 진동되는 현상을 뜻한다.

- 크기나 모양, 재질에 따라 물체는 서로 다른 특정 진동수를 갖기 때문에 서로 다른 소리를 낸다. 이렇게 각 물체마다 갖고 있는 진동수를 고유 진동수라고 하는데, 물체에 주기적으로 힘을 가하면 물체는 매초마다 이 고유 진동수만큼 진동한다. 만일 힘을 가한 주기가 물체가 갖고 있는 고유 진동수와 같으면 물체의 진폭은 더욱 커지게 되는데, 이를 공명이라 하며 소리의 경우라면 더욱 큰 소리가 나게 된다.

- 일반적으로 외부에서 진동계를 진동시킬 수 있는 힘을 가했을 때 그 고유 진동수와 외부에서 가해주는 힘의 진동수가 같으면 그 진동은 심해지고 진폭도 커진다. 또 진동체가 서로 연결되어 있는 경우, 양쪽 진동수가 같으면 공명에 의해 에너지를 서로 교환하기 쉽게 된다. 예를 들면 공기를 매질로 해서 일어나는 소리굽쇠끼리의 공명이 그렇다.

- 고유 진동수는 물체에 따라 다르다. 크기, 길이, 연결 상태 등 고유 진동수를 다르게 하는 요소는 무수히 많다. 같은 기타 줄이라도 길이가 긴 것과 짧은 것은 고유 진동수가 다르다. 길이가 같더라도 재질이나 두께에 따라 달라진다. 건물과 같은 큰 구조물이라면 부분별로 고유 진동수가 일일이 셀 수 없을 정도로 다양하다. 김수봉 서울대 물리천문학부 교수는 "전체적으로 봤을 때 큰 고유 진동수가 있고, 연결 구조에 따라서 부분적으로 곳곳에 고유 진동수가 있기 때문에 같은 건물이라도 외부의 충격에 따라 공진하는 부분이 달라질 수 있다"고 설명했다.

- 매질媒質은 파동을 매개하는 물질(매질 입자의 진동이 곧 파동이다)로 넓은 개념으로 힘과 같은 물리적 작용을 전달하는 매개물을 가리킨다. 지진파는 지각을 통해 전파되고, 수면파는 물을 통해 전파된다. 소리(음파)는 공기, 물, 금속 등 대부분의 탄성체를 매개로 하여 전파된다.

- 매질의 성질에 따라 파동의 성질도 바뀌는데, 수면파는 매질인 물의 깊이가 얕아지면 속력이 느려지고 파장이 짧아진다. 가령 종이컵과 실로 만드는 간단한 전화기 모형에서 소리는 공기를 통해 전파된 후, 종이컵을 진동시키고 다시 실을 통해 전파된다. 이때 종이컵과 실의 성질에 따라 소리의 높이와 음색이 바뀐다.

- 빛을 포함한 전자기파는 물질이 전혀 없는 진공 속에서도 전파되고, 진공 속에서 속력은 광속으로 항상 일정하지만 매질에 따라 성질이 변한다. 유리나 플라스틱 등의 매질을 통과할 때는 굴절률이 높을수록 속력이 더 느려지고 파장이 짧아진다.

- 물체에는 탄성이 있어 원래 형태로 돌아올 때까지 주기적으로 반복하며 움직이는데, 이것이 진동이다. 진동에는 자유진동과 강제진동이 있다. 자유진동은 어떤 물체가 일시적으로 충격을 받았을 때 일어난다. 자유진동이 일어나면 그 물체는 특정 진동수에 따라 진동하다가 서서

히 멈춘다. 이 특정 진동수가 바로 물체의 고유 진동수다. 반면 강제진동은 어떤 물체에 주기적으로 외력을 주었을 때 일어나는 진동이다. 이때 물체는 외력이 일으키는 진동수에 따라 진동한다. 자유진동을 시켰을 때 물체가 진동하는 고유 진동수와 강제로 진동시켰을 때의 진동수가 똑같으면 공진 현상이 일어난다. 진동이 증폭되기 때문에 외력이 강하지 않아도 물체는 점점 더 크게 진동하게 된다. 반대로 진동수가 다르거나 엇박자로 진동하면 공진이 생기지 않고, 심지어는 진동이 상쇄되기도 한다.

- 강제진동의 진동수와 물체의 고유 진동수가 같아지게 된 후에는 진폭이 커지게 되는데, 이러한 현상을 공명이라고 부른다. 강제 진동수와 고유 진동수가 다르면 물체의 진동은 각 주기 안에서 힘과 속도의 방향이 반대이기 때문에 공명 현상이 일어나지 않는다. 에너지는 진폭의 제곱에 비례하므로 진폭이 커진다는 것은 공명 조건에서 에너지가 가장 효율적으로 전달된 것임을 의미한다. 그래서 공명 현상이 일어난다는 것은 힘과 속도의 방향이 같아서 연속적으로 물체를 운동 방향으로 밀어내기 때문에 진동의 폭이 커짐을 의미한다.

- 모든 소리의 근원은 물체의 진동이다. 각 물체가 다른 소리를 낸다는 것은 물체가 고유한 진동수를 가지고 진동한다는 것을 의미하고 이것을 그 물체의 고유 진동수라 하며, 사람들이 들을 수 있는 범위를 벗어나는 진동수를 가진 음파를 초음파라고 한다.

물질세계에서의 공명 현상들

◆ 와인잔 깨기

소리도 공기의 진동이므로 소리로 유리잔을 진동시킬 수 있다. 이때 소리의 진동수와 유리잔의 고유 진동수가 같으면 진동이 점점 커져 마침내 유리잔이 깨진다. 국내 방송 프로그램인 〈스펀지〉에서 김종서가 국내에서는 공식적으로 한 번도 성공한 적 없는 목소리로 와인잔 깨기를 도전했는데 3시간 40여분 후에 유리잔을 목소리로 깨뜨린 장면이 나온다. 영화를 보면 꼬마아이나 여자가 놀라서 소리를 크게 지르는 순간에 시계의 유리, 창문 등이 깨지는 장면도 같은 원리이다.

◆ 목소리

건물 내에서 이야기하거나 소리 지를 때 내가 말한 소리가 갑자기 크게 울리는 현상이며 목소리(진동하는 음파)는 매질(공기)의 밀도에 따라서도 달라진다.

◆ 소리굽쇠

공기를 매개로 해서 일어나는 공명 현상으로 소리굽쇠 두 개 중 하나의 소리굽쇠를 울리면, 고유 진동수가 일치하는 반대편 소리굽쇠도 같이 진동하며 소리가 더 커진다.

◆ 추와 그네

실에 매달린 추가 앞뒤로 움직인다고 한다면 움직이는 방향으로 조금씩 밀어만 줘도 추가 진동하는 폭은 점점 커진다. 작은 진동이라도 같은 주기와 위상으로 계속 겹치면 에너지가 증폭되어 큰 진동이 되고 흔들림은 심해진다. 그네 또한 밀어줄 때 그네가 가진 고유 진동수와 같은 진동수로 밀어 주면 큰 힘을 들이지 않고도 높이 올라간다. 물론 그네 주변의 자연적인 진동 및 바람이 그 그네가 가지고 있는 고유진동과 일치하게 되면 외부의 압력이나 힘이 가해지지 않아도 저절로 그네가 움직일 수도 있다.

◆ 세탁기
세탁기가 탈수할 때 세탁조의 회전 속도가 느려지면서 세탁기의 고유 진동수와 같아지면 어느 순간 세탁기가 크게 흔들리는 것을 볼 수 있다.

◆ 소라껍질이나 빈병에서 나는 소리
주위의 여러 가지 소리 중에서 소라껍질의 고유 진동수와 같은 소리가 공명 현상에 의해서 더 크게 들리는 것으로 크기나 모양에 따라 바다 소리는 달라진다.

◆ 레이저
광학적 공진을 이용한 것으로 레이저는 파장이 같은 파동이 완전히 겹쳐진 상태로 진동하는 빛이다. 레이저를 만드는 데는 광공진기가 쓰인다.

◆ 라디오, TV
동조회로를 이용해 특정한 파장의 전파를 선택적으로 검출할 수 있는 원리로 라디오 주파수를 맞추거나 TV 채널을 바꾸는 것은 공명현상을 이용해 각 방송국의 고유주파수(전파)와 일치하는 주파수를 선택해 방송을 수신하는 것이다. 곧 원하는 채널을 찾는다는 것은 방송국에서 나오는 전파의 진동수와 회로 내부의 진동수를 똑같게 해 공진을 일으키는 과정인 것이다.

◆ 붕괴사고
고층건물이나 교량, 기다란 회전체 등에서 외부의 진동수와 일치하는 공진이 일어나면 큰 이상진동이 생겨 파괴되는 붕괴사고의 원인이 될 수 있다.

대표적으로 타코마협교 붕괴사건이나 우리나라에서도 73년 남해대교가 이같은 현상 때문에 붕괴되었다고 한다. 또한 1831년 맨체스터 근처의 브로스턴 붕괴도 다리 위의 군인들의 행진으로 인한 규칙적인 발걸음이 다리의 진동수와 일치하여 진동 폭이 점점 증가해 다리가 무너졌다고 한다. 최근에는 건물을 설계할 때 가장 많이 고려하는 진동은 지진이나 바람이 일으키는 진동으로 지진이 일어나거나 센 바람이 불어서 건물이 흔들릴 때를 예상하고 그 진동수에 무너지지 않게 설계한다. 동조질량감쇠기와 같은 장치를 건물에 설치해 건물이 흔들릴 때 반대 방향으로 움직이게 해 주면 진동의 폭을 줄일 수 있다.

대만에 있는 101층짜리 초고층건물 타이베이101. 타이베이 101의 90층 부근에는 강철구 모양의 동조질량감쇠기가 있다.

◆ 테크노마트 지진 소동

2011년 서울 강변역에 위치한 테크노마트 사무동이 흔들렸던 원인으로 건물 12층 스포츠센터에서 실시했던 태보운동(뜀뛰기)의 공진이 원인으로 제기되었다. 대한 건축학회와 테크노마트 건물주인 프라임산업은 2011년 7월 5일 이를 입증하기 위해 당시와 비슷한 수인 23명을 동원, 피트니스 센터에서 태보운동을 하는 공개시연을 통해 이 같은 사실을 설명했다. 즉 건물 고유의 진동수가 태보운동의 진동수와 일치하는 공진현상이 진행되면서 진동 에너지가 증폭돼 흔들림이 나타났다는 것으로 테크노마트 건물의 수직진동수 2.7Hz(1초에 2.7번)에 맞춰 발을 구르게 해 진동을 재현하였는데 멀미가 날 것 같은 진동은 메트로놈에 맞춰 2.7Hz로 발을 구를 때만 생겼다. 그런데 헬스장 바닥판이 떨리는 고유진동수는 10Hz 정도였다. 2.7Hz로 발을 구르며 태보를 해도 고유 진동수가 10Hz인 바닥과는 공진이 일어나지 않는다. 따라서 헬스장 바닥에는 큰 영향을 끼치지 않으며 바닥이 울리는 진동도 거리가 멀어지면서 줄어든다. 즉 고유 진동수가 일치하는 건물 전체의 수직 진동만 증폭돼 상층부 바닥에 영향을 끼친 것이다.

◆ 전자레인지

전자레인지의 원리는 마이크로파에 의해 식품의 분자가 분극하고 급격한 회진운동을 일으키면서 분자끼리 서로 마찰하여 마찰열이 생겨서 식품이 가열되는 원리이다. 흔히 전자레인지를 공진의 사례로 드는 경우가 많은데, 전자레인지에서 나오는 2.45GHz의 마이크로파는 물 분자의 고유 진동수와 같지 않다. 전자레인지는 물 분자의 극성을 이용한다. 수소 원자 2개와 산소 원자 1개로 이뤄진 물 분자는 극성을 띤다. 여기에 마이크로파를 쏘여 주면 전기장 안에서 식품의 물 분자가 분극하고 급격한 회진운동을 일으키면서 분자끼리 서로 마찰하여 마찰열이 생겨서 온도가 올라간다. 그래서 수분이 부족한 음식은 전자레인지로 데우거나 조리할 수 없는 것이다. 진동을 이용하는 것은 맞지만 공진은 아니다. (전자파→분자 진동→열 발생)

◆ 자기공명영상(MRI) 촬영 장치

MRI는 물을 구성하는 수소 원자핵의 고유 진동수와 똑같은 주파수의 진동을 일으켜 인체 내부를 촬영하는 장치로 핵자기 공명의 원리를 이용한 것이다. 몸을 구성하는 물 속에는 수소 원자핵이 있다. MRI의 전자기파가 수소 원자핵과 공진을 일으키면 수소 원자핵이 진동(공진)한다. 그때 진동을 멈추고 수소 원자핵이 원래 상태로 돌아갈 때 나오는 신호를 측정한다. 자기나 마이크로파 공진을 이용해 무선으로 전력을 송신하는 기술도 현재 활발히 개발 중이라고 한다.

※ **핵자기 공명의 원리** : 원자들은 회전하고 있는 전자 때문에 에너지 차가 생기고 이에 비례하는 진동수가 결정되는데 물질에 전자기파가 들어와서 결정된 진동수와 공명이 일어나면 전자기파가 흡수되어 높은 에너지를 갖게 될 수 있다.

◆ **공명자장분석기(MRA)**

물 연구가인 에모토 마사루 박사의 강연 내용을 보면 현대의 과학 장비 중에 공명자장분석기(MRA)라는 생체의 파동(생명체의 자기장)을 측정하는 컴퓨터(일본 제품을 포함하여 꽤 종류가 많음)가 있다. 파동측정기에는 반드시 파동전사기능이 있는데, 측정의 순서는 미약한 공명자장을 출력하여 그것이 사람이나 물질에 공명을 일으키는지 확인하는데, 이때 출력되는 공명자장을 더 증강시키면 특정한 파동정보를 실험대상에 전할 수 있다. 이 실험에서 정보를 보내는 대상은 물인데, 수돗물이나 댐 물에 대해서도 파동측정기로 면역코드(정상적인 면역력의 파동정보)를 복사해 넣어 사진을 찍으면 면역력이 높은 물의 결정은 늘 또렷하게 거북의 등 모양(육각 결정)을 한다는 것을 많은 결정사진을 찍으며 알게 된다. 또한 같은 물에 같은 정보를 보낸 경우 몇 번을 시도해도 언제나 똑같은 결정사진이 나온다는 것을 확인할 수 있었다. 즉 지금까지의 과학적 분석방법이라면 물의 성분에 아무런 변화가 일어나지 않았다고 간단히 정리해 버렸을 것이지만 결정사진을 찍어보면 큰 변화가 일어났음을 알 수 있다. 이러한 파동전달기술의 연구로 아마존 강의 오지에 있는 한 나무가 만병통치약이라 하여 많은 사람들이 그 나무를 자른다고 하는데, 이러한 정보전달 기술이 공인받는다면 그 나무의 질병치료 정보(면역정보)를 물에 복사하여 나무와 같은 효과를 발휘할 수 있을 것이며 그렇게 되면 환경보호에도 큰 역할을 할 것이라고 설명한다. 바로 생명체의 파동을 제3의 파동원(波動源)으로 적절히 조절하면 파동의 공명현상에 의해 생명력이 활성화 된다는 것이다. 현재 인체의 각 기관과 조직의 파동을 연구하여 약 5~6천 종류가 넘는 생체 파동 코드(Code)를 완성했고, MRA로 신체의 질병을 체크하고 파동을 투사하여 질병을 치유하는 수준에 이를 것이라 한다. 만약 어떤 물질의 정보(주파수)를 파동으로 전환해 똑같은 영향을 주는 이러한 파동시스템이 완성만 된다면 질병에 대한 인간의 치유력이나 면역력을 강화할 수 있는 혁신적인 변화를 가져올 것이다.

공명현상의 미스테리─공명현상 중에서 가장 충격적인 현상은 최근에 필자가 유투브에서 〈Amazing Water & Sound Experiment〉라는 제목의 공명 관련 동영상을 보았는데 24hz sine wave volume(소리 주파수)에서는 고무호수의 물줄기가 나선형으로 돌면서 아래로 흐르기 시작하며 23hz sine wave volume(소리 주파수)에서는 아래로 흐르던 물줄기가 반중력 현상처럼 거꾸로 흐르기 시작한다. 물줄기가 소리에 의해 변화하는 이 경이로운 실험은 기존의 우리가 알고 있는 물질세계의 과학지식으로는 충격을 받을 만한 장면으로 기억할 만하다. 참고로 언제든 시간이 나면 인터넷으로 위의 제목을 검색해서 한 번 보기 바란다.

지금까지의 내용으로 필자가 추측컨대, 어떤 유익한 물질의 파장을 소리 파동으로 전환해 똑같은 영향을 주는 기술이 개발만 된다면 땅의 유익한 에너지 파동地氣와 같은 정보를 발산하는 파동장치뿐 아니라 인간의 생체전류를 활성화할 수 있는 다양한 정보의 파동시스템이 새로운 인류의 혁명을 가져올 것이다. 인간은 소우주로서 상상할 수 있는 것은 모두 창조가 가능하지 않을까 생각해 본다.

풍수경전의 동기감응同氣感應

과학이 발달하지 않았던 옛날 진나라 때 곽박郭璞이 지은 《장경》 기감편氣感篇에 '동산서붕銅山西崩 영종동응靈鐘東應'이라는 글귀가 있다. 이는 "서쪽에 있는 동산이 붕괴하니 동쪽에 멀리 떨어져 있는 종이 감응을 일으켜 울린다."
는 말이다. 중국 한나라 시절, 미앙궁未央宮에 구리로 만든 종이 있었다. 그런
데 어느 날 저녁 이 종이 까닭도 없이 울려 황제가 동방삭에게 묻기를 "이런
일은 무엇을 예견하는 것인가?"라고 묻자 동방삭東方朔은 황제에게 수 일 내
"분명 구리광산이 무너질 것이다."라고 말했는데 과연 얼마 후 소식이 오기
를, 서측 땅 진령秦領에 있는 구리광산이 종이 울린 그 날에 무너졌다는 기록
이 전해져 내려온다. 황제가 동방삭에게 어떻게 알았느냐고 묻자 동방삭이
"무릇 종은 구리로 만든 것이고 구리는 광산에서 나온 것이니 두 기氣가 감응
한 결과이다. 그것은 마치 사람이 그 부모로부터 몸을 받는 것과 같다."라고
대답하였다고 전해진다. 결국 이러한 이야기를 통해 "구리광산이 무너짐에
따라 그 구리로 만든 종이 스스로 우는 것은, 마치 부모의 유해와 같은 기同氣
가 자손에게 화복禍福을 입힘과 같은 것이니 이는 모두 자연의 이치다"라는
결론을 도출한 것이다.

　이는 같은 주파수의 물체끼리 발생할 수 있는 공명 현상이 수천 년 전의
풍수 경전 속에 이미 표현되어 있었으며 풍수지리학의 핵심 중 하나인 동기
감응同氣感應의 원리와 같다는 것을 알 수가 있다. 그러므로 뼈란 매개체를 통
해 같은 유전자 구조인 후손들에게 영향을 끼친다는 동기감응同氣感應의 원리
가 무조건 비과학적으로 치부되지 않고 서양의 공명에 관한 다양한 연구와
풍수관련 학과의 새로운 연구논문들을 통해 현대에서도 인정받는 때가 올 거
라 믿는다. 가령 2006년에 대구의 영남대 대학원에서 풍수지리 연구로 공학
박사학위를 받은 응용전자학을 전공한 박채양(SPSS로 분석한 입수이상묘의 절자손
율 변화)씨와 최주대(비탈에 쓰여진 묘와 후손 번성에 대한 SPSS통계분석)씨가 묘소의
위치와 산의 형상이 후손에게 미치는 영향을 통계학적 방법으로 검증해낸 학
위논문이 발표된 바 있는데 이제는 풍수가 미신이 아닌 제도적인 학문의 영
역으로 들어서고 있음을 보여준 좋은 예라 하겠다.

　참고로 여기 내용 속에 나오는 종과 광산의 재질이 유독 많고 많은 물질
중에서 동(구리)으로 나오는데, 현대적으로 해석한다면 그만큼 지구상에서 은

銀 다음으로 가장 전기전도율이 높은 물질이며 이는 곧 기氣 감응률도 높은 물질임을 의미한다.

동기감응同氣感應의 결정체인 뼈

풍수지리학의 핵심은 '탈신공개천명奪神功改天命', 즉 '신神이 하는 바를 빼앗아 타고난 운명까지 바꿀 수 있다'는 것으로, 특히 음택인 묘를 중시하여 왔다. 묘를 중시한 이유는 바로 묘에 안장한 조상의 유골 때문이다. 조상의 유골, 즉 '뼈'라는 물질은 인간의 생체전류氣가 가장 밀도 있게 모이며 같은 유전자 구조끼리 서로 반응(동기감응)을 하는 물질이다. 어머니의 뱃속에서 인간이 만들어질 때도 음양의 기운이 모여 피와 살과 근육이 만들어지고 난 후 최종적으로 기운이 농축, 응결되어 형성되는 것이 '뼈'인데 우리가 아는 스님의 다비식(화장) 후에 나오는 사리라는 물질도 사실 기氣가 고농축 되어져 만들어진 석영질 구조의 뼈인 것이다(참고로 일반사람들도 이러한 사리가 존재한다). 즉 척추를 중심(차크라, 단전, 세슘관, 전도체)으로 한 인체의 모든 뼈는 생체전기를 발산하는 발전시스템이라 할 수 있다.

그래서 명상수련을 하지 않은 가장 평범한 사람의 뼈도 소리파동을 들을 수 있는데, 최근에 개발된 뼈(골전도) 이어폰은 고막을 거치지 않고 뼈를 직접 진동시켜 달팽이관에 소리를 전달하는 제품이다. 귀에 넣지 않고 고막을 거치지 않기 때문에 귀와 고막의 손상을 막아주며 귀 앞부분에 고정하기 때문에 귀를 막아도 음악을 들을 수 있다고 한다. 물을 담은 어항에 제품을 넣은 것을 볼 수 있었는데 특이한 것은 어항에 귀를 대면 음악소리가 들린다. 이는 뼈에 진동을 주는 방식을 채용했기 때문이라고 한다. 바로 뼈가 파동을 감지하고 파동을 발출할 수 있다는 고대의 이론이 현대과학에 의해 실제화된 것이다. 그러므로 동일한 유전인자를 가진 조상의 유골은 같은 유전인자를 물

려받은 후손들과 동일한 파장을 가진 물질로서 반응(공명진동)하게 되는 것이다. 바로 인간이 자신의 의지와 상관없이 반응을 받게 되는 가장 큰 동기감응 同氣感應의 물질로, 조상의 유골이 좋은 기운을 받으면 좋은 기운이 전달되고 나쁜 기운을 받으면 나쁜 기운과 반응하는 것이다. 이것이 바로 풍수지리학이 인간의 건강과 운명력에 큰 플러스 파동을 주는 터 찾기를 가장 큰 주요과제로 삼아 명산대천을 돌아다니며 각종 방법론적인 풍수서를 남긴 이유이다.

수정水晶과 뼈

참고로 '수정(水晶, 크리스탈)'이란 석영(SiO₂, 이산화규소, 돌 중의 꽃)의 다른 표현으로 물처럼 맑은 육방정계의 결정 광물을 뜻하며, 지하 깊은 곳에서 물이 오랜 세월 고온 고압 작용에 의해 변화된 농축 물질이다. 한국경제 신문에 실렸던 수정水晶에 관련된 내용으로, 수정水晶이란 물질이 가진 특성을 가장 쉽게 이해할 수 있으므로 여기에 인용해 본다.

"수정진동자라고 하는 것이 있는데, 이것은 역압전효과로 여진하고 매우 높은 Q값(공진첨예도)을 가지는 소형, 고안정, 고신뢰성의 진동자이다. 수정 결정에 일정한 전압변화를 가하면 역압전효과로 결정이 진동하기 시작하고 구동 주파수가 결정의 고유 진동수와 같으면 공진기로서 공명진동하는 원리를 이용한 것이다. 수정진동자는 전자산업에 없어서는 안 될 소재인 작은 석영덩어리로 특정 전류가 흐르면 일정한 속도로 진동하면서 주파수를 만들어 낸다. 그래서 주파수를 만들어 내는 휴대폰, TV, 라디오, 컴퓨터 등의 전자제품 뿐만 아니라 시계, 전자저울, 디지털카메라, 자동차 등 생활 주변기기에 광범위하게 사용되고 있다. 이런 수정진동자는 전자제품에서 사람의 맥박과 같은 역할을 하는데, 심장이 맥박을 통해 온몸에 영양과 수분 미네랄을 공급하듯이 수정진동자는 주파수를 통해 전자장비를 돌아가게 만드는 역할을 한다. 한마디로 주파수를 발생시키거나 주파수를 이용하는 모든 전자제품에 반드시 사용되는 핵심 부품이다. 수정 필터 또한 수정 진동자의 첨예한 공진 특성을 이용한 필터로 높은 Q값으로 우수한 주파수 선택 특성을 실현할 수 있다."

결국 첨예한 공진특성으로 인한 공진기로서 공명진동하는 특성과 그로 인한 우수한 주파수 선택의 가장 탁월한 기능을 가지고 있는 수정이란 물질과 인간의 뼈에서 나오는 석영질의 물질인 사리의 공통분모에서 볼 수 있듯이 인간의 뼈가 전기적·기계적인 물리적 공진이 아닌 눈에 보이지 않는 공명 진동인 동기감응同氣感應의 핵심적 매개체라는 것을 연결지어 확인할 수 있겠다.

동기감응同氣感應과 관련된 현상들

1. 혈액성분의 공명현상

인간의 뼈 이외에도 동기감응을 이해할 만한 예들은 무수히 많다. 독일의 한 의사가 몇몇 환자의 혈액을 가지고 혈액을 보면 어떤 병에 걸렸는지 금방 알 수가 있는데, 혈액은 밀봉되어 보존되므로 그 성분은 결코 변할 수 없다. 그런데 두 해 뒤에 과학적으로 조사해보니 무슨 영문인지 혈액의 성분이 변해 있었는데, 두 해 전 뽑은 혈액이 지금 그 사람에게서 뽑은 혈액과 똑같은 상태로 변했다는 것이다. 이 의사는 2천 개 이상의 예를 들어 이것을 증명하고 논문을 발표했는데 바로 공명이자 파동의 원리이다. 사람이든 혈액이든 모두 진동을 발하고 있고 두 해 전에 뽑은 혈액이라도 본인의 파동과 공명하고 있으므로 거기에 맞추어 성질을 바꾸었다고 할 수 있다. 파동의 성질에는 닮은꼴이 있는데 어떤 파동이라도 미시 또는 거시의 파동이 존재하며 공명한다. 보존된 혈액은 그 몸의 미시적인 대응물로서 존재하고 있으므로 본인의 컨디션에 맞추어 혈액의 성분이 바뀌는 것은 가능하다고 한다. 그러므로 실제 어떤 사람의 2년 전 혈액을 펜듈럼(탐사도구)으로 진단해도 현재 그 사람의 건강상태를 알 수가 있다고 한다.

2. 정액의 공명현상

우리나라에서도 최근에 부산 동의대학 이상명 교수가 재미있는 실험을 TV로 소개한 바 있는데, 성인남자 3명의 정액을 채취하여 3개의 실험관에 넣고 정밀한 전압기계를 설치했다. 그 다음 이들 남자 3인을 옆방으로 데려가 차례로 전기쇼크를 가하자 정액에 부착된 시험관의 바늘이 동일한 시각에 움직였으며 미세한 전위차가 나타났다. 이와 같은 현상은 피실험자의 몸 밖으로 배출된 정자가 피 실험자와 동일한 전자스핀(Spin)을 갖고 있는데, 이 때문에 전자기적 공명현상이 일어난 것으로 해석할 수 있다고 말한다. 또한 남자 다섯 명의 정자를 채취하여 서울에는 사람을, 서울로부터 약 2백 킬로미터 정도 떨어진 대전쯤에는 다섯 남자들의 정자를 놓았다. 서울에서 다섯 남자들을 정신 통일시킨 상태에서 그 중 한 남자를 놀라게 했더니 그 사람이 놀라는 순간 다섯 개의 정자 중 하나가 동시에 움직였다. 움직인 정자를 확인해보니 바로 놀란 사람의 정자였던 것이다. 이 실험에서 입증된 것은 부모와 자식은 동질성 물체로서 서로 기가 통한다는 것이다. 뿐만 아니라 동기감응은 파동적 성질로서 거리까지 초월한다는 사실을 애기하고 있다.

※ **전자스핀** : 전자는 핵 주위를 도는 운동 외에 자기 무게중심을 지나는 축을 중심으로 회전운동을 하는데, 이 자전운동을 스핀이라 하며, 전자스핀이란 전자가 가지고 있는 내부자유도를 말한다. 간단히 말하면 원자핵을 중심으로 전자가 자전하면서 공전하고 있는 상태를 말한다. 참고로 전자는 전기의 근원인 전하와 자석의 근원인 스핀의 두 가지 성질을 함께 가지고 있다.

3. 생물체의 전자파

예일 대학의 버(Burr) 교수는 미세 전압 측정계를 개발, 측정한 결과 난자의 주위에 미약한 전자장이 있다는 것을 발견했다. 이 전자장의 힘에 의해 수정란이 제멋대로 자라는 것이 아니라 조상의 특성을 닮은 일정한 형태로 분열, 성장한다는 게 버 교수의 주장이다.

북미산 나방에 대한 캘러한의 연구에서 그는 암나방을 찾아 날아오는 숫나방은 암컷의 성 분비물에서 나는 냄새를 맡는 것이 아니라 거기서 방사되는 미약한 전자기파를 감지하고 찾는다는 것을 밝혀냈다. 즉 숫나방의 더듬이가 분비물이 내는 전자파에 공진을 일으키기 쉬운 구조로 되어 있기에 멀리서도 감지가 가능하다는 것이다. 한편 꽃가루 알레르기 환자가 시험관 속에 밀폐된 꽃가루 근처에만 가도 알레르기 반응을 일으키는 것이 발견됐다. 꽃가루와 직접 접촉이 없어도 거기서 방사되는 전자파(파동)에 의해 알레르기 반응을 일으킬 수 있다는 것이다. 이 모든 연구들은 생물체들이 전자파를 이용하여 교신(감응)하고 있다는 것을 나타내는 것들이다.

한 가지 더 예를 들어보면 1997년 러시아의 일리아 로진 박사는 순수한 정제수와 단백질의 일종인 알부민을 각각 병에 담아 밀봉시켜서 나란히 붙여 놓은 뒤, 온도를 변화시켜 가면서 원적외선 스펙트럼을 측정했다. 그 결과 정제수가 알부민과 비슷한 물성을 띤다는 것을 확인했다. 이 연구는 2개의 다른 물질 간에 직접적인 물질교환 없이도 서로 정보를 교환하게 하는 제3의 에너지(파동)가 존재한다는 추정을 가능케 하여 현대과학의 기반을 뒤흔든 실험으로 평가받고 있다. 결론적으로 물질의 정보가 파동적으로 서로 간에 연결될 수 있는 무언가에 의해 이동한 것이라 짐작할 수 있으며, 동기감응의 원리와도 유사하다고 할 수 있겠다.

4. 인체의 생체자기

태만성 역경연구회 이사장인 진이꾀 박사는 "생물물리학의 견지에서 말하면, 인체에는 전류의 전도와 전위의 변화에서 자장이 발생하며, 그 자장과 지구의 자장이 서로 반응하려는 작용이 있다"고 한다. 아울러, 인체의 적혈구赤血球에 함유되어 있는 철분이 혈액이 흐를 때 지구에서 발생하는 자력선의 영향을 받아 인체에 영향을 미치게 된다고 한다.

그리고 중국의 챵 칸젠 박사에 따르면, "낱낱의 생물이 다 제 나름의 생체 전자기를 방사하고 있다. 그러나 여태까지는 유전정보가 DNA의 분자들 속에 담겨 있고, 그 정보는 역시 DNA에 의해 내보내지고 전달된다고 여겨져 왔다. 현대물리학에서 이뤄지는 발전들을 보면서 DNA가 실은 다만 정보가 기록되어 있는 카세트테이프일 뿐이고, 그 정보를 실지로 전달하는 것은 생체 전자기장이 아닐까 하고 생각하게 되었다."라고 한다.

영적 수행자였던 프란츠 바르돈은 인체에 대해 이렇게 언급한다. "이 세상의 만물은 전기와 자기의 힘에 지배된다. 생체자기는 가장 완벽한 생명 원소이자 지상의 생물의 기초를 이루는 생명에너지이자 생명질료이다. 이 생체자기를 통해 지구와 지구를 둘러싸고 있는 특정 영역(가령 물질계보다 한 단계 높은 진동 수준을 가진 영계)까지 연결된다. 그래서 인간의 생체자기는 하늘과 땅과 사람 등 모든 것을 연결한다. 인간은 순수한 생체에너지를 방사하고 그 에너지의 힘과 순도는 각 사람의 의지, 개성, 정신적 성숙도에 달려 있으며 건강 또한 이 세 가지 특성들에 달려 있다. 이 자기는 특히 의식적으로 자신의 영(Spirit)과 혼(Soul)을 훈련시키고 자신을 통제하는 힘을 소유하고 자신의 운명을 통제하는 방법을 이해한 사람들에게 강하게 나타나는데, 이 생명 에너지를 통하여 그들은 자신들의 생각과 의지의 힘을 강화시킬 수 있고, 그 결과 기적적인 일들을 행할 수 있다"

지금까지 이야기했던 내용들을 정리하면, 모든 만물은 진동하며 전자기장을 형성하면서 에너지(氣)를 발산한다. 그와 동시에 모두가 유기적으로 연결되어 있으므로 인간의 생체자기는 다양한 형태의 기氣와 교류를 하게 되면서 영향을 받는다는 것을 알 수가 있다. 그 중에서 특히 인간에게 양陽인 영혼과 음陰인 육체가 있듯이, 지구에서도 양陽인 천기天氣와 음陰인 지기地氣가 반드시 존재하고 있으므로 인간의 생체자기에 미치는 땅이 가진 에너지의 영향력을 가볍게 봐서는 안 될 것이다.

5. 기공전문가의 동기감응

전통풍수학이 아닌 인체 기氣를 이용한 다우징 관련 분야에서도 기공전문가 정종호 씨의 논문인 〈땅의 바이오 에너지〉를 보면 아주 흉한 공간에 묘자리를 쓴 분이 집안에 우환이 자꾸 생겨 묘자리를 조사하니 그곳의 강한 유해파장이 후손들의 생체 에너지(오라)를 계속 교란시킨다는 사실을 발견하였다. 그래서 묘자리를 유해파장이 없고 지기地氣가 잘 통하는 곳에 이장을 하니 그 후손들의 생체 에너지를 교란시키던 나쁜 영향이 해소되었다는 것이다. 후손들의 삶이란 게 여러 복잡한 요인들에 의해 결정되겠지만, 확실한 것은 묘자리를 나쁜 자리에 쓰면 안 된다는 것이고, 흉한 묘자리를 좋은 자리로 잡아주면 후손들의 생체 에너지氣運가 세어진다는 것, 즉 동일 주파수를 가진 뼈가 서로 강하게 공명함으로써 발생하는 현상을 밝히고 있다.

6. 의식적인 공명능력

유전을 전문적으로 찾아내는 다우징(엘로드, 추) 전문가들, 사진에 전사된 사람의 정보로도 건강을 체크하는 사람들, 오링테스트를 통한 건강 체크나 체질별 음식 감별 등 모두가 사실은 하나의 자연법칙 안에서 존재한다. 바로 의식적인 공명이라는 것이다. 일종의 의도적 동기감응同氣感應으로서 인간은 자신의 의지와 노력 여하에 따라 자연의 모든 현상과 공명이 가능한 존재이다. 즉 의도적으로 다양한 주파수를 창조하여 서로 진동할 수 있는 것이다. 가장 대표적인 것이 지구상에서 유일무이하게 인간만이 소우주로서 다양한 멜로디, 즉 다양한 주파수를 창조할 수 있는 능력이 있다는 것이다. 음악 자체가 다양한 주파수의 진동을 즐기는 예술이며, 불교의 진언이나 클래식 명곡을 통해서 어떤 치유의 파동도 창조할 수가 있는 것이다. 그리고 이러한 의식적인 공명과 관련해서 다소 황당하게 받아들일 수도 있겠지만 우리나라 양생술의 비화秘話들 중에 수련의 진척을 알아보는 방법으로 생각의 집중만으로 TV채널을 바꿔버리는 내용이 있는데, 도력이 어느 단계 이상이라면 강력한 염(의식파동)을 통해서도 주파수를 변화시키거나 창조하는 것도 충분히 가능한 일이라고 본다.

참고로 이 책을 출판하기 몇 개월 전에 방영한 〈나는 몸신이다〉라는 프로그램에서 동명대학교 강성철 교수가 뇌파만으로 선풍기를 돌릴 수 있는 장치를 소개하면서 출연자들을 깜짝 놀라게 한 장면을 보았는데, 인간은 마음먹기에 따라 인간의 의식이 물질고유의 주파수와 공명하는 것뿐만 아니라 두뇌의 의식파동 수준과 동조파동을 일으키는 차원의 에너지를 끌어들임으로써 현실의 에너지 장, 즉 현실 자체를 만들 수도 있다. 그러므로 특정분야에서 인간의 잠재적 능력은 노력 여하에 따라 가공할 힘을 발휘할 수 있다고 필자는 확신한다.

동기감응同氣感應과 풍수지리학

풍수 최고 경전인 《장경》제일第一 「기감편氣感篇」에 있는 동기감응同氣感應과 관련된 아래의 내용을 보면, 그 핵심 역시 오랜 고대의 이론임에도 불구하고 현대의 공명진동 현상에 대한 과학적 시각과 일맥상통하고 있으며, 풍수지리학이 인간의 생명과 삶에 어떻게 연결되어 있는지를 잘 보여주고 있다.

"오행五行의 생기生氣를 받는 인골이 땅속의 생기生氣와 결합하여 자식들에게 영향을 주는데 생生이란 기氣의 모임이요 기氣가 모이면 피와 육이 만들어지고 그 가운데 응결하면 골骨을 이룬다. 그러므로 골骨은 사람의 생기生氣로서 죽으면 골骨만 남는다. 죽은 후 그 골骨은 다시 생기生氣를 받아들여 자손들에게 영향을 주는 것으로 오랜 옛날부터 성인의 슬기는 살아있는 사람이

복福을 구하려 한다면 그 근본인 부모의 골骨이 진기를 받아야 한다는 것을 알고 있었으니 이것이 장사葬事의 이치인 것이다. 장사 후 골체가 지기地氣를 얻으면 같은 종류의 기氣가 서로 감응하게 되고 그 복福은 반드시 살아있는 사람에게 응함이 있을 것이다. 생기生氣를 부모의 유골이 택하게 하여 그의 자식들에게 감응케 하나니 생인生人 역시 기氣인 까닭이다. 만물은 기氣로써 서로 감응感應치 않는 것이 없고 역시 기氣로써 화복길흉禍福吉凶이 되지 않은 것이 없으니 인간의 기쁜 일이나 재앙은 비록 밖에서 와서 이르는 것이지만 기실은 사람의 기氣로부터 발생하는 것이다."

위의 내용에서도 동기감응同氣感應과 관련해서 가장 많이 나오는 단어가 역시 '기氣'이다. 풍수지리학이란 학문을 공부한다는 사람이 동기감응同氣感應의 이치뿐만 아니라 인간의 육체와 정신 모두와 연관이 되는 이 '기氣'라는 단어의 의미와 존재의 믿음이 없다면 과연 풍수지리학의 본질과 그 영향력에 대해 얼마나 알겠는가!.

현대에 들어와서는 문화의 급격한 변화와 삶의 복잡성으로 인해 거의 대부분이 가족이 사망하게 되면 매장埋葬보다 화장火葬을 하는 문화로 변모해 가고 있다. 즉 화장火葬을 하게 됨으로써 부모나 조상의 유골이 동기同氣로써 후손과 서로 감응한다는 동기감응同氣感應의 매개체인 뼈가 이제는 그 영향력을 잃어가고 있는 것이다. 왜냐하면 화장을 하게 되면 동기감응同氣感應의 매개체인 뼈 속에서, 일종의 같은 주파수끼리 서로 반응할 수 있도록 연결시켜주며 안테나 역할을 하는 DNA(同氣)의 구조가 파괴되기 때문에 어떠한 영향력도 후손에게 전달되지 않기 때문이다. 그래서 지금의 관점에서는 풍수지리학의 이론들을 죽은 자의 묘자리도 중요하지만 산자의 풍요로운 삶(건강과 운명력의 강화)을 위해 적용시키는 것이 더 바람직하다고 본다.

참고로 우리 민족의 양생술 관련 문헌에서 산속 수련 도중 너무나 힘이 솟구치는 무제한의 충동 가운데서 바위를 깨고 힘을 표출하는 장면에서 스승이 "너는 이 산의 혈맥을 끊을 작정이냐? 그러한 놀음이 이루어질 성 싶으냐? 정도로 가야 해 정도로."라고 언급한 내용과 스승을 따라 산등성이를 타고 며

칠을 가는 동안에 낮에는 스승이 산을 굽어보면서 "이 산이 이렇게 생기면 이러한 것이고 저 산이 저렇게 생기면 저런 것은 무슨 뜻이며 그것은 그렇게 되는 것이다(산의 형태에 따른 지기地氣의 영향을 설명)."라고 하면서 설명해주는 부분을 보면 선도 수행자의 입장에서도 지기地氣의 영향력을 당연하게 인정하고 있음을 알 수 있다.

신비한 땅의 에너지장

여러 연구가들이 이 세상에는 강도 높은 자력 에너지가 고동치는 곳들이 있다고 말한다. 지구에 있는 성스러운 장소 중의 몇몇은 세상에 널리 알려져 있는데 아리조나 주의 세도나라든가 페루의 마추픽추, 그리고 오스트레일리아의 아이어스로크, 멕시코의 조나델실렌시오, 영국의 스톤헨지 같은 곳들이 그것이다. 가장 대표적으로 널리 알려진 곳이 아리조나 주 중심에 위치해 있는 세도나이다.

성스럽고 독특한 형상을 하고 있는 수많은 붉은 바위가 있는 이곳의 신비로운 점은 높은 영적 세계를 구축해 살았던 미국 서부 인디언들에게 성역 같은 곳이었다고 한다. 세도나는 이런 자연의 웅장한 모습뿐만 아니라 자연의 신비로운 힘인 볼텍스 에너지로도 유명하다. 볼텍스(vortex)의 의미는 소용돌이 모양의 나선형이란 뜻이다. 지구파장(earth wave)의 에너지가 나선형 곡선을 이루며 분출되는 모양을 보고 붙여진 이름으로 지자기(地磁氣, Earth Magnetic)의 의미와 비슷하며 인체에 유익한 지구 에너지장(地氣)이라고 보면 된다. 볼텍스 에너지장은 세도나 중심지로부터 반경 약 8km 정도로 펼쳐져 있어서 에너지에 민감하게 반응하는 사람은 차를 타고 세도나 지역을 들어올 때나 나갈 때 이 에너지장의 경계 부분을 몸으로 느낄 수 있다고 한다.

그리고 멕시코의 조나델실렌시오는 지역민들에게 침묵의 구역이라고 불리는 곳으로 지구상에서 일어나는 가장 이상한 현상들의 진원지 중의 하나로 핸드폰이나 라디오를 가져가면 멈춰버리고 나침반을 가져가면 바늘이 계속 도는 기괴한 지역이다. 여기에는 이상한 돌들이 도처에 깔려 있으며, 이 지역 사막에는 요상하게 돌연변이가 된 동물들이 살고 있으며, 그곳에 있으면 이 상하게 따끔거리는 느낌이 난다고 한다. 사람들은 그곳을 멕시코의 버뮤다 삼각지대라고 부른다. 이러한 현상의 원인으로 지구의 자장은 확실히 표면 마다 차이가 있는데, 이 침묵의 구역은 파워풀한 에너지가 소용돌이치는 구 역이라고 추정한다. 실제 이 지역엔 많은 양의 자기력이 발생한다는 것이 과 학적으로 증명되었다.

《영혼들의 여행》의 저자 마이클 뉴턴은 사람들이 특별한 에너지장이 나오 는 장소에 서 있으면 의식이 고조되고 육체적인 충만감을 느끼며, 이렇게 자 력의 그물망이 덮여 있는 장소들(에너지가 소용돌이치는 장소)은 무의식의 생각을 촉진시켜 영적 세상으로 향한 정신적인 통로를 여는 일을 쉽게 해준다고 설 명한다. 즉 지구의 특별한 에너지장은 인간의 육체뿐만 아니라 정신에까지 강한 영향을 미친다는 것을 말한다.

풍수지리학에서도 이와 유사하게 괴혈怪穴이란 곳이 있다. 괴혈怪穴은 풍 수의 혈자리(명당)처럼 주변조건에 의한 사신사(청룡, 백호, 주작, 현무)가 혈장을 둘러싸서 보호하며 최적의 음기(水)와 최적의 양기(風)로 인하여 생기生氣가 응집된 곳과는 달리 혈이 맺힐 조건을 갖추지 못한 산세인데 우연하게도 생 기生氣가 응집된 장소를 일컫는 말이다. 단, 이때 흙만은 반드시 오색토를 겸 비하거나 홍황자윤紅黃滋潤해야 한다. 괴혈은 따뜻한 기운이 있고, 사면이 돌 과 반석이 깔려 있는데도 불구하고 시신 한 구 정도 들어갈 수 있는 공간이 있으며, 돌 아래에 흙이 있을 때에도 혈로 정할 수 있으며, 깊이 파지 말고 반 드시 얕게 정혈한다고 한다. 이러한 괴혈의 발복은 매우 신속하고도 강력하 며 흙이 파지는 방향으로 향을 잡으니 향법도 필요가 없고, 혈의 깊이도 구애 받지 않는다.

일부 풍수가는 괴혈怪穴이 있는 장소와 유사한 곳을 산짐승이 어느 한곳에 지속적으로 똥을 싸서 쌓인 똥무더기가 있는 곳이라고 하는데, 그러한 곳은 민감한 짐승에게 가장 편안한 자리이기 때문이다. 그리고 짐승이 새끼를 낳은 장소와 꿩들이 땅을 파고 배를 비비며 놀거나 털을 뽑아 알을 낳은 장소도 생기가 뭉쳐 따뜻한 기운이 올라오면서 바람이 잠자는 양지 바른 곳이라 설명하기도 한다. 따라서 이러한 장소에서는 음택陰宅을 통해서도 아주 유익한 동기감응同氣感應이 작용하겠지만 산 자에게도 최적의 수행처가 될 수 있을 것이다. 분명하게 얘기할 수는 없지만 이런 괴혈怪穴의 생성원인 중의 하나도 서양의 자력에너지가 고동치는 곳과 유사한 원리로 주변의 산세와는 상관없이 특별한 에너지가 소용돌이치는 장소이지 않을까 필자는 생각해 본다.

땅과 생체 에너지장

인간의 생체 에너지장(aura)을 강화하는 데는 크게 세 가지 방법이 있다.

① 우리 몸의 중심축을 이루는 척추라인의 생체 에너지장을 키우는 것 → 명상이나 수련
② 마음의 각오覺悟를 굳세게 확립하는 것 → 심상心象의 각인
③ 외부의 큰 에너지를 받는 것 → 땅의 에너지장

자신의 생체 에너지장을 강화하기 위해서는 1의 경우처럼 머리(백회)부터 목뼈, 척추뼈, 골반(꼬리뼈)까지의 척추라인을 의식하면서 호흡 명상(Chakra Meditation)을 매일매일 꾸준히 시행하는 방법이 있다. 또 2의 경우처럼 명상을 하지 않고 그냥 강력히 결심決心만 해도 인체를 감싸고 있는 각 오라의 층이 순간 '확'하고 밝아지는 것을 볼 수가 있는데 이렇게 순간적인 오라층의 강화는 계속되는 정신적 각오覺悟의 재확인으로 어느 정도 점점 강해지게 된

다고 한다. 3은 바로 유럽의 특정 지점의 성당이나 교회, 옛날부터 내려오는 스톤헨지(Stonehenge) 등의 숭배 유적지, 볼텍스 에너지로 유명한 세도나, 특히 풍수지리학의 혈자리나 괴혈 등의 땅이 내뿜는 강력한 에너지장이다. 이는 환자나 건강한 자, 머리가 좋거나 나쁜 자, 어린이나 노인 할 것 없이 모든 인간은 머리부터 척추를 따라 꼬리뼈까지 생체전류가 흐르고 있는데, 외부 에너지 중에서 가장 영향력이 큰 땅의 에너지장은 거미줄처럼 펼쳐진 각 경락까지 흐르는 인간의 생체 전류량에 강력한 영향을 줄 수가 있는 것이다.

그러므로 풍수지리학의 새로운 발전을 위해서는 인간에게 땅에서 발산되는 에너지장의 영향력이 얼마나 중요한지를 제대로 인식할 수 있는 학문체계를 구축해야 한다. 그리하여 살아있는 인간의 삶의 번영과 운명개척의 원리로 적용되는 풍수지리학을 일반인들이 보다 쉽게 이해할 수 있도록 땅의 입지와 상태에 따른 땅의 에너지 판별법을 단계별로 정리, 개발하여 개별적이고 독단적인 풍수학계가 학술적이고 통합적인 학문체계로 정착하기를 부족함이 많은 필자가 바라는 바이다.

에테르적 배터리의 재충전

선도수련인 양생養生술로써 사람 속의 기氣가 하늘, 땅, 우주만물宇宙萬物의 기氣와 통하여 기운을 얻을 수도 있고, 그와 같은 수련을 하지 않고도 자연의 기운氣運을 받아들이는 방법이 있다면 바로 풍수지리에서 말하는 술법으로 산 사람이 기가 좋은 장소에 집을 지어 살면 그 유익한 땅의 지기를 받는다고 앞서 언급했다. 위의 방법 이외에 현대인들이 가장 손쉽게 주변에서 자신의 기운을 재충전하는 방법으로, W.E.버틀러의 《초감각투시(정신세계사, 1995)》에 나오는 내용 중 일시적으로 활력 고갈 상태에 빠진 사람이 에테르적 '배터리

(batteri)'를 빠르게 충전할 수 있는 방법에 관한 내용을 여기에 소개한다.

"활력 또는 생기는 결코 동물과 인간에게만 국한되어 있는 것이 아님에도 불구하고, 많은 사람들은 식물도 에테르 에너지를 흡수할 뿐만 아니라 자신의 필요량을 충당하고 남은 잉여분인 이러한 에너지 오라에 둘러싸여 있다는 사실을 잘 알지 못한다. 이러한 오라의 질은 매우 다양하지만 그 중에는 인간 특유의 에테르 에너지와 쉽게 융화할 수 있는 것들도 있는데, 활력이 고갈된 사람이면 누구나 간단한 기술에 의해 그 식물로부터 에너지를 보충할 수가 있다. 이러한 목적에 가장 합당한 나무는 소나무와 전나무이며 그 다음이 오크류(참나무, 떡갈나무, 가시나무 무리), 너도밤나무, 사과나무의 순서로 이어진다. 그러한 나무들이 방사하는 오라는 참으로 유익하다. 느릅나무는 죽은 가지를 갑자기 떨어뜨리는 기분 나쁜 습성은 그렇다 치더라도 어쩐지 인간에게 유해한 느낌을 주기 때문에 그 오라에 접촉하는 일은 가급적 피하는 것이 좋다.

어쨌든 에너지 재충전 작업에 적당한 나무가 선정되었다면, 이제 그 나무 줄기에 단단히 등을 대고 바닥에 앉는다. 바닥에서 습기가 올라올 수 있으므로 방수처리된 깔개를 사용하면 좋은데, 이것은 고무 제품이든 플라스틱 발포물이든 습기를 막을 수만 있으면 어떤 것이든 무방하다. 고무나 플라스틱으로 만들어진 제품은 대지와의 에테르적 교감을 차단한다는 말들을 자주 하는데, 그것은 틀린 말이다. 수맥水脈을 탐사하는 사람이 고무신은 자신의 능력을 무효화시킨다고 믿을 경우 이것은 사실로 나타난다. 그러나 다른 수맥 탐사자들은 고무신을 신고도 얼마든지 능력을 발휘한다. 저자의 생각으로는, 생기의 흐름이 전기적인 성질을 갖고 있는 데다 고무는 절연체이기 때문에 그러한 미신이 생겨나는 것 같은데, 이 논리는 그럴 듯하지만 사실은 그렇지 않으며 일반적인 고무 제품은 당사자가 그렇게 믿지 않는 한 생기의 흐름을 차단하거나 거기에 간섭하지 않는다.

나무줄기에 단단히 등을 대고 안정된 자세로 앉았으면 이제 다음과 같은 마음(마음뿐 아니라 느낌까지도 포함된) 자세를 갖도록 노력한다. 여기서 느낌은 매우 중요하기 때문에 단지 나무의 오라 속으로 들어간다는 생각만으로는 곤란하며 그것을 느껴야만 한다. 느낀다는 것은 생각한다는 것과 매우 다른 정신작용이며 모든 사람이 다 쉽게 할 수 있는 일만은 아니다. 여기에 필요한 것은 '나무의 영靈'이라 할 수 있는 소박한 존재에 대한 애정 어린 느낌이다. 그것은 빈틈없이 한정된 어떤 이지적인 영상이 아니라 어디까지나 느낌이다. 그러나 이런 느낌에 접근하기 위한 보조수단으로서 나무의 본성을 나타내는 듯한 어떤 상징적 형태를 선명하게 상상하는 것은 아주 좋다. 만일 당신이 어떤 식으로든 에테르적 시각이 발달된 사람이라면 실제로 나무 속에 깃든 생명의 실체를 희미하게나마 감지할 것이며 육안으로 보는 나무는 그것이 물질적으로 표현된 형태임을 느낄 수 있을 것이다.

이제 긴장을 풀고 나무의 참모습인 살아 있는 존재에게 애정 어린 느낌을 일으켜라. 그리고 단순히 휴식하면서 그것이 방사하는 에너지가 당신 속으로 들어오도록 허락하라. 그리하면 15분이나 그 이하의 시간만으로도 당신의 활기를 충분히 보충할 수 있다. 저자는 에너지를 새로이 할 목적으로 이 방법을 자주 사용해 왔으며 개인적인 경험을 통해 그것이 확실히 효과가 있음을 알고 있다. 다른 많은 사람들도 역시 이 방법을 사용하여 도움을 얻었다. 그 효과의 열쇠는 생각에 의한 접근이 아니라 느낌을 통한 접근임을 잊지 말라. 이처럼 활력이 얻어질 수 있음을 전혀 믿지 않는 사람들이나 그것이 순전히 자기암시에 의한 효과라고 단정해 버리는 사람들에게조차도 그 효과는 나타난다. 그런 사람들의 사고방식에 동감하든가 않는가는 당신의 자유이지만, 이 실습 속에는 자기암시 이상의 메커니즘이 작용하고 있음을 나는 확언한다."

마지막으로 위의 내용과 연결되는 것으로 "나무 외에도 우리들 주위에 널려 있으며 우리가 그 위에서 생활하고 움직이는 대지와 바위들, 이러한 광물질로부터 방사되는 에너지에 공명하는 것도 가능하다. 그러나 인공적인 대도시의 콘크리트 건물 숲은 우리가 이러한 방사물을 희석된 상태로밖에 접할 수 없게 만든다. 우리가 발 아래 중추를 통하여 끌어들일 수 있는 생기의 거대한 원천이 곧 이 지구의 에테르체(전자기장, 지자기, 지기) 바로 그것이다. 이는 우리가 머리 위 중추를 통하여 보다 높은 차원에서 이 우주를 움직이게 하는 에너지인 양성적인 힘(천기)에 접촉할 수 있는 것과 상호보완적이다."

지하수와 수맥

지하수란 땅속에 있는 물로서 대부분 비, 눈, 우박 등이 땅으로 스며들어 모래, 자갈 등으로 이루어진 지층이나 암석의 간극間隙을 메우고 있다. 지구 상에서 물은 바닷물(97.33%), 빙하(2.04%), 지하수(0.61%), 호수와 강(0.01%) 및 기타(0.01%)로 이루어지는데 이들 모두를 합한 양은 약 1,360,000,000㎦로 추정된다. 지하수는 전 세계 민물의 약 30%를 차지하며, 인간은 마시는 물 대부분을 지하수나 호수와 강으로부터 구한다. 지하수는 식수나 청소 등의 생활용 이외에도 논, 밭 등의 농업용, 공장시설 내 공업용 등으로 많이 이용되고 있다. 지하수를 이루려면 모래나 자갈 같이 물을 잘 통과시키는 지층인 투수층透水層이 있어야 하고 그 밑에는 암반층이나 점토층 같은 물이 잘 통과되지 않는 지층인 불투수층이 기층형태基層形態로 받쳐져 있어야 한다. 불투수층은 물을 통과시키는 정도에 따라서 난투수층難透水層과 비투수층非透水層으로 구분하는 경우도 있는데, 점토층이나 뻘층과 같이 물을 조금이라도 통과시키는 지층은 난투수층이라 하고 균열龜裂이 없는 암석층과 같이 전혀 물을 통과시키지 않는 지층을 비투수층이라고 한다. 지하수는 불투수층 위의 투수층 내에서 포화되어 고여 있거나 유동하고 있다.

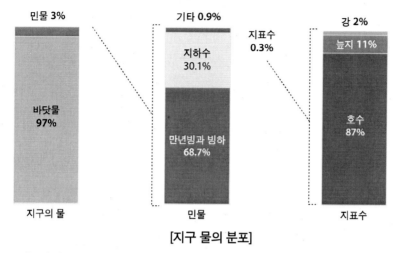

[지구 물의 분포]

* 지구상의 물 중 바닷물은 약 97%이고 민물은 약 3%이다. 민물은 만년빙과 빙하 68.7%, 지하수는 30%, 지표수는 0.3%, 그리고 기타 0.9%로 이루어진다. 이 중 지표수는 호수 87%, 늪지 11%, 그리고 강 2%로 이루어진다.

좀 더 구체적으로 설명하면 지하수는 지표면과 암반 사이의 공간에 들어 있는데, 인간이 사용하는 대부분의 지하수는 지표면으로부터 750m 이내에서 산출된다. 지표면에서 암반 사이의 공간은 물이 포함된 양에 따라 위에서부터 아래로 지표면, 토양, 통기대, 지하수면, 포화대, 암반으로 구분된다. 이 중 통기대通氣帶는 지하의 흙이나 암석 내의 공극이 물로 포화되지 않고 주로 공기로 채워진 공간이다. 이 공간은 물이 일부분 포함되어 있지만 그 양이 매우 적어 해당 공간을 완전히 포화시키지는 못한다고 해서 불포화대不飽和帶라고도 불린다. 포화대飽和帶는 흙이나 암석 내의 모든 공극이 물로 채워져 있는 공간이며, 포화대에 놓여 있는 투수성이 높은 암석 또는 토양을 대수층이라 한다. 통기대와 포화대의 경계면으로 지하수로 포화된 윗 표면인 자유수면自由水面을 지하수면이라 한다. 지하수면은 지하수의 침투량과 유출량이 서로 평형을 이루는 면이다. 강, 호수, 늪, 하천은 지하수면이 지표면과 만나는 곳에서 형성된 것이다. 지역에 따라 내리는 비의 양이 변하기 때문에 지하수면도 지역과 계절에 따라 변하게 된다. 강수량이 많을 때는 지하수면은 이에 비례해서 상승하고, 반대의 경우에는 상대적으로 하강하게 된다. 우물의 지하수위는 집수량보다 유출량이 많으면 낮아진다. 이러한 지하수면의 전체적인 모양과 깊이를 확인하는 일은 지하수학자나 지하수를 개발하려고 하는 사람들에게 매우 중요한 대상이다. 그리고 포화대에 저장되어 있는 지하수면 아래의 지하수는 중력에 의해 지하수면이 높은 지역에서 지하수면이 낮은 지역으로 이동한다. 보통 하루에 수 미터에서 수 센티미터 또는 일 년에 수 미터 가량 이동하는 것으로 알려져 있는데, 그 이동 속도는 매우 다양하다. 실제로 지하수의 이동은 이동하는 방향에 놓인 암석 또는 퇴적물의 성질에 의해 크게 좌우된다. 일반적으로 모래가 뭉쳐서 만들어진 사암이나 토양 속에 단층 또는 절리 같은 틈이 생긴 곳에서는 더 잘 이동한다. 만약 지하수의 이동속도가 매우 빠르다면, 일정시간이 지나면 침투한 물은 샘을 통하여 유출되어 쉽게 마르거나, 우물은 지하수면 변동이 매우 빠르게 일어날 것이다. 그러나 지하수는 매우 느리게 유동하는데, 이러한 사실은 인간생활의 관점에서 보면 매우 다행스런 일이 아닐 수 없다.

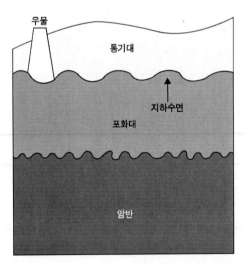

[토양, 통기대, 지하수면, 포화대를 보여주는 그림]

또한 지하수는 건수乾水와 생수生水로도 구분한다. 건수乾水는 강우나 강수의 일부분이 지표면을 통해 땅속으로 침투하여 지하 10미터 미만의 암반이나 점토 등의 불투수층 위에 고인 물을 말한다. 늘 솟는 샘물이 아닌 기후변화에 따라 수량이 바뀔 수 있는 물로 비가 오면 땅속에 스미었던 물이 잠시 솟아나서 수량이 늘고 개면 줄어드는 물인 것이다. 생수生水는 지반 내 간극을 포화하여 유동하는 것과 지층이나 암석 사이의 절리나 단층을 채우며 흐르는 물로 강우량이나 기온 차에 거의 관계없이 지층을 따라 인체의 혈관처럼 맥상脈狀으로 존재하는 물줄기인 수맥水脈을 통하여 사시사철 흐르고 있는 것이다.

참고로 암반은 물이 스며들지 못하는 불투수층이다. 그래서 지표면에 내린 비는 지하로 스며들고 중력에 의해 점차 아래로 흐르게 되는데, 그러다가 물이 스며들지 못하는 암반을 만나게 되면 암반 위에서 고이거나 흐르게 되는데 우리가 일반적으로 알고 있는 지하수가 바로 이것이다. 우물은 암반(불투수층)의 깊이까지 구멍을 파서 지하의 물이 고이게 한 것이다. 한편, 암반에 난 균열을 통해 지하수가 암반으로 스며들어 암반과 암반 사이에 물이 고이기도 하는데, 이 물을 암반수라고 한다. 암반수는 환경오염에 의한 피해가 적기 때문에 일반적으로 깨끗한 물로 알려져 있다.

수맥파의 이해

앞에서 언급했듯이 지하수가 투수성이 높은 흙이나 암석 속에서 지하수층을 이루면서 움직이는 것을 수맥이라 하며, 이러한 수맥을 투과한 파동을 수맥파라 한다. 인체에 유해한 영향을 미치는 수맥파의 발생원인은 아직 확실하게 규명되어 있지 않지만 지금까지 알려진 몇 가지의 연구나 주장을 통해서 땅속의 수맥을 통과해서 작용하는 수맥파를 이해해보도록 한다.

독일의 저명한 물리학자 슈만박사는 지구의 고유 진동수가 7.83Hz라고 밝혔다. 이는 인간이 대지의 품안에서 생활하며 느끼는 인체에 해롭지 않은 좋은 공명주파수이다. 그러나 수맥과 흙의 경계면에서 나오는 수맥파는 이런 정상주파수가 아니고 수맥을 통한 전자파의 간섭에 의해 발생하는 비정상적으로 변조된 파동이라는 것이 수맥학자들의 견해이다. 즉 대지의 고유진동파(7.83Hz)가 수맥에 의해 상하로 복잡하게 진동하면 지상에 있는 사람의 뇌파도 함께 교란되게 된다는 것이다. 이는 마치 TV 옆으로 자동차가 지나가면 전자파의 간섭이 생겨 화면이 흔들리는 것과 같은 이치의 현상이다. 이렇게 대지의 고유한 진동파(7.5Hz)가 수맥에 의해 교란되어 파형이 변조되고 증폭되면서 전혀 다른 종류의 전자파를 방사하기 때문에 땅 밑에 수맥이 있으면 신체가 피로하고 수맥파가 사람의 뇌파를 간섭해 숙면을 방해한다고 한다. 따라서 수맥 위에서 생활하면 늘 피로감이 심하고, 머리가 멍하며, 정신집중이 잘 안 된다. 또한 숙면이 잘 되지 않아 꿈도 많고 선잠을 자게 된다. 자고 나면 머리가 무겁고 짜증이 나게 된다. 요즘처럼 고층 아파트에서 생활해도 땅 밑에 수맥이 흐르는 곳은 각층마다 똑같은 영향을 받는다. 수맥은 오늘날의 환경오염이나 전자파 공해에 못지않은 또 하나의 심각한 건강파괴 요인이다.

수력학 기사인 E. Endros 씨는 "지구 내부의 고온 핵반응 과정에서 중성자(Neutron)들이 발생되고 이는 수맥의 자기장을 지나면서 속도가 느려지고 볼록렌즈처럼 모아져서 지상으로 올라와 생물체에 영향을 준다. 수맥 위는 원적외선이 증가되며 측정이 가능하다. 어떤 지역에서는 암을 일으키는 감마선이 존재한다. 감마선은 낮보다 밤에 강하게 나타나는데 이는 지구 자기장의 영향이다. 수맥의 기는 전자기장과 유사하나 약간 다른 것은 달리는 차량에서도 검출되고 비행기에서도 탐사되는데 모든 금속을 투과한다"라고 설명하였다

미국의 밀리턴 씨는 "보도에 깔아놓은 단단한 벽돌을 관찰했는데 서로 떨어져 있어 금이 갈수 없는데도 지구에너지(수맥)에 의하여 일정한 방향으로

갈라졌고 색깔마저 변해 있었다. 이는 분자 수준의 진동피로에 의한 것으로 생각된다."라고 설명하였다. 이는 낙숫물이 바위를 뚫듯 약한 에너지라도 장기간 반복되는 진동을 가하면 파괴되는 이치와 유사하다.

장휘용 교수는 "사람은 깊은 잠을 잘 때 뇌파가 알파파(8~12Hz)에서 쎄타파(4~8Hz) 그리고 델타파(0.5~4Hz)로 주기적으로 변화하는데, 수면 시 신체가 수맥파에 노출되면 뇌파가 7~8Hz 이하로 떨어지는 것이 방해를 받아 숙면을 이루기가 어렵고, 심한 경우 계속적인 악몽과 불면증 그리고 만성두통이 야기되는 것으로 알려지고 있다. 뿐만 아니라, 원인 모를 신경통이나 관절염 등이 수맥파와 관련이 있고 암, 고혈압, 뇌졸중, 중풍 등의 환자들 대다수가 수맥파에 장시간 노출되었음이 밝혀지기도 하였다. 대부분의 가축들과 새들도 수맥파를 싫어하고 건물 및 도로 등 건축물에는 수직 균열을 야기하는 등 안전에 문제를 일으키는 것으로 알려지고 있다."라고 설명하였다.

인체에는 약한 생체전류가 흘러 심장이 뛰고 근육이 움직이는데 이는 신경계를 통하여 전달된다. 따라서 인간은 지자기의 변동에 따라 영향을 받게 된다. 네오파워웰빙 대표 황영희 씨는 "지자기의 교란은 지하 수맥대 위에서 가장 큰 폭으로 변화 또는 교란된다. 특히 지구 내부의 방사 유해파가 수맥을 만나면 더욱 강하게 증폭된 수맥파가 방사된다. 수맥파는 수맥의 폭이 클수록, 양이 많을수록, 흐름이 빠를수록, 깊은 곳에 생길수록 세기와 피해는 커진다."라고 설명하였다.

사람은 일생의 3분의 1을 잠으로 지내는데, 이 잠 시간에는 인체세포의 80%가 재생되는 매우 중요한 시간이다. 잠자리에 이상이 생기면 불면증, 피로 등 여러 가지 부작용이 생기게 된다. 예전에 60대 초반의 여성분이 평생 동안 술과 담배를 전혀 하지 않았음에도 불구하고 콩팥이 쪼그라들고 위암 말기의 상태로 이사를 가려고 하는데, 그 여성분이 20년 넘게 수면을 취했던 안방에서 매우 넓고 강력한 수맥파를 발견했던 적이 있다. 그리고 모 공원묘지의 꼭대기 지점에 있는 한 부부의 묘가 살풍殺風에 완전히 노출되어 있을 뿐 아니라 강한 수맥파까지 올라오는 곳에 있었는데, 3년도 안 되어 봉분의 5

분의 4가 가라앉고 그 부부의 자녀분 4명 중 2명이 40대 초반에 같은 암으로 사망하는 사실을 지켜보면서 땅의 이로움을 취함이 얼마나 중요하고 해로움 또한 얼마나 클 수 있는지를 느낀 적이 있었다. 그래서 더더욱 명당자리는 못 찾더라도 최소한 유해한 자리만이라도 피해야 한다는 말까지 하는 것이다.

　필자의 생각으로는 수맥파는 전통풍수이론과는 무관하지만 워낙 유해파의 중첩에 사는 시대이니만큼 이제는 좋은 터를 찾고자 하는 관점에서 풍수風水의 범주에 넣어도 무방하다고 본다. 러시아와 몇몇 나라들은 이미 과학적으로 명백히 분류를 해 놓고 연구를 하고 있으며, 독일은 국가적인 차원에서 수맥을 다루고 있다는 사실에 주목할 필요가 있다. 디터. 아쇼트 의학박사는 "암과 수맥의 영향에 대한 질문들"이란 기사에서 그는 "수십 년간 어려운 암 연구에서 암의 원인 중에 중요한 한 가지를 발견했다"라고 썼으며 지구방사선은 암의 원인으로서 과학적인 범주에 포함시켜야 된다고 강력히 주장하였고, 미육군 신물질개발국 고문이자 생물물리학자인 하발리크 박사는 실제로 수십 명의 탐사자에게 수맥을 찾게 한 결과, 90%의 탐사자가 동일한 결과를 보여 수맥 탐사가 보편성에 근거한 과학의 영역임을 입증했다. 또한 한국의 이영숙 신경정신과의원 원장도 《생명장 보이지 않는 그물(서조, 1998)》이란 저서에서 "터도 기운이 있다. 땅에 흐르고 있는 수맥파가 건강에 영향을 준다는 것은 이제 상식화 되어 있다."라고 설명하였다. 현재까지 개발된 어떠한 탐사기계도 아직 훈련된 사람의 감지기능을 대체하지 못하고 있다. 수맥파에 대한 좀 더 다양하고 구체적인 내용들은 지면상 다음에 다시 언급하기로 한다.

수맥 탐사와 황동

수맥 탐사를 영어로 다우징(Dowsing)이라고 하며 탐사가를 다우저(Dowser)라고 한다. 사전에는 점 지팡이(diving rod)로 물이나 광맥을 찾는 사람이란 뜻이다. 국내의 경우 프랑스 신부를 통해서 전파되어 지금은 수맥 상식이라면 모르는 사람이 없을 정도로 많이 알려져 있다. 요즈음의 수맥 탐사 장비인 엘로드와 탐사추는 주로 황동으로 제작되어 쓰고 있다. 실용적인 부분이나 가격적인 부분의 영향이 크겠지만 그 속에 담겨진 전기전도율과 기氣 민감도에 대해 한번 얘기하고자 한다.

황동(黃銅, 누런 동)은 놋쇠라고도 하고 신주라고도 하는데, 신주라는 말은 기계가공업(밀링, 선반 등)에 오래 종사한 사람들이 주로 썼던 업계 용어로 일본어인 진유眞鍮에서 변형된 말이라고 한다. 황동은 구리(Cu)와 아연(Zn)의 합금인 청동과 함께 대표적인 구리 합금의 일종으로 황금색이며 가공성이 구리(동)보다 우수하고 단조 등의 성형이 손쉬워 기계부품, 조형물 등에 사용되며 열전도율이 뛰어나고 자체적인 색깔도 좋고 구리보다 비싸지 않기 때문에 전선(구리는 전선, 전극에 사용) 이외에 고성능의 전도율을 요구하는 도전부분의 부품에 중요하게 쓰인다. 구리에 첨가하는 아연의 양에 따라 전성과 연성, 강도, 내마모성, 색깔 등의 특성이 달라진다. 아연의 양이 증가할수록 강도와 경도가 커지고, 색깔은 붉은색에서 황색 쪽으로 변한다. 금 대용으로 사용되는 장식품, 전구 소켓, 스프링, 전기 기구 등 다양한 공업 재료로 사용된다. 우리 주변에서 가장 흔하게 볼 수 있는 황동은 1983년부터 발행되기 시작한 구 10원짜리 동전이다.

전기전도(electrical conduction)는 물체 내부에서 전하가 이동하며 전류를 발생시켜 전기에너지가 전달되는 현상이다. 전기전도율은 금속에서 전기전도의 정도를 말하며 합금의 경우 전도율은 저하된다. 전기전도가 잘되는 물체를 도체(금속), 거의 안 되는 물체를 부도체(절연체)라고 하며, 중간의 물체를 반도체라고 하는데, 물질에 따라서는 저온에서 전기전도도가 무한대, 즉 전기저항이 0이 되는 현상이 발견되는데, 이를 초전도超傳導라고 한다. 0도씨의 은(AG)의 전기전도율을 100으로 기준했을 때 금속의 전기전도율의 순위를 보면 은(100)〉구리(94)〉금(67)〉알루미늄(57) 순이다. 우리가 많이 사용하는 금속 중에서 전기전도율이 가장 높은 금속은 은(100)이다. 실제 구리보다 은의 전기전도율이 더 좋지만, 구리에 비해서 은이 고가이기 때문에 전선에 구리를 쓰는 이유가 여기에 있는 것이다.

우리들 인체를 비롯하여 이 세상 모든 물질은 분자分子로, 이 분자는 다시 원자原子로, 원자는 또한 원자핵原子核과 전자電子로 되어 있다. 이 가운데 전자는 "마이너스" 전기電氣를 가지고 있으며. 자기磁氣를 띠고 있다. 따라서 분자로 되어 있는 우리 몸도 당연히 미약微弱한 자기磁氣를 띠고 있다. 이것을 생체자기 또는 생체전류라고 부른다. 이 생체자기는 한의학에서 말하는 기氣와 상통한다. 그런데 기氣는 지구에 존재하는 모든 생물과 무생물로부터 나오는 것으로 기氣에는 전기적 파장이 존재한다. 가령 물에 기氣가 있는지를 알아보는 실험을 보면 증류수 100ml 2개를 준비하고 하나에 기氣를 불어 넣고 전기전도율을 측정하면 증류수는 변동이 없으나 기氣를 넣은 증류수는 큰 변동을 나타낸다고 한다. 기氣가 물 분자의 영향을 줘 전기전도율을 높여준 실험이다.

필자가 확신하는 것은 전기電氣의 기氣도 존재하고 인체의 기氣도 존재하므로 전기전도율은 기氣 전도율(감응률)과 비례한다고 할 수 있다. 그 말은 전기전도율이 높은 금속일수록 인체의 기氣와 반응하는 기전도 비례한다는 것이다. 그래서 비싼 은 대신 황동을 수맥 탐사 도구에 이용하는 것이다. 물론 다른 금속이나 나뭇가지 등을 이용해서도 탐사가 가능하지만 기氣에 가장 민감한 물질인 황동을 쓰는 것이 탐사의 정확성을 높일 수 있겠다. 물론 순수한 동(구리)으로 쓰는 것이 가장 좋겠지만 탐사도구인 엘 로드는 길게 안테나를 뽑아 구부려 사용하고 또한 늘 휴대하고 다닌다는 특성 때문에 동으로만 만든다면 약한 강도만으로도 쉽게 찌그러지나 부러져 못쓰게 될 것이다. 그래서 여러 가지를 고려해서 단단하고 튼튼한 아연을 첨가한 황동으로 제작하여 사용하고 있는 것이다. 은색 색상의 엘로드는 강도와 공기 중에 산화 되는 것을 막기 위해 황동에 크롬을 도금한 제품이라고 보면 된다. 결국 인체의 기氣를 이용해 수맥파를 민감하게 탐사하기 위해서는 엘 로드나 탐사 추를 황동으로 된 제품을 쓰는 것이 효율적이라고 본다.

곽박郭璞이 지은 《장경》 기감편氣感篇에 '동산서붕銅山西崩 영종동응靈鐘東應'이라는 글귀가 있다. 이는 서쪽에 있는 동산이 붕괴하니 동쪽에 멀리 떨어져 있는 종이 감응을 일으켜 울린다는 말로 중국 한나라 시절, 미앙궁未央宮에 구리로 만든 종이 있었다. 그런데 어느 날 저녁 이 종이 까닭도 없이 울려 황제가 동방삭에게 묻기를 이런 일은 무엇을 예견하는 것인가? 라고 묻자 동방삭東方朔은 황제에게 수 일 내에 "분명 구리광산이 무너질 것이다."라고 말했는데, 과연 얼마 후 소식이 오기를, 서촉 땅 진령秦領에 있는 구리광산이 종이 울린 그 날에 무너졌다는 기록이 전해져 온다. 황제가 동방삭에게 어떻게 알았느냐고 묻자 동방삭이 "종은 구리로 만든 것이고 구리는 광산에서 나온 것이니 두 기氣가 감응한 결과이다. 그것은 마치 사람이 그 부모로부터 몸을 받는 것과 같다"라고 대답했다. 또한 덧붙여서 "구리광산이 무너짐에 따라 그 구리로 만든 종이 스스로 우는 것은, 마치 부모의 유해와 같은 기同氣가 자손에게 화복禍福을 입힘과 같은 것이니 이는 모두 자연의 이치다."라고 말하였다. 이 내용을 보면 우연찮게도 종과 광산의 재질이 유독 많고 많은 물질 중에서 동으로 나오는데, 그만큼 은 다음으로 가장 전기전도율이 높은 물질이며 곧 기氣 전도율(감응률)도 높은 물질인 것과 무관하지 않다.

필자는 한국정신과학회 회원으로 서울대학교에서 열린 학술대회에 두 번 참가한 적이 있는데, 이때 학술대회논문 중 정종호 씨의 〈라디에스테지 능력을 개발하는 방법〉이란 글에서 황동에 관한 설명이 있는데, 여기에 적어 본다.

"모든 물질은 기氣 에너지에 투과된다. 그러나 모든 물질이 균일하게 기氣에너지에 투과되지 않는다. 동서남북 상하 6방향의 기氣 에너지 흐름을 고려

해보면 모든 물질은 모든 6방향의 기氣 에너지 흐름을 허용하지 않는다. 우주로부터 오는 모든 방향의 기氣 에너지(천기)는 물질을 통과할 때 보통 6방향 중 한 방향으로 투과된다. 이런 필터 작용으로 물질에는 고유의 기氣 에너지 외는 버려지게 된다. 이러한 필터 작용을 기氣 에너지 선택 투과현상이라 부르는데 6방향 모두 기氣 에너지를 투과하는 합금이 바로 황동이다. 이런 이유로 기감 능력자들은 다른 재료보다 우선적으로 황동을 엘 로드(기감 봉)나 탐사 추(기감 추)의 재료로 사용한다. 탐사 추도 여러 가지 재료(금속, 플라스틱, 돌 등)가 사용되나 에너지를 잘 투과하는 황동이 좋다. 탐사 추를 매단 실도 모, 면, 나일론 등의 재료도 있지만 줄까지 황동으로 하면 가장 좋다."

동과 수맥파 차단

수맥파와 관련해서 하나 짚고 넘어 갈 것이 있는데, 바로 동銅 제품의 수맥파 차단 문제이다. 한 때 인터넷이나 방송의 광고를 보면 동판을 이용한 수맥파 차단제품을 많이 볼 수 있었는데, 동판銅版을 방바닥에 깔면 수맥파가 차단된다는 것이다. 그래서 음택陰宅인 산소에서부터 양택陽宅인 집까지 동 바닥재부터 동銅 막대기, 동銅 가루를 도포한 장판까지 다양하게 수맥파를 차단하는 데 효과가 있다고 대대적으로 붐이 일어났다가 효과가 없는 것으로 입증되자 곧 자취를 감춘 것을 본 적이 있다. 물론 수맥파가 차단된다는 임상사례도 많이 존재하겠지만, 반대로 동판을 깔거나 동을 소재로 한 제품을 사용했던 사람들이 시간이 지나도 차도가 없거나 오히려 더 심해졌다고 하소연하는 사례 또한 대단히 많다. 그러나 동銅은 앞의 설명대로라면 수맥파를 차단하는 성질이 아닌 오히려 수맥파에 민감하게 반응하고 흡수하는 작용을 하므로 수맥파 차단에 도움이 되지 못한다 하겠다. 전문적인 다우져(탐사 전문가)가 많은 독일이나 일부 서구 선진국에서도 아직 수맥파를 해결한 방법이나 완전히 차단했다는 내용은 아직 없다. 특히 유명한 다우져가 많은 독일에서 차단제로서의 가치를 발견했다면 벌써 다양하게 이용하며 제품으로 나왔을 것이다.

또한 전기전도율 4위를 자랑하는 알루미늄도 방송에서 보면 모 풍수 연구가가 일명 '천원으로 수맥 차단하기'라고 하면서 알루미늄 호일로 수맥을 간단히 차단한다는 내용이 나오는데, 동銅의 얘기와 다를 게 없다. 가령 수맥파에 감응해서 그 파동을 흡수함으로써 그 위로는 더 이상 올라오지 않는다고 주장하더라도 일시적인 현상일 뿐 결국 나중에는 무조건 투과해서 올라올 것이기 때문이다. 진정한 차단은 일시적인 것이 아니라, 설치 후 반영구적이어야 하므로 차라리 중화를 할 수 있는 방법(어떠한 파동을 통해 수맥파의 파동을 상쇄시키는 방법)을 연구하는 것도 한 방법일 수 있겠다. 그리고 유해한 수맥파를 완전히 차단하는 제품이 있다면 아이러니하게 인체에 유익한 파동인 지기地氣까지도 막는 꼴이 될 수도 있다.

필자는 수맥 관련 강의 중에 수맥파를 차단할 수 있는 제품을 알려달라고 하는 질문을 많이 받게 되는데, 개인적으로 유해한 수맥파(특히 수맥이 두 개 이상 교차된 곳)에 대한 가장 좋은 해결책은 무조건 피하는 것이라고 권하고 있다. 금속은 소리와 파장을 잘 흡수하는 성질을 가지고 있고 특히 구리는 전기, 자기적 성질을 은 다음으로 가장 잘 흡수하고 전달하는 물질이니 만약 유해한 수맥파의 중화나 차단이 지속적으로 가능한 물질을 찾고 싶다면 일단 전기전도율이 높은 금속들에서는 눈을 과감히 돌릴 필요가 있다고 하겠다. 그리고 아직은 수맥차단 제품들이 확실한 검증 자체에도 의문이 많으며 소비자고발 등의 문제가 많으나 서서히 자율적인 시장경쟁에 따라 우열이 가려지고 제대로 된 제품이 나오는 시기가 곧 올 것이라 본다.

수맥파 탐사 방법

수맥파 탐사(Dowsing)는 보통사람도 기氣란 에너지를 몸으로 느끼고 활용할 수 있는 첫 단계이다. 일반적으로 다우징(Dowsing)이란 기氣를 이용한 탐사도구의 움직임을 해석함으로써 의문점에 대한 해답을 찾는 것으로 수맥을 찾거나 어떤 조사에 대한 답(예 혹은 아니오)을 구하는 것을 의미하는데, 기氣를 매개로 한 대상물이 방사하는 고유 파장과 인간의 잠재의식이 라디오처럼 공명하여 근육이 반응하게 되고 그 반응이 탐사도구를 통해 증폭되어 답을 구하는 것이라 할 수 있다. 탐사도구가 일종의 잠재의식과 현재의식의 중간매개체로 잠재의식의 작용을 증폭시켜 현재의식에 직접 인식시키게 하는 역할을 하는 것이다. 잠재의식의 능력을 활용하는 대표적인 방법이 수맥 탐사와 오링테스트이다. 장휘용 교수는 이러한 수맥파 탐사능력에 대해 "우리 몸에는 몸 안의 기운內氣와 외부의 기外氣가 통할 수 있는 문의 역할을 하는 경혈經穴이 있는데, 이러한 경혈들 중에서도 이마의 중간에 위치하는 인당혈은 옛부터 천목혈天目穴 혹은 제3의 눈이라고 불려 왔고, 투시透視 능력도 이 경혈經穴이 열려야 가능하다고 알려지고 있다. 이것은 인당혈이 우주의 정보를 수신 혹은 교환하는 데 결정적인 역할을 한다는 것을 시사한다. 이러한 점들을 고려해 볼 때, 우리가 모르고 있는 지적 자극을 받으면 그에 대한 교신이 인당혈을 통하여 기氣적으로 일어나고 이에 따라 우리 몸의 근육반응이 난다고 유추할 수 있다."라고 설명하였다.

수맥파 탐사능력이 어느 정도 단계에 오른다면 전문적인 탐사도구인 엘로드(L-rod)나 추(pendulum) 이외에 나뭇가지, 구리전선, 세탁소 철 옷걸이 등을 통해서도 탐사가 가능하게 되며, 한의사들이 응용해서 사용하는 오링테스트까지 구사할 수 있게 된다. 그리고 수맥파 탐사능력을 향상시키는 방법으로 수맥파의 유해성에 관련된 정보들을 많이 접하여 머릿속에 각인을 시킬수록 수맥파의 주파수에 더욱 쉽게 연결이 되며 뇌파를 떨어뜨리는 명상훈련을 많이 할수록 탐사하고자 하는 대상물과 더욱 정확하게 공명한다. 또한 검증된 것만 믿는 논리적이고 분석적인 좌뇌인보다 감성적이고 직관적인 우뇌인이 더 잘 반응한다. 그리고 무조건 찾을 수 있다는 강한 확신이 있으면 더욱 좋다. 미리 강한 선입견을 가지는 경우나 자기암시, 부정적인 사고, 의심 등을 하게 되면 잠재의식이 잘 발현되지 않아 결과의 정확도는 떨어진다. 만일 능력만 된다면 평면도나 지적도만으로도 수맥의 위치와 폭, 흐르는 방향 등을 알 수가 있다. 참고로 최근에는 잃어버린 물건을 찾거나 진실과 거짓을 구분하고 몸에 맞는 음식을 찾는 등 다양한 활용사례들이 알려지고 있다.

수맥파 탐사 순서

필자가 주로 사용하는 탐사 방식은 1차적으로 이동 중에도 반응이 빠른 엘로드를 사용하여 탐사하고 2차적으로 한번 더 정확성을 기하기 위할 때는 탐사 추나 오링테스트를 활용하고 있다. 몇몇 경험이 많고 숙련된 분들이 정신을 집중하면 눈으로 보기만 하거나, 손만을 가지고도 수맥을 감지한다고 하지만 굳이 위험성이 있는 감感으로만 판단할 필요는 없다고 여겨지며, 만일 그러한 방법으로 판단하였다면 탐사도구를 통해 다시 한 번 정확히 확인해야 할 것이다. 인체의 생체전자기장을 교란하는 유해한 수맥파를 찾는 방법으로, 기공 전문가인 정종호 씨의 방법을 뼈대로 하여 필자가 나름대로 만들어 실제 적용하고 있는 방법을 여기에 소개하겠다.

가장 먼저 수맥파 탐사를 요구하는 사람과의 사전 질의응답을 통해 수맥파 탐사를 원하는 직접적인 이유나 증상을 들어 본다. 예를 들어 새로 이사한 집에 살면서부터 가위에 자주 눌린다거나 잠자리가 불편하다 등이다. 그리고 사전에 반드시 수맥파가 있을 것이라고 의심되는 특정 위치의 공개 없이 탐사를 해야 신뢰가 갈 것이다. 참고로 필자는 수맥파와 관련된 증상이 강하게 두드러진 사람들만 탐사를 하고 별 증상이 없는 사람들은 되도록 탐사하는 것을 꺼린다. 왜냐하면 별 증상이 없는 사람들은 수맥파에 의한 피해를 해결해도 기존과 별다른 느낌이 없을 수 있지만, 실제 수맥파에 의한 피해를 크게 입은 사람들은 자리를 옮기는 등 그 피해를 제거하면 몸이 바로 느끼기 때문이다.

1. 탐사 전 준비

(1) 신체身體 탐사 준비
- 신체 이완 및 탁기 제거(기혈순환이 원활할수록 탐사의 적중률이 높아짐)
- 신체의 금속물 해체(탐사 정확성을 위해 반지, 시계, 목걸이 등과 특히 자성이 있는 것 제거)
- 의식의 방해가 없는 완전한 정신이완의 무념무상 상태(찾고자 하는 수맥파에 가장 공명이 잘 됨)
- 자기 암시가 최고의 적(선입관, 자신의 경험, 다른 사람의 의견)

(2) 기감氣感 유도
- "나는 기감氣感이 예민해져 내가 찾고자 하는 것만 기감氣感한다."
- "나의 몸은 오직 인체에 유해한 수맥파만 느끼고 다른 것은 기감氣感하지 않는다."

(3) 기감氣感 약속
- 잠재의식과 탐사도구의 항상 같은 움직임 약속
- 긍정: 교차(엘로드) 또는 회전(추)
- 부정: 무반응(엘로드와 추)

(4) 기감(氣感) 질문

- 완전하게 던진 질문이 완전한 결과를 가져온다.
- "인체에 유해한 수맥파에서만 엘로드가 교차한다."

2. 탐사

(1) 폭, 방향, 중첩, 세기 파악

- 수맥의 폭 파악
- 수맥의 방향 파악
- 수맥의 교차 파악
- 수맥파의 세기 파악

(2) 탐사 후 재확인

- 엘로드로 재확인(수맥파에 교차)
- 추로 재확인(수맥파에 회전)
- 오링테스트로 재확인(수맥파 위에서 힘없이 풀림. 특히 교차 지점에서는 거의 백발 백중)

(3) 장소별 탐사 적용

- 아파트, 빌라, 단독주택, 오피스텔, 원룸(침대별, 책상별, 소파별, 전자제품별)
- 상가, 사무실(업무 자리, 내 · 외근직)
- 병원(중환자, 산모, 노약자)

3. 탐사 결과

- 수맥파에 영향 받는 위치를 현장에서 바로 설명하며 수맥 감결표 작성

4. 해결 방법

- 방의 이동 없이 위치 변경
- 방안에서 위치 변경이 어려우면 다른 방으로 이동
- 중화 및 차단 제품의 활용(아직 필자는 되도록이면 무조건 피하라고 한다.)
- * 참고로 침대가 없으면 그만큼 수맥파가 없는 자리에 이부자리를 펴고 잘
  수 있는 공간이 더 확보될 수 있다.

5. 마무리

- 탐사 후 신체이완(체조)을 통한 기혈순환(유해한 수맥파에 민감하게 노출되었던
  신체의 원래 상태 회복)
- 수맥파가 없는데도 잠자리가 불편할 경우는 수면 시 머리 두는 방향 조
  절(일주일 간격으로 방향을 바꾸면서 잠자기)

- **예외)** 측정 하고자 하는 터에 귀신이 존재하여 발생하는 피해는 가장 직접
  적인 해결책인 천도薦度가 필요

간단한 엘 로드 사용법

엘 로드(L-ROD)는 탐사도구 중 가장 쉽고 편리하게 수맥(지하수)이나 수맥파
(유해파)를 판단할 수 있는 안테나식 도구로, 반응속도도 다른 탐사도구들에
비하여 빠르면서 휴대하기도 간편하다. 누구나 꾸준히 반복적으로 연습하면
탐사를 할 수 있으니, 초보자는 엘 로드를 통한 탐사 연습을 통해서 인체가
가진 기氣라는 생체에너지를 활용하는 능력을 배워보도록 한다.

① 엘 로드의 각도는 L자 형태로 90°가 아닌 100° 정도로 구부린다. 왜냐하면 탐사자가 엘 로드를 바라보는 시선이 위에서 아래로 내려다보면, 시각적 차이로 인하여 100° 정도가 되면 직각으로 느껴지기 때문에 사용하기가 편안하다. 엘 로드를 잡을 때는 손잡이를 무리하게 힘을 주지 말고 가볍게 쥔 상태에서 어깨와 팔은 힘을 빼고 양 팔꿈치를 겨드랑이에 가볍게 닿을 듯 말 듯 붙인 후, 엘 로드는 서로 평행을 이루도록 하고 진행한다. 엘 로드를 잡고 진행하기 전에 반드시 탐사방법을 머릿속에 각인하고, 시선은 전방을 주시하며, 보폭은 보행시의 보폭에 비하여 반 정도의 보폭으로 결혼식장의 신부처럼 천천히 진행한다. 진행하는 동안 탐사하고자 하는 것만 일심一心으로 생각한다.

② 천천히 진행하다 보면 엘 로드가 안쪽으로 X자처럼 교차하기 시작하는 그 지점이 수맥이 시작되는 지점이며, 교차한 상태에서 계속 진행하다 보면 다시 평행상태로 돌아가는 지점이 있는데, 이곳이 수맥이 끝나는 지점이다. 이러한 방법으로 수맥의 폭과 수맥의 중심을 파악할 수 있다. 여기서 중요한 것은 탐사자의 발이 수맥의 폭을 파악하는 매개체로, 엘 로드의 끝이 먼저 수맥위에 진입한다 하더라도 탐사자의 발이 수맥위에 있지 않으면 엘 로드는 반응하지 않는다. 엘 로드나 탐사 추는 단순히 수맥 유무를 알려 주는 역할만 하기 때문이다.

③ 수맥의 폭 가운데에 서서 교차된 엘 로드를 들고 왼쪽이나 오른쪽으로 천천히 돌아본다. 이때 계속 교차된 채로 있던 엘 로드가 동서남북 중 오직 수맥이 흐르는 진행방향과 같은 방향으로 보고 서 있을 때만 수맥이 없는 것과 같이 평형을 이룬다. 그래서 수맥은 흐르는 방향으로 걸으면 절대 반응이 나타나지 않는다. 여기서 수맥의 물이 흐르는 방향까지 파악할 수가 있으며, 좀 더 능력이 발달하면 수맥의 깊이까지 파악하여 지하수나 우물을 개발하는 데 활용할 수도 있다.

수맥 탐사를 통한 지하수 개발

　앞으로 전원주택이나 팬션을 지어서 살아가려는 사람들에게 지하수를 파는 것은 매우 중요한 일 중에 하나다. 그래서 여기에 수맥 탐사를 통해 직접 지하수를 개발하려는 사람들에게 좋은 동기부여가 될 만한 글을 하나 소개할까 한다. 고제순 씨의 《일주일 만에 흙집 짓기(도솔오두막 , 2006)》란 책에서 발췌한 내용으로 꾸준한 연습만 한다면 지하수를 발견하는 것도 충분히 가능하리라고 본다.

　"흙집을 짓기 전에 반드시 먼저 해야 할 일 중 하나가 물을 해결하는 것이다. 식수와 집짓기에 물이 필요하기 때문이다. 우리의 경우는 마침 터 닦기를 할 때 절개지 바위틈에서 물이 터져서 자연 샘물을 먹고 살고 있지만 대부분의 경우에는 지하수를 파서 물을 해결한다. 그런데 지하수를 파는 업자들이 수맥을 찾을 때 정확성이 떨어지는 경우가 허다하다. 그래서 여기저기 구멍을 뚫는다. 허탕을 치면 칠수록 지하수 업자들은 엄청난 손해를 본다. 한번에 성공해야 수익이 있다. 더 큰 문제는 허탕 친 폐공을 완벽히 막지 않으면 지하수가 오염된다는 사실이다. 이것은 정말 치명적인 환경 문제이다. 땅속 수맥은 서로 실핏줄처럼 연결되어 있기 때문에 폐공 한 곳으로 오염 물질이 들어가면 그와 연결된 수맥 전체가 오염된다. 이와 같은 연유로 이미 우리나라의 지하수는 상당히 많이 오염되어 있고 부적합한 것으로 판명되고 있다. 지하수도 못 믿는 시대에 살고 있는 것이다.

　3년 전의 일로 기억한다. 어느 날 새로 집을 짓고 있는 절친한 이웃에게서 전화가 왔다. 지하수를 파는데 세 곳을 파도 물이 안 나온다는 것이다. 지하수 업자는 물이 안 나오자 말도 없이 어느 날 장비를 철수해 가서 연락도 없다고 했다. 더 파봐야 손해이기 때문이리라. 그래서 우리에게 수맥을 찾아달라는 부탁이었다. 경험상 수맥 찾기 실험을 해본 결과 열 사람 중에 다섯 사람은 엘 로드가 반응하고 나머지 다섯 사람은 제대로 수맥을 찾지 못한다.

후자의 경우에 속하는 사람들은 주로 머리로만 살고 있는 사람들일 확률이 높다. 분석하고 종합하고 판단하고 비판하고 의심 많은 사람일수록 수맥 찾기는 잘 되지 않는다. 물론 마음을 비우고 영성이 살아나면 누구나 수맥을 찾는 것은 가능하다. 나 역시 오랫동안 먹물 생활을 한 탓인지 영혼이 맑지 않아서 그런지 정확성이 아내보다는 떨어진다. 우리는 먼저 기존에 지하수 업자가 파놓은 세 군데 구멍에서 수맥검사를 시작했다. 전혀 수맥이 흐르지 않는 곳이었다. 물이 나올 리가 없었다. 그래서 그 집 뒷마당 이곳저곳을 다니며 수맥이 흐르는 곳을 찾았다. 한 군데서 강한 반응이 왔다. 바로 그 지점을 표시하고 어느 정도 깊이에서 물이 터질지도 확인했다. 18미터였다. 그리 깊지 않은 곳에 수맥이 흐르고 있다니! 더욱 놀라운 것은 물의 양이었다. 확인해 보니 하루에 35톤이 나오는 것이다. 그리 깊지 않은 곳에서 그렇게 많은 물이 나오는 경우는 그동안 보지 못했다. 더욱이 집주인의 말에 의하면 그곳은 다섯 가구가 사는 작은 전원 주택지인데 대부분 물 때문에 고생하고 있다고 했다. 우리는 놀라서 두 번 세 번 더 확인해 봤지만 결과는 같았다. 그 후 일주일쯤 지나서 이웃에게서 전화가 걸려왔다. 기쁨의 목소리였다. 어쩌면 점쟁이처럼 꼭 맞추었냐는 것이다. 우리가 가고 난 다음 다른 지하수 업자를 불러 우리가 알려준 자리를 파보았더니 정말로 18미터 깊이에서 하루 35톤의 물이 나왔다고 했다. 이웃의 전화를 받고 우리도 매우 기뻤다."

종이컵 속의 동전 찾기 실험

엘 로드나 추를 통해 수맥파를 탐사하는 능력이 어느 단계 이상 발전했다면 필자가 권하는 실험이 있는데 바로 '종이컵 속의 동전 찾기'이다. 인도에서는 우리의 언행뿐만 아니라 우주의 모든 사건들이 근원의식인 아카샤(Akasha)라고 불리는 미묘한 매체에 영원히 새겨지고, 이렇게 새겨진 기록, 즉 아카식 기록(Akashic Records)은 적당한 방법을 통하여 이용할 수 있다고 전해지고 있다. 20세기 최대의 예언가로 불리는 에드가 케이시(Edgar Cayce)는 자신의 예언과 전생 영독을 통한 수많은 사람들의 치유가 아카식 기록을 봄으로써 이루어졌다고 하였고, 이 외에도 다수의 영적인 사람들이 아카식 기록에 대하여 언급하고 있다. 이러한 점을 고려할 때, 엘 로드의 반응은 우리가 기氣적으로 아카식 기록에 접근하는 하나의 방법이라고 할 수 있을 것이다. 그러므로 이 실험의 원리는 동전을 한 종이컵에 감추었다면 이미 그것은 얻고자 하는 과거의 정보이고 그 정보는 우주의 근원의식에 입력되어 있으며, 잠재의식이 우주의 근원의식 속에 있는 정보의 파동과 공명하게 되면 그것이 신경계에 반응되어 탐사도구의 움직임으로 나타난다. 여기서의 질문방식은 반드시 답변이 예나 아니오로 나올 수 있는 질문만을 해야 한다. 가령 "이 사람에게 이 특정 음식이나 약이 몸에 좋습니까?"라고 하지 "몇 프로 정도 좋습니까?"라고 해서는 안 된다. 그리고 질문에 필요한 정보가 직접 대면해야 되는 경우가 대부분이지만 다우징을 하는 사람의 능력여하에 따라 사진이나 이름과 나이 등의 필요한 정보만 알아도 충분히 가능하다.

실험방법은 아주 간단하다. 먼저 종이컵 3개와 동전 1개를 준비한다. 그리고 종이컵에 크게 번호를 1번부터 3번까지 적는다. 세 개의 종이컵 중에 한 종이컵에 동전을 숨길 한 사람을 제외하고 실험참가자들은 모두 숨기는 것을 볼 수 없도록 밖으로 잠시 나간다. 동전을 숨기고 난 후 실험참가자들은 들어와서 한명씩 엘 로드나 추를 들고 각 컵의 앞에서 "0번 컵 안에 동전이 있습니까?"라고 질문하면서 마지막 컵까지 진행한다. 그 중에 엘 로드나 추가 반응하는 컵이 있다면 그 속에 동전이 들어있는 것이다. 종이컵 3개에서 동전이 들어있는 컵을 알아냈다면 그 다음에는 종이컵을 5개 준비해서 실험한다. 실험의 정확성을 기하기 위해서는 되도록 수맥파가 없는 장소에서 진행을 하며 종이컵끼리의 간격도 여유 있게 벌리는 것이 좋다고 본다. 그리고 처음 실험에 참가하는 분들은 한번만 진행하지 말고 여러 번 재확인해보는 것이 좋다. 몸의 상태에 따라 간혹 여러 개의 컵에서 반응이 오거나 아예 모든 컵에서 반응이 없는 경우가 있기 때문이다.

천문, 지리, 인사를 통합적으로 공부하는 필자가 생각하기에 강의실에 공부하러 오시는 학우님들은 취미나 교양, 학문적 성취를 위해 오시는데, 그 중에는 이쪽 공부나 정신세계 쪽으로 인연이 강해서 오시는 분들이 있다. 그런 분들은 필자가 개인적으로 웃으면서 "이쪽 세계에 줄이 있는 것 같네요~!"라고 이야기한다. 그런 분들은 대개 몸이 민감하기 때문에 수맥파 탐사능력도 뛰어나고 당연히 연습에도 열정적이다. 그래서 필자가 여러 곳에서 강의를 하면서 간혹 이러한 실험을 하다보면 수맥파 탐사능력이 뛰어난 학우들 중에 많지는 않지만 1~2명씩 종이컵 속의 동전도 찾을 수 있는 능력을 보이는 분들이 있다.

그런데 이 실험을 통해 이러한 능력이 초능력이냐 아니냐는 그리 중요하지 않다. 수맥파 탐사능력이 뛰어난 사람도 실험하는 시점의 천지天地의 기운이나 그 사람의 건강상태, 또는 탐사의 주기적인 연습상태가 실험결과에 영향을 줄 수 있으니 너무 맹신하거나 무시하는 자세보다 자신의 탐사능력을 확인하는 차원에서 긍정적으로 재미있게 실험하기를 바란다. 이러한 실험을 통해 동전 찾기에 성공한 학우를 보면 실험의 성공이 지금보다 더 열정적으로 공부하게 되는 촉매제가 되는 것을 보게 된다. 단 반드시 이러한 실험은 먼저 수맥파 탐사능력이 어느 이상 발현될 때 시도해야 하겠다.

지자기地磁氣의 이해

지구자기의 줄임말인 지자기는 지구가 가진 자석磁石으로서의 성질을 말한다. 지구 주위에 나타나는 지자기의 영향 영역을 지구자기장 또는 지자기장이라고 한다. 지구는 지각, 맨틀, 외핵 및 내핵으로 구성되어 있으며 지각, 맨틀, 내핵은 고체로 이루어져 있고, 외핵은 섭씨 수천 도에 이르는 내부 온도에 의해 유체流體 형태를 띤다. 이러한 외핵은 지구의 자전운동 중 바깥쪽의 맨틀의 자전을 따라 가지 못하므로 지구의 자전보다 뒤늦게 되어 외핵 내에 와류가 발생하고, 전체적으로 지구의 자전과 반대방향으로 상대적인 회전을 하게 되며, 이렇게 지구의 회전운동과 핵 내에 와동하는 유체의 운동에 기인하여 자기장을 계속해서 생성하게 된다. 이러한 과정이 되풀이되면서 자기장을 생성, 유지하게 되고 이렇게 생성된 2극성의 자기장은 남반구에서는 밖으로 나오고 북반구에서는 안으로 향하는 형태를 띤다.

그런데 평온해 보이는 우주공간은 실은 매우 험악한 환경으로 태양 폭발로 알려진 태양 플레어의 경우 5~10분의 활동에 수소폭탄 100만 개에 해당하는 엄청난 고에너지 입자를 방출한다. 이를 '코로나 질량 방출(CME, Coronal Mass Ejection)'이라고 부르는데, 초속 2,000km가 넘는 엄청난 속도로 우주를 뚫고 날아와 폭발 2~3일 만에 지구를 강타한다. 이러한 고에너지 입자와 전자기파는 지구 자기권이 뒤흔들리는 '지자기 폭풍'을 일으킨다. 그러므로 전리층에 구멍이 뚫려 전리층 반사를 이용해 전파를 보내는 단파통신을 쓸 수 없게 되는데, 한 번 전리층에 구멍이 뚫리면 다시 복구되는 데 2시간 정도가 걸린다. GPS도 수신 장애를 일으킨다. GPS를 이용하는 항공기나 선박, 자동차, 인공위성의 치명적 사고가 일어날 수 있으며, 무선식별장치(RFID)로 수화물관리나 상품관리를 하는 업체에서는 순간적 무선신호 인식 불가로 공장 마비나 물류 차질을 겪을 수도 있다. 이밖에도 방송이나 통신의 품질 저하, 톨게이트에서 자동으로 요금을 내는 지능형 교통 시스템 마비 등 많은 영역에서 태양폭발의 후폭풍을 겪게 된다. 또한 지자기 폭풍이 클수록 지구에 미치는 영향도 크다. 가장 최근에 일어난 대형 사고는 1989년 3월 캐나다 퀘벡 주의 대 정전 사태를 꼽을 수 있다. 1989년 3월 6일 X15등급의 초강력 태양폭풍이 발생했고 사흘 뒤 엄청난 에너지 입자들이 우주로 방출됐다. 그리고 다시 사흘 반이 지난 뒤 대규모 지자기폭풍이 지구를 덮쳤다. 영향은 어마어마했다. 미국의 기상위성 'GOES'는 몇 시간 동안 통신이 끊겼고, 국제우주정거장에 도착한 우주왕복선 디스커버리호는 연료전지용 수소탱크의 센서에 이상이 생겼다. 극지방에서나 관측할 수 있는 오로라가 미국 텍사스 주에서까지 관측됐고, 단파통신이 두절돼 라디오가 작동하지 않았다. 퀘벡 주는 9시간 동안 '블랙아웃'을 겪었다고 한다.

우리나라와는 다르게 북한의 조선중앙 TV에서는 날씨에 지구물리학적 요인에 따라 불리한 날이므로 건강에 특별히 주의해야 한다는 지자기 예보일을 발표한다. 북한은 자체적으로 관찰한 결과를 바탕으로 태양 활동에 의해 지구 자기에 변화가 생기면 순환기 질병환자들에게 심근경색, 뇌혈관 순환장애, 고혈압 등 순환기 계통의 질병이 악화할 가능성이 커지며 교통사고와 정신장애가 발생할 확률도 평상시보다 2~4배가량 높아지므로 건강에 특별히 유의할 것을 언급하고 있다. 결론적으로 지구 자기장은 지구를 넓게 감싸는 자기권을 만들어 이러한 외부환경으로부터 지구를 보호하는 역할을 한다. 그리고 밖에서 가해오는 위협에 대한 보호막 역할뿐만 아니라 길잡이 역할도 수행하는데, 과학자들은 실험을 통해 비둘기의 귀소본능이나 철새가 길을 잃지 않고 수천 킬로미터를 정확하게 비행하는 비결이 지구 자기장을 인지할 수 있는 능력이 있기 때문이라고 설명한다.

지자기와 관련된 가장 최근에 발표된 흥미로운 한 신문기사의 내용인데, 일본 도쿄대학 약학대학원 이케가야 유지(池谷裕二) 교수팀이 뇌가 지구자기장을 인식하게 하는 방법으로 눈먼 쥐가 스스로 길을 찾게 만드는 데 성공했다고 한다. 지구자기장을 이용해 미로 찾기에 성공한 건 이번이 처음이라고 하는데, 기사 내용을 보면 이케가야 교수팀은 동물의 뇌가 지구자기장을 나침반처럼 생각하고 몸이 어느 쪽으로 가는지 인식할 수 있을 것으로 생각하고 쥐 실험을 진행했다. 철새는 태어날 때부터 체내에 고유한 자기장 나침반을 갖고 있어, 이동 시 지구자기장을 감지해 이동 경로를 정한다. 연구진은 눈먼 쥐의 뇌에 시각피질을 자극하는 전극을 2개 삽입한 뒤 머리에는 전자식 나침반을 얹었다. 쥐의 머리가 향하는 방향이 남쪽이면 왼쪽 전극이, 북쪽이면 오른쪽 전극이 실시간으로 뇌에 전기 자극을 줘서 방향을 알려주게 했다. 이 쥐에게 'T'자형 미로에서 먹이를 찾아 움직이게 하자 첫날은 20회 시도에서 11, 12회 정도 단번에 먹이 찾기에 성공했던 쥐가 이튿날에는 자기장 신호를 이용해 16번이나 길을 정확히 찾는 데 성공했다. 이후 이 쥐는 정상적인 시력을 가진 쥐와 길 찾기 실력에서는 차이가 없었다. 이케가야 교수는 "이번 연구 결과는 뇌가 시각과 촉각, 후각, 청각, 미각 외에 새로운 종류의 자극을 인식하는 능력이 있다는 사실을 보여준다."면서 "특히 포유동물의 뇌가 자기장을 활용할 수 있는 잠재적인 능력을 갖고 있다는 점에 주목해야 한다."고 말했다. 연구진은 이 기술을 활용하면 시각장애인의 지팡이에 지자기地磁氣 센서를 달아 시각 기능을 대신하는 장치를 만들 수 있을 것으로 전망했다. 또 지자기 외에도 뇌가 초음파나 자외선 등의 자극을 인식하게 만들 수도 있을 것으로 예상했다. 김진현 한국과학기술연구원(KIST) 책임연구원은 "포유동물의 뇌가 오감 외에 다른 자극에 반응한다는 연구 결과는 처음"이라면서 "새로운 연구 방향을 찾아냈다는 점에서 의미가 있다"고 말했다.

 ## 지자기地磁氣와 인체人體

지구는 자성磁性을 가진 도체로서 땅의 지자기地磁氣를 지표면에서 기계로 측정하면 0.5가우스(gauss) 가량이 발생한다. 그런데 지상에서 4~5층 이상(15미터 정도)을 올라가면 자기는 0.25가우스로 반으로 떨어진다. 고도가 높아질수록 지자기의 영향력이 약해지기 때문이다. 그런 고층에 사는 사람은 몸에 필요한 자기력을 정상적으로 공급받지 못한다는 견해도 있다. 그래서 현대인의 성인병 원인을 이런 도시 생활공간에서 자기 결핍증을 일으키는 증후군으로 보는 학자도 있다. 일본의 과학자 나카가와 씨는 신체에 대한 자성의 효과를 연구한 자성 분야의 세계적인 권위자다. 그는 〈자계결핍증후와 자기치료〉라는 제목의 논문에서 지자기의 계속적인 퇴화, 즉 지자기의 결핍이 계속되면 면역력이나 저항력이 약해져 어깨와 등, 목덜미 등의 뻣뻣함, 요통, 가

습의 통증, 습관적인 두통 그리고 머리의 무거움, 현기증, 이유 없는 불면증, 습관성 변비를 포함한 많은 질병(일명 '지자기 결핍 증후군')과 관계가 있다고 설명하고 있다. 그리고 프랑스의 경우 구형 아파트는 5층이고, 현대식 아파트는 모두 고층인데 구형보다 생활 방식이 보다 안락해진 고층 아파트에 사는 사람이 신경쇠약증, 불면증, 관절염, 가슴통증 등으로 병원을 더 자주 출입한다는 통계가 있다. 또한 일본에서 아파트 거주자의 자연분만율을 층수별로 통계로 낸 자료를 보면 5층 이하의 거주자는 70%, 10층 이하는 50%, 그 이상은 40% 정도로 층수가 높을수록 자연분만율이 떨어진다고 한다. 그래서 비행기 조종사나 스튜어디스들의 오랜 비행을 통한 질환까지도 지자기의 계속된 결핍상태로 인한 요인들로 보고 있다.

지자기가 인체에 미치는 영향에 대해서 전 보스턴 대학과 가다르 대학 교수이며 심리학자인 페린 박사는 민감한 자기 연구기구들을 사용하여 다음과 같은 결과를 얻었다. "자기는 혈액의 흐름을 촉진, 산소 운반 능력을 증가시켜 병을 치료하는 데 기초가 된다. 또한 적당한 자석은 칼슘이온의 이동변화를 도와 평균시간의 반 정도에서 부러진 뼈를 치료하거나 고통스런 관절염에서 해방시킨다. 이외에도 다양한 내분비액의 수소이농농도(pH, 산과 알칼리의 균형)는 자기에 의해 변화될 수 있다는 등 많은 변화를 예시하고 있다. 바로 지자기 결핍이 얼마나 심각한 결과를 가져올 수 있는가를 알 수 있는 자료이다. 인체에서 세포안의 플러스(+)와 마이너스(-)의 전기는 서로 조화를 이루고 있으나, 플러스와 마이너스 밸런스가 무너지면 몸속에 흐르는 생체전기가 흐트러져 버리고 그 결과 어깨나 목 결림, 허리나 무릎 통증, 현기증, 이명 등의 여러 가지 몸의 부조화가 발생하게 되는 것이다".

철근 콘크리트 건물 속에서 나침반을 가지고 방위를 재어보면 나침반이 엉뚱한 곳을 가리키는 것을 볼 수 있는데, 콘크리트 벽처럼 차단 층이 있어도 수치는 달라진다. 철근이나 철골 콘크리트로 지은 건물이나 철구조로 된 자동차를 많이 이용하는 오늘날의 환경에서는 지구 생태계에 절대적인 영향을 끼치는 이러한 지자기를 인간이 제대로 받아들이기가 힘들어지고 있다. 실제 한 보고에 따르면 아파트 실내에서 측정한 자장이나 고층으로 올라갈수록 지구의 평균 자장보다 낮고, 자동차나 엘리베이터 안에서는 평균보다 50% 정도 낮은 것으로 측정되었다. 결국 지구의 자기장이 차단된 환경 때문에 지자기 결핍 속에 생활하게 되고, 이러한 자기 부족이 현대인의 만성 피로나 여러 질병의 요인이 된다고 이야기한다. 그래서 아파트에 살던 노인이 시골에 내려간 뒤 신경통이나 관절염이 거짓말처럼 나았다는 얘기를 귓가로 무심히 흘려보낼 것만은 아니다 라는 어느 풍수가의 말에 필자도 동감한다.

　그리고 지자기 교란이란 것도 있는데, 지자기 교란은 지구 내부의 지하 광물이나 석유 가스층, 수맥, 지층의 구조 때문에 발생하기 때문에 그간 지하수나 광물자원을 탐사하는 데 이런 성질을 이용해 왔다. 지자기 교란현상이 몸에 해롭다는 사실이 과학적인 실험을 통해 확인됐다는 1999년 신문기사를 보면 영남대 생체의용 전자연구소, 영남대의료원, EMO 기술연구소 공동 연구팀은 9월 30일 그동안 막연히 몸에 나쁘다고 여겨져 왔던 지자기 교란현상에 대한 토끼 생체실험과 인체 역학 조사 결과 이를 확인했다고 밝혔다. 영남대 생체의용 전자연구소 소장 이문호(재료광학부) 교수는 "평균 지자기장의 3배에 해당하는 1.5가우스의 자기장을 실험용 토끼에 쪼인 결과 그렇지 않은 토끼들에 비해 활동이 저하되고 간 조직에 스트레스성 단백질의 축적이 2배로 증가했다"고 말했다. 또 135명을 대상으로 한 조사 결과 정상의 지자기장 교란이 평균보다 150% 정도 높은 경우 두통, 편두통, 정신집중 저하와 목이 뻐근한 증상이 나타나는 것으로 드러났다. 그리고 주거형태에 따라서 지자기 교란이 6배나 더 심한 곳도 있는 것으로 조사됐으며 온돌보다는 침대에서 취침할 경우 지자기 교란이 더 심한 것으로 나타났고, 철근이나 H형강이 많이 포함된 주택에서 지자기장 교란이 특히 심했다고 밝힌 말들은 한번 주목할 필요가 있겠다.

　지자기地磁氣란 일종의 지구라는 생명체의 오라(aura)라고 볼 수 있다. 지구상의 모든 생물이 중력의 영향을 받듯이 지자기는 자석처럼 일정한 방향을 가지고 지구 내의 모든 자성체와 생명체에 영향을 미치고 있다. 그리고 세상

만물을 움직이는 힘의 근원인 기氣의 또 다른 실체가 자기이며, 인간의 생로병사를 주관하는 에너지가 바로 생체자기라고 한다. 인체도 미세하지만 지구처럼 전기와 자기장을 갖고 있으며 지구라는 거대한 자기장 속에 살고 있기 때문에 당연한 말이다. 그래서 구한서의 《5만 명 살린 자기요법(동아일보사, 2004)》에서도 자석이 N극에서 S극으로 흐르듯 인체의 기氣도 경락을 통한 방향성이 있으며, 이 흐름을 조절하는 것을 침의 보사법이라고 설명한다. 만일 이러한 자기가 없다면 지구의 모든 생명체는 생존자체가 불가능하다. 가령 재난 영화인 '코어'를 보면 지구 내부의 자기장의 문제로 새들이 갈 길을 찾지 못하고 건물에 부딪히거나 전 세계적으로 이례적인 이상기후가 나타나고, 회의를 하던 한 사람이 갑자기 쓰러져 죽어버리는 장면이 나오는데, 그만큼 지구자기가 인간의 생존에 절대적이라는 것을 보여주는 장면이다. 여기서 필자가 생각하기에 지구가 하나의 거대한 건전지이고 인간 하나하나는 건전지로 인해 불이 켜진 전구라고 가정했을 때, 만일 지구 내부에 있는 외핵의 흐름이 멈춰 더 이상 지자기가 발생하지 않는다면 전구 또한 모두 꺼질 것이라고 본다.

소우주이자 생체자기인 우리 몸도 최소단위인 세포 차원에서는 통일된 미세한 자성체로 우주공간에 가득한 공간자기와 각 개체 고유의 생체자기의 공명작용으로 생명력을 발휘하므로 자기력이 결핍되면 건강에 이상을 일으키게 되고, 질병의 근본적인 원인이 될 수 있다. 예전에 모 방송에서 헬리콥터로 도심지를 촬영하는데 사람이 거주하는 땅이란 곳이 전부 아파트 단지와 시꺼먼 아스팔트로만 덮여 있고 놀이터의 누렇게 보이는 흙을 제외하고는 거의 흙을 찾아볼 수 없는 장면을 본 적이 있었다. 어른들의 말씀대로 사람은 자고로 흙을 밟고 살아야 하는데, 이러한 흙이 차단되어 있는 도심 속에서 현대인들이 살고 있으니 지자기를 제대로 흡수하지 못하는 그 피해가 빠른 시일 내에는 오지 않더라도 장기적으로 서서히 사람의 생체전자기장에 유해한 영향을 끼친다는 것만은 확실하다. 결국 지자기 결핍뿐만 아니라 인체의 생체전자기장이 교란되거나 방전이 되는 자리(유해한 땅의 에너지)를 피해 생체전자기장이 활성화되거나 충전이 될 수 있는 자리(유익한 땅의 에너지)에서 살아가는 것이 얼마나 중요한지를 절실하게 느끼게 된다.

풍수사의 실력

풍수사의 실력은 크게 네 가지로 구분해서 이야기하는데, 전문적인 풍수사를 하려면 최소한 법안法眼 정도는 되어야 할 것이다.

1. 범안凡眼 혹은 속안俗眼

산세의 형세를 매우 상식적으로 판단해 혈을 잡는 수준으로 이론적으로만 해박하고 실무에 어두운 안방 풍수나, 이론과 논리가 없이 자신의 경험에 의한 실무만 아는 작대기 풍수 등을 일컫는 말이다. 마을마다 있는 동네 지관들 중에도 아직 여기에 해당되는 사람들이 많은데, 한의학에서 말하는 맥도 모르고 침통 흔드는 격에 해당된다고 볼 수 있다.

2. 법안法眼

체계적으로 풍수이론을 공부하여 혈을 잡는 육안肉眼의 경지에 이른 상태를 뜻하는데, 풍수 이론에 밝아 용, 혈, 사, 수, 향에 대한 이론적 무장이 충분하고, 간룡看龍과 장풍藏風에 대한 식견도 높고 나아가 수법에 따라 좌향坐向을 정확히 놓는 방법에도 익숙하다. 상당한 학식으로 현장에 잘 적용하는 술사(형기론, 이기론)에 해당된다고 볼 수 있다. 그래서 풍수의 법술에 능통한 사람을 보통 '지관地官' 또는 '지관 양반'이라 부르는데, 지관地官이란 조선 시대에 음양풍수학 과거 시험에 합격해 왕가의 능지陵地를 선정하는 일에 관여하던 관리다. 풍수 실력은 있으나 지관地官 벼슬을 하지 못한 사람은 보통 '풍수'

라고 불렀는데, 조선 시대에 지관이 되려면 한문에 능통해야 하고, 선배 풍수사를 쫓아 명산대천을 답사해야 했다.

3. 도안道眼

영력(도력, 고차원적 능력)을 바탕으로 땅의 기운을 읽거나 느끼는 경지를 뜻하는데, 개안開眼이라고도 하며 정법(책)에만 의지하지 않고 언뜻 산세를 보아 대세를 짐작하고, 대세를 보고 진룡眞龍을 찾은 후에는 눈에 생기가 응집된 혈穴이 완연히 들어오는 수준의 실력이다. 현대에 개안開眼으로 알려진 대표적 인물은 지창룡 선생이다. 태백산 근처에서 홀로 수도를 하다가 꿈에 증조부를 비롯한 여러 할아버지들이 나타나 책장을 넘기며 여실히 일러주어 3년 만에 개안開眼이 되었다고 전하는데, 서울과 대전의 국립묘지 터를 잡아 자칭 국사國事라 칭하던 사람이다. 알려진 것에 대한 사실 여부는 이 글을 읽는 독자의 판단에 맡긴다.

4. 신안神眼

도안道眼보다 한 단계 높은 경지인 풍수대가로 눈에 보이지 않는 에너지(상, 파동)를 모두 꿰뚫어보는 경지(신통력, 신령한 힘, 신비한 술수)이다. 멀리서도 생기가 응집된 혈을 정확히 잡아내는 풍수사의 실력을 뜻하기도 하고, 또는 풍수 이론이나 논리에 근거하지 않고 산매(山魅, 산의 정령)나 귀신의 힘을 빌려 혈처를 척척 잡아내는 수준의 실력(귀신의 눈을 가졌다는 풍수사)을 뜻하기도 한다. 단이 중에서 신의 힘을 빌린 능력은 지속적이지 못하다고 한다. 고려 건국 시 태조 왕건의 왕사였던 도선국사, 조선건국 시 태조 이성계의 왕사였던 무학대사, 명종 때의 이름난 지사였던 남사고, 철종 때의 정만인 등이 신안神眼의 경지에 이르렀다고 이야기하고 있다. 현대의 대표적인 신안神眼으로 자칭하던 육관도사 손석우는 땅속을 훤히 들여다보듯 훤히 바라보이는 신안神眼이 열려 멀리서도 산에서 훈훈한 기운이 올라오는 것을 보고 생기가 뭉친 혈을 정확히 잡고, 풍수지리서의 이론적 해석보다는 술수적인 능력으로 풍수에 해박하고, 또한 패철을 사용하지 않고서도 신묘하게 좌향坐向을 정확히 잡는다고 한다. 그는 전주 모악산에 위치한 김태서의 묘로 북한의 김일성이 재위 49년 만에 죽음을 맞이할 것이라고 예언하여 적중하였다고 하는데, 사실 여부를 판단하기는 어렵다. 요즈음 혹세무민惑世誣民하는 사람들 중에도 자신을 신안神眼이라고 과장하여 스스로를 광고하는 것을 보는데, 의심의 여지가 상당히 많다고 본다.

참고로 땅의 길함을 취하고 흉함을 멀리하는 데 관련된 전문가들은 크게 전통풍수 이론을 적용하는 사람과 손이나 몸으로 느끼는 사람, 탐사도구를 이용한 경우 등이 대표적이다. 모두 어느 한쪽이 더 낫다고 주장하기 이전에 이 학문의 핵심이 땅속의 생기生氣가 충만한 곳을 찾는 방법이니 같은 기氣의 본질로서 선도수련이나 명상 등을 통한 높은 경지의 사람들 중에는 손이나 몸으로 땅의 기운을 느낄 수 있을 것이며, 인간 자체가 기氣의 집합체이니 도구(엘로드, 추, 나뭇가지)를 통해 찾고자 하는 대상과 공명하여 탐사하는 것도 가능할 것이다. 또한 사방의 산천지세를 눈과 마음으로 살피고 지기地氣가 잘 응결되어 모인 곳을 가장 잘 찾는 방법을 상세히 기록화하거나 비전된 것이 전통풍수이론이니 서로가 열린 마음으로 모두의 가능성을 인정하고 협력한다면 산 자와 죽은 자를 위한 명당 찾기가 조금은 더 쉽지 않을까 싶다. 이제 필자가 개인적으로 정리한 땅의 에너지 중에서 인체의 생체전자기장에 플러스 파동을 주는 장소를 찾는 방법을 소개하면 다음의 5가지 방법이 있는데, 여기에 대해서는 앞으로도 계속 더 많은 연구와 임상실험들이 이루어져야 할 것이다.

① 눈으로 판단하는 형기론形氣論을 통한 땅의 에너지 파악
② 패철로 판단하는 이기론理氣論을 통한 땅의 에너지 파악
③ 엘 로드나 추로 판단하는 다우징(Dawzing)을 통한 땅의 에너지 파악
④ 손이나 몸으로 판단하는 기감氣感 능력을 통한 땅의 에너지 파악
⑤ 새로운 첨단 과학장비를 통한 땅의 에너지 파악

풍수사의 자세

"선무당 사람 잡는다"라는 말이 있듯이 풍수지리학에서도 풍수사의 실력에 관한 속담들이 있는데, "반풍수 집안 망친다"라는 말은 의사가 오진을 하면 한 사람이 생명을 잃지만 풍수사가 오관을 하게 되면 한 집안이 모든 화(멸문지화)를 당하니 높은 도덕성이 절대적으로 요구되는 것을 의미한다. 또 "손자 똥이 귀하다"라는 말은 풍수사가 오관하여 한 집안이 화를 당하면, 그 화가 그 집안 뿐 아니라 풍수사 자신에게까지 오게 된다는 것을 경고하는 것으로, "용龍 공부 3년에 혈穴 공부 10년"이라는 말이 있듯이, 그만큼 풍수사가 어려운 것인데 대충 알고 겁 없이 하다가는 그 해害를 본인이 먼저 받는 것임을 명심해야 한다는 것이다.

대동풍수지리학회의 고제희 회장은 현대에서 훌륭한 풍수사를 찾는 방법을 "묘지를 선정하고 장례를 주관했으면 전 과정을 무슨 사고 원리로, 어떤 의도로, 어떤 상황에서 결정했는가를 글로 꼼꼼히 적은 결록訣錄을 발급해 주는가 여부를 살피는 것인데, 이것은 풍수의 품질보증서로 몸이 아파 의사를 찾아가면 진찰 후에 처방전을 써주는 것과 같은 이치다. 풍수를 의뢰할 때는 반드시 풍수사에게 '결록을 써주십니까?' 하고 사전에 물어봐야 하며 도안이니 신안이니 하며 도사 흉내를 내더라도 결국 결록을 써주지 않으면 그 사람의 풍수 실력을 믿지 말아야 한다고 한다. 언제 말이 뒤바뀔지 모르기 때문이다."라고 설명한다.

아직 필자가 도통道通의 경지에 이르지 않아 몸으로 감지할 능력은 없지만 다행히 좋은 인연을 통해 법안으로서의 형기론形氣論과 이기론理氣論의 기본적인 기틀을 모두 마련할 수 있게 된 것에 대해서 늘 그 분들께 감사하게 생각하고 있으며 마지막으로 최창조 교수의 철언哲言으로 지리地理에 관한 글을 마칠까 한다, "어떤 이론이나 학설을 왜 중시하지 않는지를 제대로 이해하기 위해서는 그 중시하지 않는 것의 내용도 알고 난 다음에 그것을 버려야 옳은 것인데 알지도 못하면서 그것은 쓸모없는 것이기 때문에 자신은 그것을 쓰지 않는다고 한다면 그것은 전문가적인 풍수사로서의 태도로서는 전혀 바람직하지 못한 것이라고 믿는다." 그리고 "현장 없는 이론은 공허하고, 이론 없는 현장은 무의미할 뿐이니, 책을 보면 책속에 땅이 떠오르고 땅을 보면 땅 위에 이론이 새겨지는 단계가 바로 풍수학인이 지향해야 할 바일 것이다."

3부

인사

人事

민족 고유의 양생법

이번 책의 인사人事에서는 제일 먼저 민족 고유의 양생법인 국선도國仙道를 설명하고자 한다. 필자는 개인적으로 국선도와의 만남이 단순한 우연이 아닌, 굵은 필연으로 생각하고 있다. 서울에서 풍수공부를 마치고 내려와서 호흡이나 명상수련을 하는 단체에서 일도 하면서 수련법도 배울 수 있는 곳을 알아보다 인연을 맺은 게 청산선사의 장남인 진목법사님이었다. 역시 수행하시는 분답게 생각 자체가 틀에 얽매인 게 없이 상당히 자유로운 분으로, 일반 사람들이 들으면 매우 황당해 할 수 있는 이야기들도 서로가 별 거부감 없이 대화했던 것이 기억난다. 비록 여러 여건상 긴 시간을 함께하지 못하고 헤어졌지만 양생법으로 국선도를 깊게 알게 되고, 제대로 공부할 수 있는 계기가 되어 지금도 감사하게 생각한다. 여기서 밝히는 것들은 필자의 의견과 함께 국선도 수련법의 핵심내용만을 열거했을 뿐이므로 국선도 수련법에 관해 좀 더 구체적으로 알고 싶다면《국선도 1, 2, 3》과《삶의 길》,《청산선사》등을 탐독해 보기를 바란다.

국선도 수련법의 핵심

부모의 정기精氣를 받고 태어나면서부터 생명을 이어가는 방법은 세 가지가 있다. 첫째는 입으로 먹는 것이니 곧 섭취이다. 둘째는 코로 마시는 것이니 곧 호흡이다. 셋째는 몸을 움직이는 것이니 곧 운동이다. 이 세 가지를 잘 조화시키면 건강할 것이고, 조화시키지 못하면 병이 된다. 자연의 도리대로만 살아가면 병이 생길 이유가 없는 것이다.

양생법이란 섭생과 위생을 잘하고 고요한 마음으로 몸을 천천히 골고루 움직여 기氣의 통로를 열고 단전호흡을 하여 자신을 양생養生하는 데 있다. 쉽게 말하면 단전시스템의 개발로 인한 면역성과 자연치유력을 극대화 하는 것이다. 선도수련仙道修煉이라고도 하는데 선도仙道란 신선神仙이 되기 위하여 닦는 도道를 뜻한다. 수련修煉이란 수신련성修身煉性의 줄인 말로 몸을 닦고 성품(마음)을 단련한다는 성명쌍수性命雙修의 의미도 있다. 소우주인 인간이 대우주와 같이 닮아가는 과정으로 육체肉體는 좁은 몸속에서도 대우주와 같이 기혈순환에 아무 장애 없이 유동할 수 있도록 만들고, 정신精神은 사심과 사욕의 감정에서 벗어나 대우주의 정신과 같이 무욕無慾이면서도 공심空心이 되도록 만드는 과정이다. 결론적으로 수련修煉이란 육체와 정신, 몸과 마음을 같이 닦는 것으로 몸만 닦거나 마음만 닦아서는 안 된다. 그래서 수련은 먼저 정신을 담는 육체를 튼튼히 만들고 나서 보다 높은 정신을 수련하는 체계로 되어 있다. 결국 국선도에서 말하는 선도수련의 최종목표인 도인道人이란 체득體得으로 심리, 생리, 물리, 병리, 약리가 결국 하나의 이치라는 곳까지 다다랐을 때 도인道人이라 하는데, 바로 지덕체智德體를 갖춘 극치적, 전인적으로 완성된 인간이 되고자 하는 것이다.

민족 고유의 양생법인 국선도는 우주를 한 나라(國)로 보고 그 안에서, 사람과 하늘 나와 자연이 서로서로 어우러져 조화롭고 올바른 법도를 세우는 수련법의 도道이다. '밝달도'라고도 하는데, 밝달의 뜻은 '밝음(광명, 빛, 우주의 근원적 생명의 기운, 인간 생명을 가장 완벽한 상태로 고양시키는 기운)을 돌린다, 닦는다'를 말하는 것으로 밝음을 온 몸에 받아서 숨과 얼(마음)과 함께 돌리고 닦아 그 밝음을 승화시킨다는 것을 의미한다. 또는 '밝 받는 법(풍류도, 선인도)'이라고도 표현하는데, 하늘과 땅의 모든 것이 크고 자라고 하는 이치를 사람이 알아서 그대로 하여야 하는 것으로서 사람이 따라야 할 길이면서 알고 올바로 닦으면 하늘과 땅(天地)의 뜻에 맞아서 하늘과 땅의 참된 주인이 되니, 오직 하늘의 뜻과 그 기운을 자신의 한 몸에 받아 얻어서 하나로 맞추는 참된 올바른 길이라 한다.

다시 말하면 단화기丹火氣 발생장소인 하단전下丹田을 중심하여 호흡함으로써, 개인의 생명력을 충일하게 하는 호흡법이라고 할 수 있다. 생명의 기운을 받아들이는 곳이 인체로 보면 단전丹田에 해당되는데, 대우주의 돌고 도는 법칙이 소우주小宇宙인 인체에서 일어나는 것이다. 결국 국선도 수련의 목표는 부조화된 심신을 조화롭게 만들고 인간의 잠재능력을 최대한 계발하여 극치적 체력과 극치적 정신력, 극치적 도덕력을 갖춘 전인적인 인간 완성에 있다. 바로 마음을 담는 그릇인 몸이 바뀌면 마음 또한 변하게 되는 것이다. 필자도 먼저 몸이 깨달아가면 그로 인한 다양한 변화의 체득을 통해 마음까지 저절로 연결되어 깨달아진다는 것에 전적으로 동감한다. 그게 인간이 소우주임을 아는 가장 빠른 방법이기도 하다.

단전丹田의 이해

청산선사께서는 "단은 화색火色이요, 전田은 장소, 위치이며, 기氣는 원기元氣의 약칭이다. 그래서 수화水火가 합실合實한 기운이 원기元氣요, 수화정기水火精氣가 결합된 것이 단丹이다. 단전丹田은 지하地下 음수陰水 중에 장藏한 양화陽火이니, 수화교제로 인하여 내복來伏한 화火다. 이것을 상화相火라 한다. 하下에 재在하므로 신腎에 속하고 삼초三焦의 원原이 된다. 수중화水中火의 진양眞陽이요, 일신一身의 원기元氣가 생하고 장하고 운용하여 생리작용生理作用의 시발지가 되는 곳이다."라고 설명하였는데, 자연의 원리인 음양오행론에 근거한 설명으로 앞서 천문편에서 설명한 음양오행의 원리를 이해한다면, 여기서의 설명 또한 모두 이해할 수가 있겠다.

단丹은 붉은 단자를 써서 불꽃의 색깔을 의미하고 나중에 깊은 수련이 되었을 때는 기운이 뭉쳐 태양과 같은 덩어리가 아랫배에 형성이 되는데 이것을 단丹이 뭉쳐진 화기火氣라 하여 단화기丹火氣라 부른다. 이는 태양과 같은 불덩이를 내 몸에 생기게 했다는 뜻이다. 전田은 자리 전으로 장소를 말하는

데, 단의 자리인 단전丹田은 천기天氣와 지기地氣가 뭉쳐진 자리라는 뜻으로 천기天氣와 지기地氣가 단기丹氣로 화하여 인체의 하위에 모이는 자리이다. 인체에 들어오는 하늘기운과 땅기운의 두 기운(丹)이 나선형으로 들어와 모이는 곳이다. 이러한 단전이 아랫배 쪽에 있다 하여 하단전下丹田이라 한다. 바꾸어 말하면 지기地氣인 수곡(水穀, 물과 음식)이 입을 통해 위胃로 들어가고 천기天氣인 공기空氣가 폐로 들어가 그 기운으로 붉게 화하는 것이 피가 되니, 전신에 유행하는 혈이 기해氣海에 이르러서 천기天氣와 지기地氣가 합실合實하여 단기丹氣의 제 1차적 정精으로 자연 변하여 역力의 작용으로 나타난다. 그래서 정精은 몸의 근본이 되는 것이며, 기氣는 하단전下丹田의 정精에서 생生하여 승昇하므로 하단전을 기해혈氣海血이라 하는 것이니 곧 기氣의 바다란 뜻이다.

하단전下丹田의 정精은 기氣를 생하고 기氣는 상단전上丹田에 자리하고, 기氣에서 신神이 생하므로 신神은 중단전에서 명明하는 것이다. 하단전 숨쉬기로 정精이 충일하면 후끈한 단기丹氣의 열을 느끼고, 그 기氣는 머리에 모여 장壯하여 지고, 그 기가 오르고 내리는 가운데 심부心部에 신神이 명明하여진다는 삼위일체三位一體의 원리다. 이는 임맥任脈과 독맥督脈을 통해 오르고 내리는 가운데 최종적으로 신神이 밝아진다는 설명이다. 그래서 신神은 심心의 통솔을 받고, 정精은 신腎의 통솔을 받고, 기氣는 머리首의 통솔을 받으니 정精과 기氣가 교합하고 신神이 그 가운데 주가 되는 것을 삼재의 도道라 한다. 그러므로 수련은 양정養精, 양기養氣, 양신養神을 하여 정기신精氣神을 보양하는 것으로, 정기신精氣神은 각 경락經絡을 유통流通하고 승강昇降하므로 기혈순환을 원활히 하여 주며 모든 병폐를 제거시키게 된다. 병폐가 제거되면 드디어 축기蓄氣가 되고, 축기는 막강한 힘으로 나아가 도력道力으로 나타나게 된다.

중요한 것은 수행을 열심히 하더라도 일정한 수준에 이르기 전까지는 기운 덩어리인 단화기丹火氣가 생기지 않는다. 그렇다고 그 동안의 수행시간이 무의미한 것이 아니다. 이는 마치 물이 100℃가 되어야 끓는 것과 같은 이치로 불 위에 주전자를 올리고 아무리 온도를 높여도 100℃가 되기 전에는 물이 완전히 끓지 않는다. 그러나 99℃에서 물이 끓지 않는다고 해서 물에 가해지는 열이 아무 소용없는 것은 아니다. 모두가 물이 끓기 위한 과정으로 임계점臨界點을 넘어설 때까지 수련에 꾸준히 공을 들이고, 그 결과로 일정 수준 이상의 기운이 축적되면서 임계점에 다다르면 마침내 단화기丹火氣가 만들어지는 것을 직접 체험하게 된다. 다르게 설명한다면, '정글의 법칙'이란 방송을 보면 김병만 족장이 나무막대를 이용해 불을 피우는 장면(전형적인 목생화木生火의 원리)이 나온다. 많은 시간과 집중과 노력이 들어가야 마침내 불씨가 생기는 것을 볼 수가 있는데. 나무를 마찰하는 긴 시간의 행위 자체가 단전호흡이요, 마침내 불씨가 발생하려는 조짐으로 흰 연기가 나기 시작하는데, 그것이 몸의 진동이나 자발공 등과 같은 다양한 체험들이요, 그러한 결과로 발생한 불씨出胎가 바로 단화기丹火氣이다. 그러나 불을 피우는 장면을 보면 알겠지만, 불씨 자체로는 다시 쉽게 꺼질 수가 있으므로 이러한 불씨에 다시 조심스럽게 계속 입김을 불어주다, 드디어 불씨에 불이 확 붙게 되는데, 그것이 단丹이 뭉쳐진 진정한 단화기道胎라고 볼 수 있겠다. 여기서 우리는 한 점(단전)에 집중적으로 마찰할수록 불씨(단화기)가 생기는 시간은 그만큼 단축되니, 얼마나 집중할 수 있느냐는 사람마다 다 다를 수 있음을 알 수가 있다.

결국 국선도의 이치는 곧 기氣의 이치요, 기氣의 이치는 곧 단丹의 이치가 된다. 바로 기氣를 양양養하면 선인仙人이 될 수 있고, 기氣를 양양養하고 축기蓄氣하려면 단전호흡으로 행공行功해야 하는 것이다. 또한 도道의 시작은 허심虛心과 공심空心에서 출발하는 것으로 내면의 생각(고민, 걱정, 번뇌 등)들이 다 사라질수록 하단전下丹田의 단화기의 생성이 더욱 빨라진다.

임독맥任督脈의 이해

하단전下丹田에 기운이 넘치면 자연스럽게 등 쪽으로 기운이 올라 머리를 지나 앞면 정중앙으로 기운이 내려오게 되는데 이것을 임독맥任督脈 유통이라 한다. 등 쪽 정중앙에는 독맥督脈이 있고 앞쪽 정중앙에는 임맥任脈이 있는데, '독督' 자는 '감독하다', '살펴보다'는 의미로 독맥督脈은 인체의 모든 경락 중 양맥陽脈을 살피고 감독하는 맥으로 하부의 기운은 이 양맥陽脈이 상승하는 힘을 통해 머리로 올려 보내진다. 그리고 '임任' 자는 '맡기다', '주다'라는 의미로 임맥任脈은 인체의 모든 경락 중 음맥陰脈을 책임지는 맥으로 상부의 기운은 이 음맥陰脈이 하강하는 힘을 통해 아랫배로 내려 보내진다. 임독맥任督脈을 연다는 것은 하단전의 기운 덩어리인 단화기丹火氣가 독맥을 통해 척추로 올라 머리 위를 거쳐 앞쪽 임맥任脈으로 내려오도록 하는 것인데 단화기丹火氣가 막힘없이 돌 정도에 이르려면 몇 년을 한결같이 수련해야 할 정도로 쉽지 않은 일이다. 청산선사께서는 "임독맥任督脈 유통 시에 중간에 호흡이 짧아 숨을 토해야 할 경우에는 하단전下丹田, 독맥督脈을 출발한 기운을 단전丹田으로 다시 되돌리면 안 되고 그대로 귀 뒤로 해서 빨리 임맥任脈으로 이어 내린 후에 토하도록 하고 12경, 14경, 365 기혈유통 때에도 가급적 한번 마시고 멈출 때 다 돌리는 것을 원칙으로 하지만 그래도 안 될 때에는 돌리던 기氣를 그 자리에 멈추어 놓고 숨을 토하였다가 다시 숨을 마시고 멈추어서 돌리던 기氣를 마음으로 잡아 정상대로 유통을 마치고 하단전下丹田으로 와야 한다."고 설명한다.

임독맥任督脈 유통을 좀 더 구체적으로 묘사한 내용을 보면 "단화기丹火氣의 기운이 생기면 그 기운을 몸의 정중앙인 회음으로 내리고 이어서 꼬리뼈로 보내어 독맥督脈인 척추를 타고 머리 쪽으로 오르는 것까지는 경락과 같다. 그런데 머리를 지나 기운이 이마의 상성혈이나 신정혈 부근에 와서는 그대로 뒤통수 쪽으로 당기는데 이때 양귀의 정중앙을 약간 지난 곳까지 당겨야 한다. 임독맥任督脈을 돌릴 때 경락대로 안 돌리고 얼굴 앞면에서는 이마에서 그대로 속으로 집어넣어 귀 뒤로 돌려 내리는 이유는 주먹만한 불덩이가 돌기 시작할 때 얼굴 앞면으로 내리면 안면은 신경이 여려서 단화기丹火氣를 감당하지 못한다. 그래서 귀 뒤로 감아 돌리는 것이고 목으로 내려 올 때는 목이 뜨거워서 쩔쩔매게 되기 때문이다. 그리고 목젖 아래쪽인 천돌혈 부위로 자연스러운 포물선을 그리며 기운을 내리고 나서 가슴과 배를 잇는 임맥任脈으로 내리는 것이다."라고 설명한다.

그리고 "궁극적으로 축기蓄氣가 되어도 반드시 하단전下丹田에 불씨가 만들어지는 단기화丹氣火, 출태出胎가 되어야 한다. 호흡의 수련修鍊이 쌓여감에 따라 점차로 하단전下丹田을 중심으로 뜨거운 기운의 도태道胎가 발생하고 그 도태의 원기元氣가 경락經絡의 주추主樞인 임맥任脈과 독맥督脈에 유동流動되고 따라서 전신全身에 유통流通되며 나중에는 전신의 기공氣孔으로 기통작용이 일어나는 경지에까지 도달할 때 비로소 초인간적인 현상이 나타나게 된다. 이러한 국선도 양생법의 변화무궁한 조화력은 말이나 글로 다 밝힐 수 없고 오직 진실되게 수련하여 자인자득自認自得의 체득體得만이 있을 뿐이다"라는 설명은 수련과정의 핵심을 이해하는 데 큰 도움이 된다. 이와 비슷한 서양의 영적 수행자인 프란츠 바르돈의 말이 떠오른다. "직접적인 체험(체득)을 통해 존재와 법칙들의 효과에 대해 확신하게 된다면 많은 것을 행할 수 있다. 왜냐하면 진정한 믿음은 스스로의 노력으로 얻은 지식을 통해 생겨나기 때문이다. 그리스도가 설한 것은 바로 그러한 믿음이다. 진정한 믿음은 산도 옮길 수 있다고."

덧붙여 필자의 머리에서 불현듯 떠오른 생각 하나도 여기에 적어본다. "쌓이면 넘치게 되고, 넘치면 돌게 되고, 돌다 보면 활짝 열릴 것이고, 그러다 보면 무슨 말인지 다 알게 될 것이다!"

정기신精氣神의 이해

1. 정精

정精이란 몸의 근본根本으로 귀하고 힘의 원천源泉이며, 천기天氣와 지기地氣가 하단전下丹田에 음양이 합실合實한 기氣의 모임이다. 정精은 지기地氣의 대표적인 자로 미米 자를 썼고, 청青은 천기天氣를 대표하여 나온 글자로서 합일하여 정精 자가 된 것이다. 천기天氣는 공기空氣 중에서 공空은 폐에 머무르고, 기氣는 아랫배 횡격막 아래에 내려가 지기地氣와 교합하려는 성질을 가진다. 지기地氣는 사람이 먹은 음식물(水穀)이 위장을 거쳐 소장으로 와서 영양분으로 퍼지는데 이것이 바로 음식물에서 생긴 기氣이다. 이러한 천기天氣와 지기地氣가 하단전下丹田에서 교합하여 신묘한 단기丹氣가 만들어지며, 단기丹氣는 흔히 우리가 정신精神, 정력精力, 정기精氣에 쓰는 정精이다.

이 정精은 정력과 정액으로 나누어지는데 그 뿌리를 허리 쪽에 있는 양 신장腎臟에 두고 있다. 정精은 우리말로 '힘'이다. 그래서 정精이 충만하면 허리가 튼튼하고, 허리가 튼튼하면 아랫배 힘도 당연히 좋아지게 되어 있다. 한방에서는 아랫배의 기운을 하초下焦라고도 부르는데 이 하초는 윗배의 중초와 가슴 쪽의 상초에 기운을 만들어 공급해 준다. 정精이 움직여 작용하는 것을 다른 말로 육체적 작용을 맡은 영체인 '백魄'이라고도 하는데 백魄을 순수 우리말로는 '넋'이라고 한다. 대화중에 '넋 나간 사람처럼 왜 그래'의 그 넋을 말한다. 백은 흩어지려는 성질이 있어 오장육부 중에 어딘가 기운이 부족하면 기운을 공급해주는 역할을 하게 된다. 그러니까 하초나 정력이나 백이나 넋이나 결국 말만 다를 뿐 모두 아랫배에서 생긴 정精의 기운(백의 뿌리)을 일컫는 말이다. 이렇게 아랫배에서 천기天氣와 지기地氣가 우리 인체의 중요한 작용을 일으키는데, 이곳을 단전丹田이라고 부른다.

단전호흡의 출발점은 이러한 정精의 충실에서 비롯된다. 정精은 맑은 공기

속에 천기天氣인 청기靑氣와 지기地氣인 음식의 미(五米)가 묘합하여 일기一氣의 액液이 유有하므로 정액精液으로 나타나는 것이며, 역力의 작용으로 나타난다 하여 정력精力이라 칭하는 것이다. 그래서 정精이 하단전下丹田에 충일하면 후 끈한 열기가 감측되니, 이것을 가리켜 도태道胎가 생하였다 하여 자신도 모르 는 사이에 몸이 진동하거가 갑자기 소리를 지른다거나 하는 증세가 나타나는 수가 있다. 본래 역의 작용이 강한 사람은 몸을 떨기도 하는데, 이것은 고무호 수에서 갑자기 강한 물이 나오면 호스가 요동치듯 진동이 오는 것과 마찬가지 원리이다. 참고로 처음 입문한 사람들은 바로 소식小食보다는 몸이 요구하는 대로 알맞게 식사하는 것이 좋다고 하는데, 꾸준히 수련을 하다보면 아랫배에 기운이 쌓이면서 차츰 식사량이 줄게 되고 또한 몸이 스스로 알아서 탁한 음 식을 조절하게 되므로 자연스럽게 담백한 음식을 찾게 되는 것이다.

2. 기氣

정精은 안개와 같은 기운으로 변하여 척추의 독맥督脈을 타고 오르면서 머 리의 뇌로 가는데, 하나의 기가 올라와 머리에 머문다 하여 머리의 기운을 기 氣라 하며, 보고 듣고 생각하는 역할을 한다. 기氣는 뇌에 퍼져 있다가 작용을 하면서 모든 생각을 주관하는데 이 기氣가 활동하는 상을 영靈이라고 부른다. 그래서 머리를 잘못 맞으면 순간 그 기氣가 끊겨서 기절할 수가 있다. 기氣와 영靈은 결국 아래 하단전에서 올라와 생긴 것이므로 머리를 상단전上丹田이라 한다. 또한 기氣는 정精과 신神의 근체根蔕가 된다.

3. 신神

정력精力은 머리로 올라가서 영靈의 기운을 이루어 상단上丹을 작용시키며, 다시 마음으로 내리어 혼魂으로서 역할을 하니 중단전中丹田을 이룬다. 상단 전上丹田의 영靈은 무거워서 가라앉으려고 하는 성질이 있어 아래로 기운이 내려가는데 이렇게 하단전下丹田의 기운이 독맥督脈을 통해 오르고 상단전의 기운이 임맥任脈을 통해 내리는 가운데 심장에 머무는 작용이 생기므로 이것을 '신神'이라 하고 이 부위를 중단전中丹田이라 한다. 한마디로 정精에서 상승한 기氣가 오르고 내리는 가운데 중단전中丹田에서 머무르는 기운을 '신神'이라 하는 것이다. 신神은 몸의 주主가 되므로 모든 결정을 여기에서 한다. 그래서 신神은 혼魂의 영令을 받고, 기氣는 영靈의 영令을 받고, 정精은 백魄의 영令을 받으니, 그 가운데 주主는 신神이다. 신神이 활동하는 상象을 '혼魂'이라 부르고, 이 혼을 순수 우리말로 '얼'이라고 한다. 대화중에 '얼 빠진 사람처럼 왜 그래'의 그 얼을 말한다. 혼이 육체를 빠져나간 것처럼 멍한 상태를 표현한 것이다. 신神은 마음이 담겨 있으므로 사람들이 마음이 아프다고 할 때는 자연스럽게 손이 심장 쪽으로 가게 되는 것이다. 그리고 사람이 신명神明하다고 하는 것은 혼의 기운에 의하는 것이며, 흔히 혼비백산魂飛魄散이라는 것은 사람의 죽은 상태를 비유한 것으로, 혼은 날아가고 백은 흩어진다는 뜻이다.

이렇게 정기신精氣神은 우리 인체의 가장 핵심원리가 되는 것이며 이것을 가리켜 삼단전三丹田이라 한다. 그래서 신神은 심장에 의지하고, 기氣는 머릿속에 대뇌와 소뇌에 의지하고, 정精은 양쪽 신장에 의지하여 유有한다고 하는 것이다. 실제 수련을 할 때는 상단전 기氣와 중단전의 신神도 아래 하단전의 정精으로 모으게 되므로, 결국 수련이란 정精을 충만하게 기氣와 신神을 고도로 발달시키는 것이라고 보면 된다. 의서의 최고인 《황제내경》과 《동의보감》도 가슴이 신神이고 머리가 기氣로 설명되어 있다.

백(精=力) → 보정保精

영(命=慧) → 지명知命

혼(性=德) → 통성通性

오장육부의 중심인 비위(土)

국선도의 단법丹法을 보면 우주의 근본이치인 음양오행의 원리를 중심으로 명쾌하게 설명하는 것을 알 수가 있는데, 장부臟腑에 관해서도 마찬가지이다. 장臟이란 육肉변에 장藏으로서 감추어 비밀적 작용을 한다는 뜻이고, 부腑는 육肉변에 부府로 물질을 보관하고 출납하는 부고府庫의 뜻이다. 사람에게 있어서 중심의 역할을 해주는 것은 토土의 장부臟腑인 비장(지라)과 위장으로서, 인체 가운데에 있어 다른 모든 장기를 통하여 생성한 기운과 혈액으로 소모되는 기혈을 보충해 준다. 위장은 중앙에 있으면서 음식을 받아들여 수화기혈水火氣血의 원료를 모아 죽과 같이 만들어 소장小腸으로 내려 보내면 소장은 이것을 받아서 소화하여 기혈氣血의 진액이 되게 하며, 이 진액은 하단전下丹田을 통하여 간으로 가서 생명활동에 필요한 생신生新한 기혈氣血이 되므로 생명의 문이라 하는 것이며, 몸을 보양保養한다. 바로 하단전下丹田에서 생동의 힘이 간으로 나와 생신生新한 기혈氣血이 되어 내 몸을 보하고 키우는 것이다. 그리고 그 기혈氣血을 비장이 받아 적혈구, 백혈구, 임파구를 제조, 정리하고 보관하여 생리적으로 요구될 때 즉시 피를 통하여 보내 주어 기혈氣血의 부족함을 항상 보충해 주면서 조절을 하는 것이다. 따라서 비장과 위장이 실하면 다른 내장들 역시 튼튼하게 되고 비위가 약하면 모든 장부와 생리도 따라서 약해지는 것이니 비위가 중기中氣를 간직하고 있는 까닭으로 온몸을 통하여 기혈氣血을 조화하고 전부를 거느리기 때문이다. 그러므로 동양의 의학은 비위脾胃의 기氣가 많고 적고와 있고 없음으로써 생사를 결정하게 되는 것으로 음양을 단합시키는 힘을 보유하고 있는 것이다. 결국 비장과 위의 작용을 거쳐 작은 창자까지 내려와서 소화된 진액을 통해 하단전下丹田까지의 깊은 심호흡으로 행공하여야 진정한 도력을 쌓을 수 있는 것이다." 여기서 설명하는 비위의 역할은 음양오행론의 토土의 작용인 중재와 조절, 조화의 그것과 정확히 일치한다.

참고로 삼초는 육부의 하나로 육기六氣 중에 군화君火인 심장의 불기운을 보조하는 상화相火의 기운이다. 초는 불로 태운다는 뜻이다. 목구멍에서부터 전음, 후음까지의 부위를 말한다. 삼초三焦는 각 장부가 제 기능을 할 수 있도록 서로 기능적으로 연결해주는 연결 통로나 기능 체계를 말하는 것으로 한의학에서만 있는 장기의 개념이다. 따라서 삼초三焦라는 것은 해부학엔 없다. 이것은 생명 유지의 3단계(먹고, 먹은 것이 온몸으로 퍼지게 하고, 배설하는 것)의 각 단계마다 일어나는 생리 현상을 설명하는 개념이다. 삼초는 기혈을 잘 돌게 하며 음식물을 소화시켜 영양물질을 운반하며 수도가 잘 통하게 하는 작용을 한다. 삼초의 주요 생리기능은 원기를 통행시키고 수액운행의 길이 된다. 이러한 삼초三焦는 부위에 따라 상초上焦, 중초中焦, 하초下焦로 나뉜다. 상초上焦는 가슴부위로 심장이나 폐의 작용을 도와서 기운이 온몸을 잘 퍼지게 도우며, 중초中焦는 명치 아래 윗배로 소화 기능을 도우며, 하초下焦는 아랫배로 배설 기능을 돕는다.

※ **이음二陰** : 전음(前陰 : 배뇨와 생식을 담당하는 요도를 포함한 외생식기)과 후음(後陰 : 항문)을 말한다. 소변의 배설은 방광을 통해서 이루어지지만 반드시 신장의 기화를 거쳐야 완성된다. 신장의 기화 이상이 생기면 빈뇨頻尿, 유뇨遺尿, 요실금尿失禁, 소뇨少尿, 변비, 설사 증상이 나타난다.

국선도의 호흡법

마음의 조심調心과 숨쉬기의 조식調息과 몸의 조신調身이 될 때, 다시 말하면 마음을 고르게 하고, 숨을 고르게 쉬고, 몸을 고르게 할 때 대자연의 조화로 승화되어 천인묘합天人妙合의 경지에 들게 된다. 여기서 가장 핵심이 되는 것이 조식調息이다. 아이가 태胎 중에 있을 때에는 입과 코로 호흡을 안 하고 탯줄이 모母의 임맥任脈에 연連하여 있고 임맥은 폐肺에 통하고 모母가 코로 호흡할 때 배꼽으로 아이가 호흡한다고 한다. 그러다가 태胎 밖으로 태어나면 천기天氣는 호흡으로서 흡수를 하니 반드시 코로만 한다. 입은 음식이 들어가는 곳이고 코는 숨을 쉬는 곳인데 입은 사람이 거칠게 살다가 마지막으로 죽어 갈 때나 입으로 쉬는 것이니 절대 입으로 숨을 들이쉬지도 내뱉지도 말아야 하며, 입은 다물고 눈은 지그시 감고 조용히 앉아서 코로만 호흡을 한다. 수련이 깊어지면 호흡을 길게 늘여 가면서 수련하는 것이 다음 단계이며, 나중에는 숨을 쉬는 것 같지 않지만 숨을 쉬는 경지로 코끝에 깃털을 갖다 대어도 안 흔들리도록 조용히 숨을 쉬게 되는 단계로 가게 된다. 그리하여 한번 숨을 쉴 때 기氣가 모인다는 생각을 하고, 숨을 내쉴 때 몸 안의 모든 탁기濁氣를 내보낸다는 생각을 하고 내쉬는데, 이 모든 과정을 거쳐 참된 건강과 훌륭한 인격을 갖추는 동시에 선인仙人이 되어 가는 것이다.

국선도에서는 특히 처음 단전호흡 할 때는 숨을 마실 때 최대한 내밀고 토할 때 최대한 움츠리는 식으로 수련하지만, 본격적인 호흡에 들어가서는 최대한 단전을 내밀고 당기는 식의 극은 피해야 한다고 한다. 만약 그렇게 하면 이마에 땀이 나고 잘 되는 것 같지만 실상 단전으로 모여야 할 화기火氣는 흩어지므로 단전호흡을 할 때는 80~90퍼센트 정도만 마시고 토하면서 약간의 여유를 두어야 하는데 이것을 이단 호흡이라 한다. 바로 호흡을 고요하고 부드럽게 깊게 아랫배, 즉 하단전으로 하게 되면 자연스럽게 호呼와 흡吸 사이, 흡吸과 호呼 사이가 의도적으로 멈추는 게 아닌 저절로 약간씩 머무는 듯한 상태가 되는데, 그런 상태를 이단二段 호흡 상태라 한다. 특히 숨을 마시고 멈추는 시간이 자연스럽게 길어지게 되면 정精이 뭉치는 작용이 강해지는데 여기에 호흡의 비법이 숨어 있다.

또한 마음이 고요하면 숨이 고요해지고 숨이 고요하면 마음이 고요해진다. 마음을 고요히 가라앉히고 숨을 고요히 고를 때 원기元氣가 하단전에 차게 된다. 정신精神은 고요한 가운데 청명淸明해지는 것으로, 이것이 바로 심신일여지경心身一如之境의 입문이다. 즉 정신과 마음의 잡다한 망상과 잡념들을 단전에 두고 고르게 깊은 숨을 쉬고 있다 보면 자연적으로 머리와 마음이 비워져 맑아지며 최고의 명상상태(입정)로 들어가는 것이고, 더욱 깊게 들어가면 무아無我와 우아일체宇我一體의 경지를 체험하게 된다. 그래서 처음에는 나의 몸과 분리되어 있는 자연의 기운을 하단전에 끌어당겨 축기하는 느낌으로 수련을 하게 되지만, 궁극에는 나의 몸도 우주의 질료 중에 하나이고 나와 외부의 경계 자체가 사라지고 자연의 일부라는 의식이 열리게 되는 것이다. 이것은 마치 분열分裂의 끝이자 진공眞空인 무극無極의 상태와 상통한다.

국선도의 수련 과정

청산선사의 책에서 설명하고 있는 단 수련의 원리를 보면, 음양오행의 원리를 오랫동안 공부한 학인으로서 태극太極에서 무극無極으로 향하는 자연의 순환원리에 가장 충실한 양생법이라고 자부한다. 그러므로 각 단계별 수행과정을 잘 살펴보면 그러한 과정으로 하는 이유가 절로 느껴지며 감탄이 나온다. 국선도와 관련된 음양오행의 원리는 천문편에 자세히 설명되어 있으니 여기서는 생략하기로 한다.

국선도 수련은 크게 음적인 내공법과 양적인 외공법으로 나뉜다. 내공법은 음적인 고요함 속에 정신을 집중하고 호흡을 통하여 기氣를 쌓아 몸 안의 정기精氣를 충만하게 하고, 나아가 내 몸 안의 기운과 대자연의 기운이 소통되게 하는 법이며, 외공법(기화법)은 단丹이 많이 모이면 넋이 뿌리려 하는 것을 돌리는 법이다. 즉 내공으로 쌓여진 정기精氣를 원리와 법에 맞추어 양적으로 강력하게 순환시키어 기氣로 변화시키는 법으로 외부의 위협으로부터 자신을 보호하는 호신법이기도 하다.

국선도 수련법의 핵심인 내공법은 정각도, 통기법, 선도법의 세 단계로 나누어져 있고 다시 각 단계마다 3단법으로 나뉜다. 총 9단계로 9란 숫자가 동양에서 완전한 숫자로 보는 것과 무관하지 않다.

1. 정각도(육체적 단계)

- 중기단법: 50가지 행공동작
- 건곤단법: 23가지 행공동작
- 원기단법: 360가지 행공동작

2. 통기법(정신적 단계)

- 진기단법: 5가지 행공동작
- 삼합단법: 2가지행공동작
- 조리단법: 행공동작 자유

3. 선도법(육체와 정신 합일)

- 삼청단법: 행공동작 자유
- 무진단법: 행공동작 자유
- 진공단법: 행공동작 자유

수련의 단계별 핵심

국선도의 수련 과정에 대한 이해를 돕고자 각 단계별로 수련하는 방법을
필자 나름대로 간략히 요약해서 여기에 적어 본다.

1. 정각도正覺道

수련은 내 몸이 '밝(생명의 기운)'을 받을 수 있도록 올바른 길로 나아가는 수
련이다.

(1) 중기단법中氣丹法

단전丹田의 자리를 잡는 과정으로 고요히 앉아서 모든 생각을 다 버리고 하단전下丹田으로 숨쉬기를 하는데, 숨을 들이쉬고 내쉴 때 배꼽 아래만 나오고 들어가게 하면서 마음으로 빠르지도 느리지도 않게 수를 다섯까지 세며 들이쉬고 내쉴 때 여섯부터 열까지 헤아린다. 여기서 중기中氣란 음양이 합실合實한 기氣의 중심자리로 기운이 한쪽으로 치우치지 않은 것을 말하는데, 만약 백지장에 중기中氣의 작용(도술)을 걸면 백지장 모서리를 벽이나 천장 아무데나 붙여도 안 떨어진다고 한다. 여기서 마음을 고르고調心 몸을 고르고調身 숨을 고르게調息 되어 곧 마음으로 몸을 움직이는 첫 문에 들어서게 되며 이 가운데 아래 단丹이 모이는 곳인 하단전下丹田은 하늘의 기운과 땅의 기운이 모여 사람 힘의 뿌리가 된다. 중기단법中氣丹法은 마치 척박한 땅을 단화기丹火氣를 심을 수 있는 밭으로 만드는 과정으로 하늘기운과 땅기운을 아래 하단전下丹田에 모이게 하는 집을 지으려고 가운데 기운을 기르고 튼튼히 하는 첫 방법이며, 그 가운데 기운은 음陰과 양陽이 하나의 기(一氣)로 모이는 이치의 모습인 것이다. 중기단법은 영과 혼과 백의 작용을 원활하게 하는 기초가 되는 호흡이다

(2) 건곤단법乾坤丹法

이는 중기단법에서 기른 가운데 기운(一氣)을 키우는 도道에 들어가는 단계이다. 숨을 들이쉴 때 다섯을 헤아리고 그대로 멈추고 있으면서 여섯부터 열까지를 헤아리고 숨을 내쉬면서 다섯을 헤아리고 그대로 자연스럽게 멈추어서 여섯부터 열을 헤아리며 숨쉬는 것을 계속 반복한다. 숨을 들이쉬어 멈추고 내쉬어 멈추고 하는 숨쉬기는 하늘기운과 땅기운이 하늘에 가득하여 서로 맞물고 돌아가면 움직이고 있는 것으로 사람도 그와 같은 것이니 그 가운데에서 생기고 커가는 것이 힘이며 그 가운데에서 사는 것이다. 그래서 건곤단법乾坤丹法은 하늘자리에서 하늘의 원래 이치인 음양의 작용을 몸 안에서 움직이게 시키는 법이다.

(3)원기단법元氣丹法

여기에서 원기란 모든 기가 합실合實한 기운을 말하는 것이니 이 원기를 내 몸에 지니어 내 몸을 내 마음대로 동작할 수 있도록 수련하는 것이다. 흡吸한 기를 하단전에서 둥글게 말아준다는 생각을 하고 지止를 길게 하고 호지呼止는 몸이 요구하는 대로 편안하게 하여주는 것이다. 한 번의 흡지吸止에 축기가 되기 시작한다는 생각을 함도 중요하다. 반드시 여기서 축기가 되어야 통기법의 진기단법 입문이 가능하다.

지금까지 세 차례에 걸치어 한 숨쉬기는 씨를 뿌리고(중기단법) 가꾸고(건곤단법) 잘 보살펴준 것이니(원기단법), 앞으로 여물어가고(진기단법) 무르익어(삼합단법) 거두어 놓아야(조리단법) 하늘의 기운을 받게 되는 것이니 이제 겨우 하늘의 기운을 담을 수 있는 그릇으로서 자신의 몸을 보살피는 법을 닦은 셈이다. 바로 모든 기운을 몸에 지니어 내 몸을 내 마음대로 움직일 수 있도록 닦은 것으로 몸이 마음을 따른다는 것은 쉬운 것 같으면서도 어려운 것이다. 그러나 욕심 덩어리였던 몸이 이제 자신의 마음을 따르게 되었으니 이제부터 '밝'을 받는 법으로 깊이 들어갈 수 있고 참된 기운(眞氣)를 받아들일 수 있는 몸과 마음이 되었다. 바로 명현현상과 함께 생명력이 넘치는 막강한 몸으로 재탄생한 것이다.

2. 통기법通氣法

수련은 하늘과 땅의 참된 기운을 바로 내 몸과 마음에 맞물고 돌게 하는 법으로서 내 몸과 마음이 하나가 되고 하늘과 땅의 모든 기운이 하나같이 되어 맞게 하는 수련이다.

(1) 진기단법眞氣丹法

바로 아랫배 단전에 쌓여진 기운 덩어리인 단화기丹火氣를 몸의 정중앙인 임독맥任督脈으로 유통시켜 임독자개任督自開를 이루는 것이다. 이 경락經絡이

자개하지 않고는 마치 문을 닫고 들어오라는 것과 같기 때문에 임독맥의 유통流通 없이는 천지天地의 기氣와 상통할 수 없다. 하늘과 땅의 조화는 그 바뀌고 만들고 하는 법(우주변화의 원리인 음양오행)이 정해진 대로 돌게 되어 있는데, 이것이 하늘의 길로 그러한 법을 몸과 마음에서 이루어질 수 있도록 닦는 것이다. 그 증거로서 아래 단 힘이 바로 몸 안에서 등허리를 타고 흐르고 또 앞으로 내리어 몸 전체를 마음대로 돌아가는 것이다. 이러한 임독맥 자개任督脈自開는 도문道門을 여는 첫 층계이므로 도입道入이라 칭하니, 도문道門을 열지 않고 천지天地의 기氣가 모두 들어올 수 없다. 그래서 진기단법眞氣丹法에서는 필히 도문인 임독任督이 자개하여야 한다. 임독 유통을 위한 호흡은 흡吸과 중지中止를 고요히 길게 할 것이며 호기呼氣도 고요히 그 양을 흡기吸氣보다 적게 호출呼出할 것이니 호呼에는 관심을 두지 않아도 좋다. 중지中止에 있어서는 절대 무리하지 말고 여유 있어야 한다.

(2) 삼합단법三合丹法

하늘, 땅 그리고 나의 세 기운이 모두 합하도록 하는 수련이다. 점차적으로 전신의 기공으로 숨을 쉬는 피부호흡 단계로 들어간다. 원래 국선도의 단전호흡법은 하단전下丹田 호흡이 시초적인 것이고, 점차 수련함에 따라 삼합단법에서는 기공호흡만 하게 되며 전신의 경락을 유통시키는 것이다. 지금까지 닦아 얻은 단丹의 기운을 몸에다 갖추어 지니고 한번 숨을 들이쉴 때나 내쉴 때에 코로만 하지 말고 몸으로도 숨을 쉰다. 사람 몸의 수없는 구멍이 땀만 나오는 것이 아니라 본래의 숨을 쉬는 것이다(참고로 오랜 경력의 프리다이버는 피부호흡의 중요성을 잘 안다). 그래야 하늘, 땅의 기운이 자신과 하나가 된다. 그 전에 언급한 무아無我와 우아일체宇我一體의 경지를 체험하게 되는 것과 상통하는 것이다. 이는 마치 내 몸과 외부와의 경계가 사라지는 경지로 가는 첫 과정으로 내 몸과 외부세계는 미시적으로 계속 들어가면 진동패턴만 다를 뿐 결국 같은 질료로 구성되어 있으니 충분히 가능한 이야기이다.

참고로 여기 수련과정은 하늘, 땅의 모든 기운이 스스로 자신의 몸에 들어

오고 나가고 할 수 있는 경지로 가는 단계이다. 누구나 10퍼센트 정도는 피부로 숨을 쉬고 있지만, 본격적인 피부호흡을 하게 되면 심신의 많은 변화와 함께 높은 경지의 체험을 하게 되고 특히 외공에 있어서도 범인의 경지를 뛰어넘는 도술을 구사하게 된다. 그러나 삼합단법은 일신一身 전체의 문을 개開하는 기공호흡으로서 오장육부는 물론 각 경락혈을 완전 자개시키는 어려운 묘경妙境의 수련법이다. 청산선사께서도 다 배우는 데 거의 2년 정도 소요되었다고 한다.

(3) 조리단법造理丹法

삼합단법의 피부호흡이 완전히 익숙해져서 피부로 들어온 기운을 단전에 모아 그 힘을 몸 전체 안에서 아무 곳이나 마음대로 돌리고 돌아가게 하는 것(造理)이다. 몸과 마음도 하늘 높이 둥둥 떠다니며 나와 하늘을 둘로 보지 않고 하나로 보면서 하늘과 나를 하나로 되게 하는 법이다. 특히 조리단법에서 나타나는 심신의 변화와 도력은 보통사람들이 이해하기 힘들어서 혼잣말 비슷하게 '내나 알지, 누가 알까' 하는 말이 절로 나온다고 한다.

참고로 피부를 지나치게 의복으로 가리면 피부호흡과 독소발산이 잘 안되어 간장이 약해지며 담즙의 분비가 둔화되어 변비가 되며, 변비는 장 마비痲痺의 원인이 되어 연쇄적으로 질병이 된다고 한다. 현대에는 다양한 기능으로 광고를 하는 등산의류의 인기가 절정에 이르고 있는데, 과연 그러한 화학염료로 염색된 화학섬유류가 인체의 피부호흡에 어떠한 피해를 줄지를 한번 생각해 볼 필요가 있겠다.

3. 선도법仙道法

음양陰陽이 합실合實하고 육체와 정신이 일여一如가 되고 합일合一이 되면 대우주와 소우주인 자신과 일화一和하는 천인묘합天人妙合의 경지인 수도로서 삼단법인 선도법仙道法이 있다. 몸으로 직접 체득하지 않는 한 말로써 더욱 설명하기 힘든 단계이다.

(1) 삼청단법三淸丹法

몸을 수천 조각으로 나누었다가 다시 하나로 만드는 수련이다. 그 동안 여섯 단계의 수련이 도력道力을 부리기 위한 준비였다면 삼청단법三淸丹法부터는 대자연과 나의 몸이 완벽하게 하나가 되어 모든 잠재능력을 구사하고 발전시켜 도력의 극치極致를 닦는 과정이다. 몸과 마음을 하나가 되게 하고 다음으로 하늘과도 같이 만드는 것(天人合一)으로 자신의 몸을 수 천 수 만으로 보이지 않게 나누어 버린다는 생각을 하고서 전혀 내가 하나로 모이지 않으니 없다는 것을 만들도록 하였다가 다시 모이게 한다. 생김도 없는 데서 생겼고 나 자신도 없는 데서 생겼으니 다시 없는 데로 가고 그리고 다시 생겨나는 것으로 그 이치를 잘 알아서 하도록 한다. 이때부터는 영이 과거를 거슬러 올라가 모든 것을 아는 회상법이나 아무리 먼 곳도 직접 가서 보는 것과 같은 투시법, 거리와 상관없이 들을 수 있는 원청법, 멀리 있는 사람과도 말할 수 있는 심언법, 몸을 가볍게 하는 경신법 등 이루 말할 수 없는 도력을 닦게 된다고 한다.

참고로 유교에서는 우주의 본원인 '무극', 창조의 본체인 '태극', 그리고 무극과 태극을 이어주며 현실을 과불급이 없도록 조화시키며 작용의 중심점이 되는 중中의 본체를 '황극'이라 하는데, 이들은 각각 다르면서도 하나의 원리 속에 내재해 있다. 불교에서도 법신불, 보신불, 화신불의 삼신불이 있으며, 도교에서도 상청上淸, 태청太淸, 옥청玉淸의 삼청三淸사상이 있다. 곧 인간도 소우주이므로 우주의 변화처럼 1태극에서 10무극(수천 조각으로 나눔)으로 그리고 다시 1태극(하나로 모음)으로 변화하는 방법이 삼청단법三淸丹法이라고 필자는 생각한다.

(2) 무진단법無盡丹法

고요히 앉아서 서서히 몸과 마음을 둘로 나누어서 다시 몸은 몸대로 마음은 마음대로 각각 또 수없이 나누었다가 다시 몸은 몸대로 마음은 마음대로 모으는 식으로 몸과 마음을 하나로 만들었다가는 또 나누었다가는 또 모으고 하는 수련이다. 삼청단법三淸丹法에서도 몸과 마음을 함께 나누었다가 합치고 하였으나 무진단법無盡丹法은 몸은 몸대로 마음은 마음대로 따로따로 나눈다는 차이가 있다. 말은 비슷해 보이나 여기에는 엄청난 차이가 있다는 사실을 직접 해보지 않은 사람은 절대 알 수가 없다고 한다.

참고로 무진無盡은 무궁무진無窮無盡의 준말로서 끝이 없고 다함이 없음(끝이 없이 영원히 이어짐, 무한한 잠재력)을 의미한다. 삼청三淸의 의미보다 더 강한 표현으로서 단법의 이름으로 정한 것 같다.

(3) 진공단법眞空丹法

국선도 내공법의 마지막 단계이다. 몸과 마음을 따로 나눈 다음에 그것을 여러 갈래로 나누고서도 하늘과 땅기운에다 맞추어 한데 모았다가 다시 내보내는 수련이니 이때는 최고 최대의 하늘과 땅기운까지도 끊고(차단법遮斷法) 푸는 법(산해법散解法)을 수련하는 것이다. 고요히 누워서 몸과 마음을 허공에 높이 띄우고 몸은 몸대로 마음은 마음대로 나누어 음양陰陽과 맺어주고 한없이 흩어서 먼지도 남지 않게 하였다가(天地人 氣合實) 서서히 허공에 모아 몸도 마음도 합하고, 다시 몸은 몸대로 마음은 마음대로 나누어 놓고 또 합하고 하는 와중에 몸과 마음의 변화가 수없이 일어나게 된다. 그리하여 몸이 한없이 커지거나 작아질 때도 있고 하늘의 모든 것을 휘휘 저어버리려는 생각 등등 수없는 변화가 생기나 그러한 생각은 절대로 금물이니 반드시 올바른 지도를 받아야 한다고 언급한다. 만일 그러한 생각을 하게 되면 자기가 먼저 하늘의 고아, 땅의 고아가 되어 모든 공덕과 공력이 허사로 되고 만다는 것을 명심해야 하며, 삼청단법三淸丹法 이후부터는 거두어놓고 쓰는 법이기 때문에 무서운 결과를 가져오게 되므로 극도로 몸과 마음을 조심해야 한다고 경고한다.

참고로 진공眞空이란 진정한 공空으로서 완전한 무극無極을 의미한다고 본다. 바로 나 자신이 우주의 근원(본원)인 무극無極과 같아져서 내가 우주요 우주가 곧 나인, 나와 우주의 경계선 자체까지 없어지는 경지라고 보며 그래서 마지막 단법을 10무극을 향한 진공단법眞空丹法이라고 명명한 것이 아닐까 생각한다.

단丹 수련의 효과

수도修道를 통한 정신적, 육체적 효과를 청산선사의 저서들을 기본으로 하여 필자의 부족한 지식이나마 나름대로 정리해 본다. 참고로 수련과정을 통해서 체험하는 몸의 현상들은 수도의 원리와 방법은 같으나 개인마다 심리의 차이, 생리의 차이, 음체와 양체의 차이, 체질의 차이, 연령의 차이, 무병과 유병의 차이, 수도자의 성심과 성의의 차이 등 수없는 차이가 있기 때문에 수도자마다 다양할 수 있다. 아울러 아래의 글 중에 혹시나 받아들이기 힘든 내용이 있다면 그냥 편하게 흘려보내기를 부탁한다.

* 백회(정수리)에서 회음(항문부위)까지 인체의 에너지 통로를 여는 것이 수련의 핵심이다. 이 인체의 에너지 회로(단전 시스템)를 개발한 사람들이 바로 히말라야 성자들, 중국의 성인들, 인도의 요기들, 그리고 우리 민족의 도인들이다.

* 혈穴이란 우주의 에너지(天氣)와 통하는 통로로 인체의 365개의 혈이 모두 열리면 우주(자연)의 법칙과 하나가 되어 우주와 하나 되는 의식으로 살 수 있는데, 그런 인간이 곧 성인聖人이라 하겠다. 국선도의 수련단계로 치면 최소한 피부호흡 단계를 완전히 넘어선 경지를 의미한다고 볼 수 있다.

* 하단전下丹田에 기운이 축적되어 단화기(하단전 시스템 작동)가 생기면 불같이 뜨거워지면서 인체에 발생하는 모든 독소를 태워서 정화하게 되며, 어느 순간 영안이 열려 인체의 기氣를 볼 수 있게 되면 완성된 사람에게는 보랏빛의 발광채(오라)가 형성된다는 것을 알 수 있다.

* 하단전下丹田을 내관內觀하고 정심정좌靜心靜座로써 행공하여 축기가 되면 경락 유통법을 수련하는데, 응신취기凝神聚氣하면 임독맥任督脈이 자개

自開하여 정기精氣가 통하고 계속하여 12경十二經 팔맥八脈과 365락三百六十五絡이 차제次第로 모두 통하는 것을 자인자각自認自覺하며, 번뇌와 스트레스가 사라지고 자연치유력과 면역력의 효과가 당연히 극대화되어 수도하는 가운데 절로 병이 나아지거나 질병이 몸에 침범하지 못한다.

* 수련 중 진동현상은 고무호수에 수돗물이 강하게 흐르면 그 호수가 떨리는 현상과 흡사하니 서서히 잘 조절하면 된다. 이러한 진기眞氣가 순리대로 통하면 전신은 무병無病하고 체력은 강장强壯하며, 머리는 총명聰明해지고 지혜智慧가 고차적으로 트인다.

* 경락經絡이 모두 개開하면 혈액순환이 잘 되고 전신의 생리작용이 모두 원만하여 병사病邪가 체내에서 유착留着하지 못하고 각병却病이 되며, 체내 각 세포조직의 활동이 항상 활발하여 장수長壽하게 된다.

* 질병의 자연치유가 일어나며 흰머리가 검어지거나 검버섯이 없어지며, 피부에 탄력이 생기고 체중이 절로 정상화되며 나쁜 시력이 절로 회복되어 안경을 벗는 경우도 생기고 임독任督이 폐색閉塞되지 않고 개開하면 노쇠현상도 더디게 된다.

* 단 수련을 통해 혈들이 열리고 체내에 기운이 점차적으로 쌓이기 시작하면 몸이 가지고 있는 모든 생리적 기능을 최대한 발휘하게 해주어서 면역력, 저항력, 자연치유력 등을 극도로 끌어 올려주기 때문에 향후 도래하는 이름모를 바이러스나 괴질까지도 감히 침범할 수 없다. 그리고 음식뿐만 아니라 천기天氣까지 흡입함으로 이전보다 허기를 더 느끼지 않게 되어 굶주림까지도 어느 정도 대처할 수 있게 된다.

* 기운이 맑을수록 이타적인 사고가 나오고 탁할수록 이기적이고 욕망의 사고가 나오므로 수련이 깊어짐에 따라 극치의 기쁨과 쾌감, 우주적인 자유, 분별없는 인간관계, 높은 도덕성, 범우주적인 사랑이 마음에서 절

로 우러나온다. 또한 무심의 경지로 충만함과 완전함(無我之境)이 동반하면서 더 이상 돈, 명예, 이성, 권력, 인연 등에 집착하지 않게 되며, 그 의식의 기쁨이 커져 가면서 어느 순간 인체에 몰핀의 수배에 해당하는 굉장한 쾌감(怳惚境)이 생기기도 한다.

* 완전한 임독맥任督脈 유통이 되면 자기가 가지고 있는 힘의 세배가 생기고 자기 체중의 다섯 배가 되는 것을 몸의 어느 부위에 얹어도 견딜 수가 있고 피부는 본래의 제 색깔이 나오고, 눈에서는 안광眼光이 나오면서 기氣를 볼 수 있게 된다. 그리고 머리가 고차적으로 트여 통리通理를 할 수 있는 두뇌로 바뀐다. 그리고 수련을 오래하다 보면 환골탈태換骨奪胎라고도 표현하는데, 근골이 바뀌면서 체질도 바뀌게 되는 이른바 세포단위의 육체변화까지 오게 된다. 한 예로 피부호흡 수련 중 피부가 한 꺼풀 벗겨지기도 한다. 궁극에는 무한한 영능력道力이 발현된다.

* 단丹 수련을 통해 얼, 넋, 영(精氣神)이 남보다 앞서 있게 되면 반드시 말과 마음을 함부로 하면 안 된다는 것을 지적한다. 그 속에 담겨진 에너지가 일반인보다 상낭히 강력하기 때문에 그대로 되는 수가 있으므로 말뿐 아니라 마음(상념)으로도 그리하면 안 된다는 것이다. 그러면 반드시 인과율인 우주의 법칙에 의하여 결국 자기도 당하므로 닦아서 높이 올라갈수록 더욱 매사에 조심해야 한다.

* 기氣의 강약强弱과 청탁淸濁에 의해 수련이 깊어질수록, 인간을 건전지에 비유한다면 충전용량이 커지면서 충전시간도 짧아지게 된다.

* 기氣가 보이게 되면 멀리 떨어져서도 사람의 몸에서 퍼지는 기氣를 볼 수 있게 되며, 기氣를 통한 자연적인 치유능력이 생기며 땅의 지기地氣가 매우 강력한 땅은 눈으로도 확인할 수 있게 된다.

* 한겨울에도 몸이 너무 뜨거워 추위를 타지 않으며, 주체 못할 정도의 힘이 솟으며 목소리가 상당히 커져서 산이 쩌렁 울리며, 쇠를 마음대로 휠 수도 있다.

* 어느 정도 수행 단계를 거치고 나면 한쪽 손은 상대방의 등 쪽에, 한쪽 손은 가슴 앞쪽에 약 30센치 가량 띄우고 양손을 위 아래로 움직이면 손이 움직이는 곳마다 강한 기감氣感을 느낄 수 있게 된다.

* 밤에 수련을 계속 하다보면 귀신을 볼 수도 있으며, 몸 안이 다 보이거나 미래의 일들이 보일 수 있고, 진기단법 수련이 깊어지면 영으로 동물들과의 대화도 가능해진다고 한다. 또한 자신의 영을 띄울 수도 있는데 일종의 의도적인 유체이탈을 의미한다.

* 사실 사람이나 동식물뿐만 아니라 기계장치나 돌 등 세상에 존재하는 모든 것은 알고 보면 하나의 우주질宇宙質이 나름대로의 고유한 형태로 존재하기 위해 특정하게 진동하고 있는 다양한 생명체인 것이다. 예수나 부처, 그리고 인도의 성자, 한국의 도인들의 일화를 보면 물질변화나 물질창조에 관한 능력을 접하게 된다. 만일 심신心身이 천지天地와 합일合一하는 수행修行의 최종단계를 넘어선다면 특정한 물질로 존재하게 만드는 고유한 진동패턴을 변화시켜 다른 물질로 바꾸어 버리거나 공간의 우주질宇宙質을 끌어당겨서 새로운 것을 만드는 능력이 가능하리라고 필자는 본다. 또한 수행을 통해 만들어진 강력한 생체전자기장으로 인해 척추라인을 초전도체에 가깝게 변화시킬 수 있다면 공중부양조차도 허황된 사기가 아니라 과학적으로 설명가능한 때가 올 거라고 기대한다.

단丹 수련의 자세

　수련이 깊어짐에 따라 특이한 능력들(道力)이 발현되기도 하지만, 그러한 것들은 수행과정의 옵션일 뿐이지 거기에 현혹이 되어서는 절대 안 될 것이라고 강조한 내용이 있다. 다음의 대화는 청산선사의 스승께서 하신 말씀으로 그러한 것에 대한 경고의 말이라고 볼 수 있다.

　"붉받는 법을 닦아가는 데는 일흔 가지 일들이 생긴다. 몸에는 서른 가지요, 마음으로 생기는 것이 마흔 가지다. 마음에서 생기는 마흔 가지는 무엇이 보이는 것, 말하는 것, 먹는 것, 가고 오는 것, 나는 것, 물에서 걷고 잠기는 것, 불에 들어가도 타지 않는 것, 어떤 딴 세상이 보이는 것, 영계라 하여 가고 오는 것, 무엇을 만들기도 하는 것, 높은 자리에 오르는 것, 세상 천지에 못하는 것 없이 글도 절로 나오는 등등이다. 몸으로도 자기 몸이 실제 둘이 되고 열도 되고 천도 되는 것, 날 수도 있는 것, 아무데나 마구 다녀도 걸리는 것이 없는 것 등등 이것도 서른 가지나 된다. 그러나 모두 허망한 짓이며, 만부득이 할 경우에 몸과 마음이 하나가 되어서 하여야 하는데, 붉받는 법을 하는 가운데 잠시잠시 되는 것은 다 소용이 없는 짓이고, 그런 것이 된다 하여 다 닦은 줄 알면 큰일 나는 것이다. 그런 일이 있어도 빨리 잊고서 꾸준히 닦아야 하는 법이다. 그런 것에 지면 몸과 마음을 버린다."

　또한 수도修道를 하면서 경계해야 할 청산선사의 말씀들 중 필자의 내면에 깊은 깨우침을 주었던 내용을 적어보면 다음과 같다. "아무리 보고 듣고 알고 깨달아도, 실천하여 닦아서 얻지 못하면 설경자일 뿐이지. 입으로 밭을 갈아야 소용없는 법인 것이야. 씨만 뿌려서도 안 되고 가꾸고 김매주고 거름 주고 잡초를 뽑아주고 하여야 비로소 여무는 것이고, 여물어도 베어다가 잘 간수하여야 비로소 내 것이 되는 것이니, 그러한 방법을 알지 못하고 실행하지 않으면 아무리 알아도 소용없는 헛것이야!" 그리고 "수도를 하는 것은 나무를 타고 올라가는 것과 같다. 나무 꼭대기까지 올라가려면 본줄기를 타고 올라가야 한다. 그러나 사람들은 나무에 오르다 곁가지에 있는 꽃이나 열매에 현혹되어 그리로 빠지는 경우가 많다. 그리고 그렇게 되면 꼭대기에 오르려는 처음 생각조차도 잊어버리고 안 올라가게 된다."

결론적으로 필자는 이러한 단전시스템 개발의 효과적인 수행법을 통해 동양학을 공부하는 분들이나 자연친화적 삶을 지향하는 분들에게 최소한 자신의 몸과 마음을 다스리고 기氣의 변화를 직접 체험하는 기회가 생기기를 진심으로 바라는 바이다.

단丹 수련의 체험기

단丹 수련에 관한 마지막 내용으로 초보자도 이해하기 쉬운 단전호흡의 체험기로서 《남사고의 마지막 예언》의 저자 박순용 씨의 체험기의 일부를 요약해서 여기에 인용해 본다. 앞서 얘기했듯이 수련과정을 통해서 체험하는 몸의 현상들과 시간은 수도자마다 다양할 수 있음을 알고 편하게 읽어주기를 바란다.

"선도수련仙道修練 초기 3개월은 체조와 동작을 통해 굳은 몸을 풀고 단전丹田호흡을 배웠다. 오랜 방황과 습관 때문인지 몸과 마음은 황폐하고 정신은 집중이 잘 안 되었다. 체조와 동작을 따라하기조차 힘이 들었다. 그러나 새로운 삶과 새로운 세계를 개척하고자 하는 열정이 강했기 때문에 비교적 순수하게 수련에 몰입할 수 있었다.

1개월 정도 지났을 때 양손에 끈적한 기운을 느꼈고, 3개월 정도 수련했을 때는 명문으로부터 기氣가 감기면서 들어오는 것이 느껴졌다. 이때부터 몸과 마음은 비교적 안정되었으며 새로운 세계에 대한 열정은 더욱더 뜨거워졌다. 그러나 몸에 새로운 기氣가 들어오면서 몸살, 두통, 몽둥이로 맞은 것 같은 무력감 등 고통스러운 현상(일종의 명현현상)이 나타났다.

5개월 정도 되었을 때는 기기氣를 느끼며 춤을 출 수 있었고, 기운 속에서 평화로움을 느꼈다. 선도수련仙道修練은 하늘과의 거래이고 정성에 의하여 판가름난다는 내면의 소리를 듣고 적극적으로 수련에 임하였고 모든 것을 긍정적으로 사고하였다.

6개월 정도 수련했을 때, 비로소 항상 의식을 아랫배에 집중하며 생활할 수 있었다.

7개월 정도가 지나자 몸 안의 경락經絡을 통해 따뜻한 기운이 이동하는 감각이 느껴졌다.

선도수련仙道修練의 특별한 계기가 일어난 때는 8개월째였다. 수련 도중 머리끝 백회(정수리)에서 쩍! 하며 쪼개지는 느낌이 들었다. 백회(정수리)가 열리는 순간이었다. 순간, 허공에 있던 기기氣가 기다렸다는 듯이 머리로 쏟아져 들어왔다. 머리는 청량했으며 또 한번의 새로운 세계에 대한 경이로움을 느꼈다.

9개월에서 1년 사이에는 백회가 열려 뇌 속을 관통하면서 찌르르한 느낌이 들며, 청량한 기운이 머릿속을 감돌았다. 그리고 그 후로는 항상 머리로 이슬비가 내리는 느낌이 들었고, 아랫배에 의식을 집중하여 들어오는 기기氣를 다스렸다.

1~2년 동안은 기운의 줄기가 점점 강해져서 소나기가 오는 느낌이 들었다. 뇌는 더욱더 청량하고 맑아졌으며, 정신적으로 혼란을 느끼지 않았다. 그러나 가슴의 일부까지만 기운이 느껴지고 다른 부분은 석고같이 경직되어 답답하게 느껴졌으며 아랫배 부위는 힘이 들어가지 않았다. 매우 힘들었던 시기로 기억된다.

그 후 2년~3년 동안은 기운의 줄기가 마치 머리 위에서 기름을 붓는 듯 꿀렁꿀렁 들어왔다. 좀 더 구체적으로 비유하면 큰 드럼통의 기름을 따를 때의 느낌이랄까. 그렇게 기운의 줄기가 강해지면서 가슴과 아랫배로 기운이 내려왔다. 머리 부위에는 강력하게 내려오고 가슴 부위는 느낌이 좀 약했으며, 아랫배 부위는 더 약했다. 백회와 인당, 전정, 미간, 태양혈로 들어오는 기기氣

는 체내에 들어와서 액체로 바뀌면서 가슴에는 빗물같이 쭉쭉 흘러내렸고, 아랫배에도 간헐적으로 물줄기가 흘러 내렸다. 또한 강력한 기氣의 압력으로 몸속에 혈穴이 열리는 것이 느껴졌다. 석고 같던 가슴과 아랫배에서 균열이 일어나는 듯했고, 찌르륵 찌르륵 하며 몸 안의 통로가 열리는 것을 느꼈다. 가슴은 편안해졌으며 평화로워지고, 아랫배는 불같이 뜨거워지기도 하고 식기도 했다. 아랫배에서 하단전下丹田시스템이 가동되어 작동을 할 때는 내장이 익는 것 같이 뜨거웠다. 아울러 형언할 수 없는 쾌감이 아랫배에서 생성되었다. 물론 이러한 상태가 지속되는 것이 아니라, 생겼다 사라졌다를 반복했다. 나는 이 시기에 하늘을 알기 시작했다. 어려웠던 경전도 이해가 되었고, 세상의 이치가 보이기 시작했다. 진정으로 실질적이고 행동으로 연결할 수 있는 진리가 선도仙道인 것을 더욱더 확신하고, 모든 인간관계에서의 부딪힘과 불행이 결국 나의 문제에서 발생된다는 것을 뼈 속 깊이 느끼며 항상 나 자신을 관조하며 성찰할 수 있는 눈이 뜨여져 하늘을 두려워하며 진정으로 인간관계에서 진실해질 수가 있었다. 그 후로는 사람을 미워할 수가 없었고 저급한 감정이 생기면 즉시 뉘우치고 참회했다. 그리고 진정으로 사람들을 살리고자 하는 마음을 갖게 되었으며, 잘못한 사람은 용서하고 만나는 사람들에게는 항상 긍정적으로 꿈과 희망을 제시하게 되었다.

3년~4년이 지나자 기운의 줄기는 더욱더 강해졌다. 백회에서 폭포가 쏟아지는 것 같았으며, 주위에는 항상 거대한 에너지의 장場이 형성되어, 나의 주위에 있는 사람들도 강한 기氣를 느낀다고 했다. 온 몸에 기운의 파도가 항상 느껴졌다. 상단전上丹田에서는 기氣의 회오리가 치면서 결정체가 만들어지는 것이 느껴졌다. 그러나 중단전中丹田에서는 빗물이 계속 흘러내렸으나 열려야 할 어떤 대문이 닫혀져 있는 것이 느껴졌고, 하단전下丹田에서도 물줄기가 흘러내리지만 어떤 저급한 기氣의 덩어리가 존재하는 것이 느껴졌다. 내 몸에 존재하는 업業 덩어리들 때문에 그동안 수많은 인간관계가 진실하지 못했으며, 때때로 나오는 저급한 감정, 상념, 분별들……. 일본도日本刀로 아랫배를 그어버리고 싶을 정도로 추악한 내면의 정보들이 느껴졌다.

4년~5년이 지나자 명상하는 도중에 갑자기 하늘에서 별무리들이 뇌로 들어와 더욱더 강하게 상단전上丹田의 혈穴이 열렸다. 기운의 줄기는 더욱더 강화되어 마치 하루 종일 소방 호스를 정수리에 댄 것 같았다. 강력한 기氣의 압력은 내면의 업業장을 파괴하며 소멸시켰다. 기氣를 받으며 명상할 때나 꿈속에서 수많은 전생의 정보들이 지나갔다. 수많은 상념들과 상象이 지나갔으며, 그것을 통해 현생의 인간관계의 의문이 풀리기 시작했다. 지금까지 수많은 인생을 살아오면서 얼마나 많은 인과를 쌓았는가?

5년 이후부터는 상대방과 마주앉으면 상대방 기氣의 강약과 청탁이 나의 뇌로 들어와 감지가 되었다. 장소에 따라 땅의 기운이 다르게 느껴지고, 산의 기운도 종류별로 느껴졌다. 명상에 들어가면 한없는 쾌감과 자유와 풍족함을 느낀다. 상단전上丹田에 기氣의 회오리가 치면서 기氣의 결정체를 만들고 중단전中丹田, 하단전下丹田에서도 물줄기가 쌓이면서 회오리가 느껴진다. 제대로 운기運氣가 될 때는 뇌가 시릴 정도로 청량하고 단전丹田은 창자가 탈 것 같이 뜨거우며, 커다란 쾌감과 충만한 만족감과 자유가 밀려온다."

박순용 씨는 기氣가 체내로 들어와 단전丹田과 경락經絡에 붙어 있는 탁기를 소멸시키고 상, 중, 하단전에 기氣의 결정체를 만든다고 설명한다. 그래서 하단전下丹田에서는 불덩어리처럼 뜨거운 작용을 하면서 만들어진다 하여 화인火印, 중단전中丹田에서는 빗방울이 주룩주룩 흘러내리며 만들어진다 하여 우인雨印, 상단전上丹田에서는 이슬이 내리며 만들어진다 하여 로인露印이라 설명한다.

소리를 통한 양생법

이제는 소리파동을 통해 인체를 치유한다는 이야기가 더 이상 낯선 말이 아니다. 가장 직접적이고 강력하게 작용하는 소리파동의 조합으로 심신을 정화시키는 만트라 요가 또는 진언이나 인체 내의 장부臟腑와 연결된 오음五音의 소리를 통해 인체를 치유하는 소리선이나 모두 소리를 활용하는 것으로 귀결된다. 필자 개인적으로도 직접 소리선 수련을 통해 몸의 다양한 변화를 체득하면서 누구나 쉽게 접근할 수 있는 양생법養生法이라는 확신을 갖게 되었다. 여기서는 핵심만을 간략히 소개하므로 소리선 수련에 대한 좀 더 구체적인 내용을 알고 싶다면 김호언 씨의 저서 《소리 지르면 건강해진다(눈과 마음, 2005)》을 추천한다.

소리에 관한 이야기들

1. 악서樂書

사람이 내는 소리에 대해서 악서樂書에서는 다음과 같이 말한다. "소리가 비장에서 나와 입을 다물고 통하는 소리를 궁宮이라 이르고, 폐에서 나와 입을 크게 벌리고 토하는 소리를 상商이라 이르고, 간에서 나와 입을 벌려 입술을 솟아오르게 내는 소리를 각角이라 이르고, 소리가 심장에서 나와 이는 다물고 입술은 벌려 내는 소리를 치徵라 이르고, 신장에서 나와 잇몸을 약간 벌리고 입술을 모으며 내는 소리를 우羽라 이른다" 여기서 한의학뿐만 아니라 '궁상각치우' 오음으로 이루어진 국악의 소리 또한 오행의 원리를 따르며, 이러한 오음五音이 오장五臟과 밀접한 관련이 있음을 의미한다. 여기에 좀 더 보충을 한다면 궁상각치우宮商角徵羽에서 치음徵音는 흩어지는 소리(발산)라면 상음商音은 끌어들여 모으는 소리(수렴)이고, 각음角音은 아래서 위로 올라가는 소리(상승)라면 우음羽音은 위에서 아래로 떨어지는 소리(응축)이며 궁음宮音은 제자리서 호수의 물결이 동심원同心圓을 그리며 퍼져나가듯 흩어져 나가는 소리(조화)라고도 해석할 수 있다. 여기서 오음의 각 기운의 성질이 음양오행론에 나오는 계절의 오행기운의 각 성질(生長化收藏)과 동일함을 알 수가 있다.

2. 이정립 선생

근세의 대종교학자였던 이정립(李正立, 1895~1968) 선생은 그의 저서에서 모든 수련과 종교에서 이루어지는 소리수련의 원리를 다음과 같이 밝혔다.

① 일정한 조자調子로 연속 발성함에 성대가 일정한 속도의 운동을 계속한다.

② 성대의 일정한 속도의 운동에 의하여 폐와 심장이 또한 일정한 속도의 운동을 지속한다.

③ 일정한 속도의 심폐운동으로 인하여 혈액순환이 일정한 도조度調로 행해진다.

④ 일정한 도조度調의 순환작용은 신경계에 일정한 도조의 자극을 주고 말초신경이 일정한 도조의 자극을 받아서 작용을 일으키니 그 현상이 전기안마기에 의한 신체의 감수현상感受現象과 방불한 것이다.

또한 "근육은 물론 신경계까지 교호작용이 일어나면서 사려가 망각되고 감각이 정돈되어 혜광慧光이 개발되기도 한다"고 하였다. 결론적으로 다섯 가지 성음聲音은 각각의 특성에 따라 인체 오장지기五藏之氣의 강약을 직접적으로 유도하여 생명체 율동의 조화뿐 아니라 질병의 발생까지도 조절할 수 있는 자극 방법으로 응용할 수 있게 되는 것을 이야기한다.

3. 색건반요법

경희대학교 동서신의학병원에 세계 최초로 한방음악치료센터를 만든 이승현 교수는 음양오행의 원리를 음音에 적용한 한방음악치료 중 하나인 '색건반요법'을 통해 환자를 치료하는 데 활용하고 있다. 이러한 한방음악치료의 원리도 바로 《황제내경》에 있는 '오음五音'이다. 가령 간의 기능이 떨어졌을 때는 목木의 기운을 가진 음악을 듣게 함으로써 오음五音으로 인체 장부의 균형을 맞춰주는 것으로, 아무도 관심을 가지지 않았던 《황제내경》의 한방음악 치료를 현대에 구현한 것이다.

4. 음악 치유

일반적으로 사람들은 몸이 피곤할 때나 마음이 괴로울 때, 또는 즐거울 때도 음악을 듣는다. 바로 음악을 통해 몸과 마음心身에 파동적인 효과를 일으킴으로써 원기를 회복하거나 마음을 달래기도 하는 것이다. 최근에는 이런 음악의 효과를 인체나 식물에 이용하는 음악치료요법이 개발되어 확산되고 있다. 또한 인간이 의식하지 못한 미약한 자극도 무한한 잠재의식을 이용해 인간의 행동이나 사고에 긍정적인 변화를 유도한다는 이론으로, 사람이 감지할 수 없는 빠르고 작은 음을 통해 듣는 이의 재능과 능력을 발휘할 수 있도록 유도하는 서브리미널 이펙트(subliminal effect)란 기법도 등장하였다. 《소리가 왜 사람을 달라지게 하는가(아람기획, 1994)》라는 책을 저술한 미국의 스티븐 핼펀은 "음악音樂의 시대는 끝났다. 이제는 음약音藥의 시대가 시작된 것이다" 라고 표현했으며, 숭실대 소리공학 배명진 교수도 "특정 목소리 음을 지속하면 해당부위별 오장육부에 분명히 건강에 도움이 되는 것으로 학회에 보고되어 있다"고 하였다. 이제는 음音을 즐기는 것뿐만 아니라 치유에도 활용하는 시대이다.

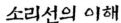

소리선의 이해

　사람이 내는 소리에는 목의 소리, 가슴의 소리, 배의 소리로 구별할 수 있다. 목의 소리는 보통 대화하듯이 가볍게 내는 소리로 맑고 강한 소리와 탁하고 약한 소리가 있다. 가슴의 소리는 가슴을 의식하면서 약간 힘을 주고 소리를 내면 가슴이 악기의 소리통처럼 울리면서 좀 크고 가슴의 진동이 느껴지는 소리로, 울리는 소리와 막힌 소리가 있는데, 막힌 소리는 심폐기능의 약화와 정서적 맺힘이 그 원인이다. 마지막으로 배(단전)의 소리는 최대의 소리를 낼 때 단전의 기운이 올라오면서 나오는 힘찬 소리로, 사람마다 강한 소리와 약한 소리가 있는데, 그 차이는 단전의 힘의 차이다. 그래서 누구나 이 세 가지 소리가 자유롭게 나는 것은 아니고 사람에 따라 각각 걸림이 있어, 목에서 걸림이 있는 사람, 가슴에 걸림이 있는 사람, 배에서 걸림이 있는 사람이 있고 또는 2군데, 3군데 모두에서 걸림이 있는 사람도 있다. 가령 단전에서 힘있게 출발한 소리라도 목이 약하고 탁하거나 가슴에 걸림이 있으면 본래의 소리를 다 내지 못하고 가늘고 탁한 소리로 나오게 된다.

　소리선이란 소리를 통한 수련으로 몸의 탁기를 기화氣化시켜 내보내고 맑고 밝은 기운을 가득하게 할 뿐만 아니라 소리의 근원인 단전에까지 영향을 주어 수련이 됨에 따라 소리를 내는 기운이 단전에서 나오는 것을 체험하게 되는 방법이다. 가늘고 약한 목소리가 맑고 청아하면서도 단전으로부터 힘있게 올라오면서 우렁차고 힘찬 소리로 변하는 민족 고유의 수련법이라고 할 수 있다. 소리선 수련의 가장 큰 효과는 이러한 걸림을 수련을 통해 풀어내는 것으로, 목이 트이고 가슴이 열리면서 내려가는 기운과 단전에서 올라오는 기운이 터널 양쪽을 뚫고 중간에서 만나듯이 배의 어느 지점에서 만날 때 목에서 단전까지의 소리 통로가 모두 열리게 된다. 참고로 목이 트인다 함은 목이 탁하고 약하여 목소리가 가늘고 약하던 사람이 목이 맑고 강해지면서 크고 시원한 소리를 낼 수 있게 되는 것을 말한다. 또 가슴이 열린다 함은 마음에 맺혔던 여러 가지 감정의 응어리들이 풀려 마음이 맑고 편하게 되면서 좋은 악기의 소리통처럼 말이나 대화를 할 때 가슴에 상쾌한 울림이 생기는 것을 말한다. 그리고 단전의 힘이 솟는다 함은 소리선 수련으로 아랫배 단전에 점점 힘이 생기고 차게 되어 단전의 힘이 소리로 연결되어 우렁차고 힘찬 목소리를 내게 됨을 말한다.

소리선의 원리

소리선의 원리는 사람마다 각기 목소리가 다른 이유가 인체 내의 오장육부五臟六腑의 상태가 각기 다른 데서 연유하는데, 목소리는 그 사람의 오장육부五臟六腑의 진동에 따라 나오는 것이고, 사람마다 장기의 크기와 허실이 다르므로 목소리의 컬러도 각기 다를 수밖에 없다는 것이다. 이것은 소리가 몸의 현재 상태에 거짓 없이 표현해주는 중요한 역할을 한다는 말과도 상통한다. 그래서 음·아·어·이·우 5가지 소리는 각각 비장·폐장·간장·심장·신장과 연결되어 있으므로 약해진 장기에 따라 잘 안 나는 소리가 있는데, 비장이 약해지면 '음' 소리를, 폐가 약해지면 '아' 소리를, 간이 약해지면 '어' 소리를, 심장이 약해지면 '이' 소리를, 신장이 약해지면 '우' 소리를 잘 내지 못하는데, 반대로 각각의 음들을 지속적으로, 조화적으로 발성하면 해당 장기가 건강해지며 쉽게 발성이 가능해진다는 것이다. 필자 개인적으로 소리에 관한 연구와 체험을 해본 결과 상당히 개연성이 있다는 것을 알았다. 말하자면 다섯 가지 오행五行의 소리파동으로 자극을 주어 오장五臟의 기운을 강화시켜 주는 것이다. 결국 소리는 단순히 목의 소리를 내는 것만의 문제가 아니고, 몸의 전체적 반영이기 때문에 소리의 상태가 곧 건강의 중요한 바로메타가 된다. 옛날 뛰어난 명의는 목소리만으로도 그 사람의 병을 가늠할 수 있다는 말과 동일하다. 그래서 몸의 일부가 건강하지 못하면 가늘고 약한 소리, 탁하고 뜨는 소리, 귀에 거슬리는 소리 등으로 표출 될 수 있다는 것이다. 반대로 소리가 맑다는 것은 목이 탁하거나 약하지 않다는 것이고, 소리가 잘 울린다는 것은 심폐기능이 좋다는 것이고, 우렁차다는 것은 단전의 강한 힘으로 가슴이나 목에 걸림이 없이 잘나온다는 것이다.

가령 소리선 전수자인 김호언 씨는 사람의 목소리만 들어도 그 사람의 건강 상태를 파악하는 것이 가능하다고 설명한다. 대부분 중년이 되면 심장이나 폐의 노화가 본격적으로 진행되므로 '이'와 '아'음을 길게 뽑도록 하는 발성으로 심폐의 노화 정도와 건강상태를 알 수 있다고 한다. 그래서 폐와 연결되는 금金기운의 소리인 '아' 소리와 심장과 연결되는 화火기운의 소리인 '이' 소리로 장부의 건강 상태를 알 수 있다고 하는데, 예를 들면 심장의 기능에 이상 있는 사람은 화火기운인 '이' 음이 쥐어짜듯이 나오게 된다.

결론적으로 처음 소리선 수련에 오신 분에게 기본적인 영詠을 시켜보면 그 사람의 소리가 목에서 걸림이 있는지, 가슴에서 걸림이 있는지, 단전의 힘이 약한지를 바로 지적해 줄 수 있다고 한다. 그래서 길게 뽑은 음이 가슴을 울리며 내는 소리면 건강한 것이지만, 단지 목만 울리며 내는 소리는 그 장부가 충분히 기운을 보내지 않은 것으로, 목소리를 통해 건강 상태의 체크가 가능하며 소리선 수련을 통해 올바른 소리를 꾸준히 내는 것만으로도 심장, 폐, 간 등의 기능이 강화될 수 있다고 한다. 원로 성악가나 가수 중에도 나이가 들어감에 따라 가슴의 울림이 약하고 단전의 힘이 떨어져 아쉬움을 느끼게 되는 경우가 있다고 한다. 그들의 경우도 소리선 수련을 통해 10년 전의 목소리로 돌아갈 수도 있다고 하였는데, 필자가 보기에 소리를 내는 몸만 건강하다면 얼마든지 가능하다고 본다.

판소리와 소리선

판소리나 민요의 발성법에서는 배꼽 아래의 단전丹田에서부터 굵게 바로 뽑아서 힘차게 부르는 통성通聲을 사용한다. 그래서 호흡법도 단전의 기운으로 소리내기 위한 방법으로 연습을 한다. 이것은 단전丹田 아래 호흡을 모아 배에서부터 우러나서 통으로 전체로 울려나오는 소리를 일컫는데, 가성假聲을 쓰지 않고 군더더기 없이 뽑아내는 장중莊重하거나 중후重厚한 소리로 듣는 사람들은 시원함을 느낀다. 또한 통성通聲을 '단전성丹田聲'으로 줄기가 튼튼한 소리라고도 말한다. 아랫배에서부터 힘을 주어 힘차게 질러내는 소리인 통성通聲은 성대를 긴장시킨 상태에서 아랫배 단전丹田으로부터 '통째로' 토해내는 발성법으로 이해할 수 있겠다. '통째로' 토해낸다는 점이 중요하다. 중간에서 음을 거르거나 띄우지 않고 바로 토해낸다는 말이다. 그래서 통성通聲은 인간이 낼 수 있는 가장 강력한 발성법이다. 단전丹田의 강력한 힘으로 기氣를 가장 많이 토해낼 수 있기 때문이다. 그래서 소위 '퍼붓는' 성음으로 폭포수처럼 소리가 쏟아지는 느낌을 받는다. 결국은 이러한 단전丹田의 공력이 풍부해야만 소리를 하는 데 있어서 청탁淸濁, 대소大小, 장단長短, 애락哀樂, 강유剛柔, 고하高下, 출입出入, 주소周疎 등을 마음대로 주관하여 표현할 수가 있는 것이다.

이렇게 판소리의 핵심적인 발성법인 통성通聲의 내용을 보면 소리선에서 단전의 통로를 열어서 소리기운을 뽑아 올리는 방법과 일맥상통한다. 바로 큰소리를 편하게 낼 수 있는 소리선 수련이 굳이 폭포수 아래에까지 가지 않더라도 판소리나 민요의 국악 전공자들의 통성通聲을 개발하는 데도 상당한 도움이 된다는 것을 알 수가 있다. 뿐만 아니라 소리를 중요시하는 성악가, 가수, 아나운서, 캐스터, 성우, 연극인, 스님, 목사, 교사, 강사들에게도 소리선 수련이 상당한 시너지 효과가 있을 것으로 기대한다.

영가무도와 소리선

영가무도詠歌舞蹈는 지금으로부터 150여 년 전 정역正易을 만든 일부一夫 김항 선생에 의하여 전해진 심신수련법인데, 그 맥이 끊긴 것을 일부 선생께서 제창한 것으로 소리선 수련의 하나로 오행소리의 춤이다. 인체의 오장五臟과 조화를 일으키는 소리인 '음 · 아 · 어 · 이 · 우' 오음五音을 소리내면서(詠), 노래하고(歌), 춤추고(舞), 뛰는(蹈) 4단계의 소리와 춤의 수련으로 인체의 오장五臟과 조화를 일으키는 음률로 이루어져 있다. 현재 우리나라에서는 대표적으로 국선도의 김호언 법사가 그 맥을 이어 소리선 수련장을 하고 있으며 서울대학교 이애주 교수가 영가무도 쪽의 맥을 이어가고 있다.

영가무도詠歌舞蹈 중 영詠은 길게 소리를 내는 것으로 '음, 아, 어, 이, 우'의 오음을 독특한 음률에 맞춰, 마치 구슬 꿰듯과 같이 오음을 하나로 꿰어 가며 단정히 부르는데, 이러한 형식을 가리켜 '영詠'이라 한다. 영詠을 반복하여 부름에 따라 화음和音을 얻어 음 전체가 맑고 시원하게 되며 가벼운 감전(전율)과 같은 상쾌한 현상이 나타난다. 이러한 느낌으로 계속 영詠을 하면 몸으로부터 흥이 나고 몸이 흔들리게 되고 흥이 더욱 세차게 일어남에 따라 점점 빨라지게 되어 무릎을 치며 하게 되는데, 이를 노래한다 하여 '가歌'라 한다. 이에 더 흥이 나 자리에서 일어서서 손과 발을 들었다 내렸다 하면서 춤추게 되는 것을 춤춘다 하여 '무舞'라 한다. 그보다 더욱 더 흥이 극도에 달해 무아의 삼매경에 들어 뛰게 되는 것을 '도蹈'라고 한다. 이렇게 '도蹈'에까지 이른 후 다시 잠시 앉아 숨을 고르고 나서 다시 영詠을 불러 몸의 기운을 맑게 가라앉히는데, 하늘의 기운과 하나 되어 춤추고 노래하는 겨레의 노래라고 한다.

여기서 가장 중요한 시작인 영詠의 창법은 3대째 맥을 이어온 원성 박상화께서 다음과 같이 설명하였다. "아랫배인 단전에 힘을 주고 무거운 물건을 힘들여 들어 올리는 것처럼 소리를 점점 강하게 끌어 올리며, 마치 하늘로 한

없이 떠오르는 것 같은 기분으로 소리를 내면서 끝 부분은 높은 굴뚝에서 연기가 나오다 바람에 흔들리듯 하다가 조금 더 끌어올린다. 이어서 높이 올라간 소리가 하늘에서 툭 떨어져 깊은 바닥으로 내려오는 것 같은 기분으로 소리를 내고, 그 다음은 내려온 소리를 굴리듯이 곡절을 뚝뚝 꺾어 넘기게 하고, 끝으로 마른나무의 큰 둥지가 땅위에 우뚝 서 있는 것과 같이 소리를 뚝 그치게 낸다. 한마디로 영詠의 앞부분의 올라가는 소리는 그 시작이 목의 소리로부터 중간은 가슴의 소리, 마지막은 단전기운의 소리로 내고 다시 가슴, 목의 소리로 바뀌면서 마지막에 사라지듯이 해야 한다."

이는 영詠을 하기에 앞서 마음을 편하게 안정시키고 난 후 기운을 아랫배 단전에 모아 서서히 끌어올려 점점 가볍고 빠르게, 그 기운이 하늘에 이르듯이 하라는 뜻이다. 또한 기운을 내릴 때에는 올릴 때 주었던 힘을 일시에 풀어 마치 하늘에서 땅속으로 꺼져 들어가듯 뚝 떨어지게 하고, 이어지는 부분을 절도 있게 이어가되 고개를 넘듯이 하며 마지막에는 힘을 주어 한꺼번에 끊듯이 하라는 뜻이다.

참고로 영詠은 소리를 길게 내고 오래 불러야 좋으며 특히 궁성인 '음'을 많이 부르는 것이 좋다고 한다. 궁성인 '음'은 오음五音의 중심소리(土)이기 때문에 이것을 오래 부름에 따라 오장五臟에 가벼운 감전과 같은 상쾌한 현상이 나타나며, 궁둥이가 떨리거나 머리가 짜릿짜릿 하기도 하며 아주 상쾌한 느낌이 생기기도 한다고 한다. 이러한 현상은 마치 단丹 호흡수련 중에 나타나는 증상과도 흡사한데, 서울대학교 이애주 교수는 영가무도詠歌舞蹈에 대해 "음宮, 아商, 어角, 이徵, 우羽의 오음을 발성해 자연의 기를 흡기하는 방법으로 무아無我에 빠져 영가무도詠歌舞蹈를 하다 보면 온 우주와 자신이 하나로 붙어 돌아가는 것을 느낄 수 있다"고 설명하였다.

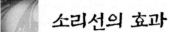

소리선의 효과

　김호언 씨의 저서나 방송에 보도된 소리선 수련의 효과는 매우 다양하다. 이러한 소리선은 연령이나 종교에 관계없이 자신이 수련한 만큼 다양한 효과를 보게 되는데, 그 중에서 중요한 것들만 소개한다.

　첫째로 소리선 수련의 효과는 일차적으로 가늘고 약한 목소리가 맑고 청아하면서도 단전으로부터 힘 있게 올라오는 우렁차고 힘찬 소리로 변하게 된다. 바로 목이 트이면서 강해지며, 가슴이 시원하게 열리며, 단전의 힘이 솟게 되면서 내고 싶은 대로 높은 음, 긴 음, 낮은 음을 우렁차고 힘차게 내게 되는 것이다. 그래서 단전의 통로까지 다 열리면서 단전의 힘이 올라오는 경험을 하고 나면 단전의 힘으로 노래한다는 것이 무언인지 이해가 되는데, 성악가들이 배로 소리를 낸다는 것이 어떤 건지를 느끼게 되며, 단전에서 울리는 소리의 깊은 맛과 기쁨을 체험할 수 있게 된다. 둘째로 오행五行의 소리들이 해당되는 오장五臟의 기운의 부조화를 치유함으로써 각 장기와 관련된 질병이 호전되거나 완치되는 사례가 많다. 평소에 소리선 수련을 규칙적으로 하면 심폐기능뿐만 아니라 전체적으로 몸과 마음이 건강해지므로 질병에 대한 면역체계도 강화된다. 몸속 노폐물 배출을 촉진하고 몸의 탁한 기운들이 기화氣化되어 몸 밖으로 나가므로 몸이 맑고 시원해진다. 목이 탁하고 약한 사람은 재채기나 가래가 나오기도 하는데 이는 목의 탁기와 냉이 풀리는 명현현상으로 심한 사람은 가래가 계속 나오거나 가슴에서 끓는 소리가 나거나 노래할 때 자주 헛기침이 나오기도 한다. 그래서 감기에 잘 걸리지 않게 되고, 약한 목이나 호흡기(폐)를 튼튼하게 만들어, 아토피 피부병, 축농증, 비염, 천식, 만성감기, 협심증, 심근경색증, 두통, 불면증, 소화불량, 만성피로, 태교 등에 효과가 크다. 뿐만 아니라 정서적으로도 마음에 쌓였던 부정적 감정들이 해소되면서 마음이 편해져서 화병처럼 가슴에 응어리가 진 것들(한, 우울, 불안, 분노, 허무)을 해소하는 데도 큰 도움이 된다. 실제 연극을 하며 소리

지른 사람이 체중감량과 동시에 건강을 회복한 사례도 있다. 더 나아가서는 영가무도詠歌舞蹈처럼 소리와 춤으로 인한 트랜스상태에 더욱 깊게 들어가면 선의 경지가 빠르고 깊게 체험되고 때로는 사려가 망각되고 감각이 정돈되어 혜광이 개발되기도 한다. 참고로 마인드 컨트롤 교육원장은 소리선 수련 후 알파파 상태가 3일간이나 지속되었다고 하며, 위빠사나 명상가인 태단회 씨는 명상에 소리선을 추가하니 명상이 더 깊게 잘 된다고 이야기하였다.

셋째로 음치가 교정되어 가슴에 걸림이 없고 시원하게 탁 트여 노래할 때마다 기분이 좋아진다. 음치의 대부분은 노래할 때 높은 음과 긴 음이 잘 안 되는 경우이다. 이는 정확히 말하면 소리치라고 할 수 있다. 소리란, 목이 탁하고 냉해서 목소리가 가늘고 심폐가 약해 호흡이 짧고 바이브레이션이 안 되고 단전의 힘이 약해 높은 음, 긴 음이 안 되는 것이다. 그래서 대부분 음치라고 생각하는 분들에게 왜 자신이 음치라고 생각하냐고 물으면 노래할 때 높은 음을 못 내고, 긴 음은 숨이 짧아 도중에 끊기고 낮은 음은 아예 죽어버리기 때문이라는 것이다. 이것은 음을 제대로 낼 줄 몰라서가 아니라 목이나 가슴, 또는 단전의 사정으로 마음대로 소리가 안 났던 것이다. 그래서 소리선 수련으로 목이 강하고 맑아지고, 가슴이 시원하게 트이고, 단전의 힘이 생겨서 내고 싶은 대로 높은 음, 긴 음, 낮은 음을 내게 되므로 음치가 교정됐다고 생각되는 것이다.

넷째로 특히 허리와 괄약근에 좋다. 나이가 들면 괄약근에 힘이 풀리면서 처음에는 기氣가 빠져나가는데, 기氣가 빠져 나갈 때는 못 느끼는데 그게 심해져서 소변이 빠져나가고 대변이 통제가 안 될 때는 몸 상태가 상당히 심각해진 것이다. 그래서 7음발성 수련시 의식적으로 괄약근(항문)을 오므리며 발성한다. 가령 각인선지정원심의 7음발성법 중 '심'에서 단전에 힘을 주는 것과 동시에 괄약근을 조이며 발성한다. 꾸준히 하다 보면 괄약근에 힘이 생겨서 단전에 모아진 기氣를 빠져나가지 않게 하므로 대소변도 잘 지켜지는 굉장히 강력한 효과가 있다. 또한 나이가 들어 등이 굽은 것은 단전에 힘이 없기 때문인데, 소리선 수련으로 단전이 힘이 쌓여 허리가 펴질수록 더 힘 있는 발성이 나오게 된다. 그래서 꾸준히 수련하다 보면 음이 달라지면서 나도 모르게 단전에 힘이 들어간다. 예를 들어 양 손가락을 단전에 대고 7음 발성법의 '각'을 외쳐보면 단전과 괄약근에 모두 힘이 들어감을 느낄 수가 있다. 바로 단전에 힘이 생기면 허리에 자연스럽게 힘이 생기는 것이다.

소리선의 수련 방법

소리선 수련방법은 먼저 우리의 오장五臟과 관계되는 오음五音을 기본 발성으로 하여 목을 풀고 가다듬은 다음 7음 발성으로 본격적인 수련을 하고, 마지막 3단계에서는 단전의 힘으로 부르는 단가丹歌로서 완성한다. 그러한 수련을 통해 결국 높은 소리를 내게 되면서도 탁성이 되지 않고 힘찬 발성을 이루게 된다. 여기에 김호언 씨의 《소리 지르면 건강해진다》에 나오는 소리선 수련법의 내용을 요약해서 소개해본다. 소리선 수련을 깊이 있게 하고자 하는 분들은 김호언 씨가 직접 지도하는 한국소리선연수회가 있으니 참고하기 바란다.

1. 소리 내기

한 소리를 내면서 목과 가슴의 느낌을 느껴보자. 길고 편하게 3번 반복한다. 가슴에 울림이 있고 그 느낌이 편하면 소리를 내다가 서서히 높여서 내보자. 발성이 편치 않으면 다시 3번 반복한 후 소리를 서서히 높인다. 그리고 소리를 높이 올렸다가는 서서히 내린다. '음'에 이어서 아, 어, 이, 우의 음을 같은 방법으로 내본다.

2. 5음 발성법

(1) 천천히 배에 힘을 주면서 각각의 소리(음, 아, 어, 이, 우)를 내보자. 처음에는 천천히 가볍게 소리를 내다가 입 모양을 크게 벌리고 배에 힘을 주면서 크고 강하게 소리를 내보자. 마치 비행기가 활주로에서 서서히 이륙하듯이 처음에는 약하게, 나중에는 높고 강하게 소리를 내는 것이다. 이것이 소리건강법의 1단계이다.

(2) 2단계는 크고 강한 소리를 낸 후 숨을 한번 들이쉬고 높은 굴뚝에서 연기가 나오는 것처럼 수평으로 소리를 굴려주는 것이다. 그리고 힘을 주어 소리를 조금 더 끌어올리는 것이다.

(3) 3단계는 높이 올라간 소리가 하늘에서 뚝 하고 떨어져 깊은 바다 속으로 내려가듯이 서서히 소리와 배에 힘을 줄이고 천천히 내려주면서 굴리는 것이다.

(4) 내려온 소리를 평탄한 시골길을 가듯 몇 번 굴려주다가 갑자기 큰나무에 부딪히듯이 음을 끊어주는 것이다.

(5) 각각의 소리를 따로 따로 연습한 후 익숙하게 되면 연이어서 '음-아-어-이-우' 음을 순서대로 발성하는 것이 좋다. 처음 수련이 힘들면 자신이 좋아하는 노래에 음아어이우의 음을 붙여 불러보는 것도 초보자들이 하기 쉬운 소리건강법의 하나이다.

3. 7음 발성법

1970년 법명선생이 창시한 건강 발성법으로 단전丹田에 기氣를 모으는 7음을 반복하여 외치는 발성학적 원리로서 가장 빨리 단전에 힘을 키우며 목에서 단전에 이르는 소리통로를 가장 빠르고 확실하게 열어 주는 음으로 구성되어 있다. 7자는 "각인선지정원심覺仁善智正圓心"으로 이는 종교적 주문이나 법문이 아닌 발성 수련문이다. "7자를 이어서 소리내는 1단계"와 "끊어서 내는 2단계" 수련으로, 단전의 힘이 커지면서 소리기운이 단전에서부터 올라옴을 느끼게 된다.

(1) 기본 연습

각, 인, 선, 지를 한 글자마다 3번씩 반복하여 발성한다. 한 글자씩 발성했으면 다시 각인선지를 한꺼번에 이어서 반복 발성하여 음을 익힌다.

그리고 다시 다음 글자인 정, 원, 심을 한 글자마다 3번씩 반복하여 발성한다. 위의 발성 후 다시 정원심을 한꺼번에 이어서 반복 발성한다.

같은 방법으로 7자 전체 '각인선지정원심'을 반복 발성한다.

(2) 1단계

기본 연습을 한 다음 첫 음인 '각'을 힘주어 발성하며 나머지를 한 번에 이어서 하는 1단계를 10분간 연습한다. 한번 크게 들이마신 숨이 다 할 때까지 한 번에 쭉 이어서 하는데, 목을 맑고 강하게 해주면서 심폐를 건강하게 해준다.

(3) 2단계

좀 쉬었다가 몸 풀기 동작을 한 다음 단전에 힘을 주며 한숨에 한 글자씩 잘라서 하는 제 2단계를 10분간 연습한다. 단전에 힘을 키워주는 데 적합하다

(4) 단가 부르기

마지막 단계가 단가 부르기인데, 단가丹歌란 단전丹田의 힘으로 부를 수 있는 노래로 목이 트이고 가슴이 열리면서 단전의 힘이 쌓였을 때 제대로 부를 수 있다. 김호언 씨의 저서에는 《합! 청산별곡》이라는 곡이 단가로서 실려 있다.

소리선의 수련 후기

마지막으로 필자가 개인적으로 소리선 수련을 통해서 체득하고 느낀 점들을 열거해 본다.

(1) 우리가 평소에 정말 좋아하는 음악을 듣거나 공연을 보거나 노래할 때, 또는 명상 중에 순간 짜릿한 전율을 느끼거나 놀이기구 또는 자동차 운전 중 위험한 순간에 고양이가 털을 세우듯이 소름이 돋으며 느끼는 전율은 모두 인체의 생체 전자기장의 순간적인 증폭현상이라 볼 수 있다. 그래서 2014년도에 생방송으로 본 동계올림픽에서 이상화 선수가 금메달을 획득하는 순간 머리털까지 설만큼 전율을 느낀 사람은 이미 자신의 생체전자기장의 순간증폭을 경험한 것이다. 그런데 그중에서 생체전자기장의 순간 증폭인 전율을 가장 쉽게 느낄 수 있는 방법이 음악의 소리이다. 자신의 가슴을 뛰게 하는 음악을 한번 들어보라. 무슨 말인지 알 수가 있을 것이다.

(2) 우주의 이치인 음양오행에 기반한 모음들을 통해서 수련하는 근원적인 소리치유 발성법이다. 수련 중 나오는 기침, 가래 자체가 소리를 통한 인체의 탁기(찌꺼기)를 제거하는 과정으로 소리선 수련방법을 터득하면 인체를 정화시키는 뛰어난 필터를 몸에 하나 지니고 있는 것과 같다. 또한 소리선 수련을 30분 이상 하게 되면 입안에 침이 가득 고이는 것을 경험할 수가 있는데, 침은 한방에서 옥천玉泉이라 하여 많이 삼킬수록 무병장수한다고 하였다. 참고로 '활活' 자를 파자시키면 물水 + 혀舌, 즉 혀 밑에 고인 침을 뜻한다. 최근에 일본의 니시오카 히토쓰 박사는 침이 발암물질의 독성을 80~90% 제거하여 항암효과에 탁월한 효과가 있다는 것을 밝히고 있다.

(3) 모창능력자 방송프로그램인 히든 싱어에서 가수 박진영 씨는 "목소리

보다 중요한건 호흡이다. 호흡이 가슴 위로 있으면 성대를 괴롭히니 배로 쉰다고 생각해라. 그러면 노래를 충분히 길게 부를 수 있다."라고 말한 것과, 가수 김윤아 씨는 "울리는 느낌이 조금 다른 데서 시작되는데, 소리의 시작점을 밑으로 조금 더 내리는 연구를 하라"라고 설명한 것은 모두 아랫배의 단전丹田의 힘을 이용하여 소리를 내라는 것과 상통한다.

(4) 소리를 자유롭게 낼 수 있다는 건 축복이다. 목과 가슴, 단전의 세 통로를 모두 다 열면 득음의 1단계로 소리의 경이로움을 몸으로 느낄 수가 있다고 하는데, 단전의 통로까지 완전히 열리면 내 몸에 고출력 스피커처럼 엄청난 소리 증폭장치를 지닌 것과 같아진다. 그래서 영화 서편제에 나오는 대사로 "자기 소리에 자기가 미쳐가지고 득음을 하면 부귀공명보다도 좋고 황금보다 좋다"라는 말이 무슨 의미인지를 확실히 경험할 수 있다. 가수 인순이가 공연하는 모습을 보면 소리를 진정 마음대로 가지고 놀면서 즐긴다는 느낌을 받은 적이 있는데, 개인적으로 필자는 듣는 귀보다, 연주하는 손보다, 자유롭게 소리를 낼 수 있는 입이 있어서 더욱 행복하다고 느끼고 있다.

(5) 일반적으로 노래를 부를 때는 목의 컨디션 영향을 크게 받지만 꾸준한 소리선 수련을 통해 소리의 통로를 모두 열게 되면 거의 한결같아지는 느낌을 받는다. 그래서 보컬 트레이닝에 소리선 수행법을 활용하면 엄청난 시너지 효과가 있을 것 같다. 실제 가왕 조용필 씨나 소리꾼 장사익 씨, 가수 주병선 씨의 노래를 들어보면 시원하게 뽑아내는 소리가 그 분들의 매력에 큰 몫을 한다고 필자는 생각한다. 또한 단전에 힘이 좋으면 머리가 울리는 두성과도 연결이 용이하다고 본다. 프로 보컬은 소리를 연습하는 것이 아니고 호흡을 연습하는 것이라는 말이 있다.

(6) 필자에게 산방山房이 아닌 밖에서 주위의 시선을 의식하지 않고 가장 편하게 소리선 수련을 할 수 있는 최고의 수련장은 역시 자동차다. 그러므로 차

로 운전할 때는 늘 수련장에 탑승한다고 생각하라. 그리고 노래방에서 노래를 부를 때는 처음 한두 곡은 예전부터 좋아하는 곡 중 자신의 목, 가슴, 단전의 통로를 열기 쉬운 노래로 시작하는 것이 좋으며, 그 다음에는 장음과 고음이 적절히 섞인 느린 곡을 연습하면 된다. 이때 목에는 기교를 모두 없애고 소리가 단전丹田의 힘에서 뿜어져 나온다고 생각하고 노래를 불러 본다.

(7) 영화 〈더 테너〉에서는 엄청나게 풍부한 성량으로 관객의 심장을 관통하는 목소리를 '황금트럼펫'이라고 표현한다. 소리선 수련을 통해 소리통로를 다 열게 되면 우렁차고 힘찬 소리가 나오게 된다. 우렁차고 힘찬 소리란 쩌렁쩌렁한 소리, 철판을 두드리는 소리, 목욕탕 소리, 사자후獅子吼를 연상하면 된다. 만일 소리의 통로가 다 열린 사람의 발성을 제대로 알고 싶다면 수행이 깊은 스님의 독송이나 국선도 수련시디에 나오는 도인도송과 선도주 속에 담긴 청산선사의 목소리를 한번 들어보라. 소리선 수련으로 목과 가슴 그리고 단전丹田까지의 모든 통로가 열려야만 나올 수 있는 맑으면서 우렁차고 힘찬 기운의 소리를 생생히 느낄 수 있을 것이다. 실제 필자도 전화통화 중에 마치 목욕탕에서 통화하는 것 같다고 이야기를 들은 적도 있으며, 조금만 언성을 높이면 강의실 천장까지 울리는 적도 부지기수이다. 한 때 단전丹田의 소리가 가장 강할 때는 지속적으로 발성한 소리에 옆의 사람이 자기 얼굴의 피부가 부르르 떨려 깜짝 놀란 적도 있었다.

(8) 소리선에 빠져 흥이 나면 몸속에 기氣가 저절로 더욱 발동해서 몸이 움직여지며 춤이 나올 수밖에 없다는 말이 이해가 된다. 한마디로 내 의지로 춤을 추고 있다기보다 내 기氣가 스스로 춤을 추는 것이다. 몸은 마음을 담는 그릇이다. 또한 요가나 국선도 등의 기혈순환 체조(육체의 이완을 통해 기도氣道 열기)와 단 수련(축기蓄氣와 통기通氣)에 소리선 수련을 병행한다면 최고의 양생법이라 할 수 있겠다.

(9) 인내는 쓰지만 그 열매는 달다는 말처럼 소리선 수련이나 단丹 수련 모두가 꾸준한 반복을 통해 어느 임계점을 넘어야 한다. 그렇게 소리선 연습을 꾸준히 하다 보면, 매일의 연습시간 중에서 어느 시점 이후로는 반드시 소리의 통로가 모두 열리게 된다는 것을 당연하게 여기는 경지를 알게 된다. 참고로 폭포수에서 연습하는 것과 유사한 것으로 이어폰을 끼고 노래를 따라 불러보면 자신의 목소리가 이어폰 소리에 의해 상대적으로 작게 들리는데, 그 상태로 일정시간 노래를 따라 부르다가 이어폰을 빼서 소리를 내어 보면 목소리가 확 트인 느낌을 강하게 경험할 수 있다. 단, 높은 음량으로 너무 오랫동안 들으면 청각이 손상될 수 있음을 유의해야 하겠다.

(10) 독송이나 진언수행을 행하기 전에 먼저 소리선 수련으로 목, 가슴, 단전의 세 통로를 열면 내부의 깊은 울림이 증폭되는 시너지 효과가 있다. 실제 소리선 수련을 통해 소리 통로를 모두 열고 독송이나 진언수행을 한번 해보라. 반드시 그 엄청난 효과의 차이를 몸으로 경험할 것이다. 그래서 필자의 개인적인 생각으로는 세 통로를 모두 열고 단전의 힘으로 인해 내부의 깊은 울림이 증폭되면 단 10분만 해도 목으로만 한 시간을 수행한 것과 맞먹는 효과가 있다고 본다. 몸 전체를 울리는 진동자체가 다르기 때문인데, 이 역시 몸으로 직접 체득해야만 무슨 말인지 알 수 있다. 음音을 본다는 "관음觀音"도 음을 내부로 끌어당기면서 단지 귀로만 듣는 것을 넘어서 온몸의 세포차원으로 느낄 수 있는 소리의 신비한 힘을 표현한 것이라 생각한다.

(11) 마지막으로 천지만물의 이치인 음양오행은 그 변화를 직접 보고 느낄 수 있어야 하므로 사계절이 뚜렷한 나라에서만 발전할 수밖에 없다. 우리나라는 사계절이 아주 뚜렷하니 음양오행의 소리 기운 또한 뚜렷할 수밖에 없는 민족이라고 자부한다. 그러므로 가장 한국적인 소리나 음악이 가장 세계적일 수 있다고 본다.

진언眞言의 이해

진언眞言이란 글자 그대로 진실한 말이라는 뜻인데, 진언眞言에 대한 정의는 다양하다. 진언眞言은 인체에 작용하는 가장 직접적이고 강력하게 작용하는 소리파동의 조합으로 고대의 성인聖人들이 천지天地와의 교감을 통해 얻은 영적 깨달음을 응축하여 표현한 신성한 진리의 언어이다. 생명의 근원으로부터 울려나오는 소리, 우주 본래의 소리를 듣고 언어로 상징화한 것이 만트라(mantra) 곧 진언眞言이라고 한다. 그리고 영적인 지혜의 정수이자, 우리 마음을 우주의 근원, 생명의 근원으로 인도하는 안내자라고도 한다. 또한 우주 생명의 근원 에너지를 빨아들이는 신령스런 글 또는 신의 권능과 영성과 힘을 빨아들이는 글이라는 뜻과 신성한 치유의 힘을 가지고 있다고 하며, 궁극에는 우주나 천지로도 표현되는 신神과 하나 되는 경험을 할 수도 있다고 한다. 로버트 가스(Robert gass)는 "이상한 음악적 의식이 아니라, 몸을 치유하고, 마음을 평안하게 하고, 삶을 성스럽게 하기 위한 도구"라고 그 가치를 설명한다.

진언은 원래 그 뜻을 떠나서 신묘한 기운이나 위신력을 가지고 있다. 인간 내면의 무한한 신성神性을 깨우는 방법이자 신성神性에 이르는 채널 중 하나인 만트라(mantra)를 정확한 운율에 따라 순수의식이 열릴 때까지 부단히 반복해서 읽으면 마치 코드를 꽂으면 그 즉시 전기가 통하고, 특정 방송에 채널을 맞추면 그 방송을 볼 수 있는 것처럼 순식간에 그 만트라(mantra)의 파동을 타고 신성한 에너지가 흡수되는 것이다. 바로 성스러운 마음으로 정성껏 주문을 소리 내어 읽으면 소리가 신성한 조화의 힘을 발동시킨다는 것으로 우리 조상들의 말씀 중에 "말 속에는 얼이 담겨 있다"는 것과도 일맥상통한다. 또한 이러한 만트라(mantra)는 내부의 울림인 음송이 아닌 외부의 울림인 듣는 것으로도 그 소리의 에너지에 동화될 수 있다. 가령 만트라(mantra)가 녹음된 테이프를 듣는 것만으로 육체적, 감정적 긴장 이완을 경험한 사례들이 많다고 한다.

우주의 신성한 에너지가 인간의 마음과 영혼 속에 내려올 때는 빛과 소리로 전해온다고 하는데, 바로 음양처럼 시각과 청각으로 전달된다는 것을 말한다. 그래서 신성한 에너지가 소리로 나타난 것이 진언眞言으로, 인도에서는 수행을 통해 눈이 열리고 귀가 열린 사람을 리쉬(rish)라고 한다. 리쉬(rish)를 영어로 말하면, 보는 사람(seer)으로 표현하는데, 필자의 생각은 한마디로 수행을 통해 눈과 귀가 총명聰明해질수록 일반 사람들이 보지 못하는 것을 보고, 듣지 못하는 것을 들을 수 있게 된다는 의미라고 본다.

진언眞言에 관한 이야기들

인도나 티베트, 네팔 등지를 여행하다 보면 많은 수행자나 스님들이 주문呪文을 반복하여 되뇌는 모습을 보게 된다. 특히 티베트불교에서는 많은 종류의 진언을 볼 수가 있는데 거의 진언으로 시작해서 진언으로 끝난다고 해도 과언이 아니다. 이러한 동서양의 종교 문화에서 접할 수 있는 수많은 주문呪文들은 높은 깨달음의 경지를 추구하는 소리 수행법의 일종이라 할 수 있으며, 주문呪文의 의미 속에 신의 권능과 영성을 받아들여 깨달음과 완성을 추구한다는 뜻을 공통적으로 담고 있다. 가령 요가에도 만트라 요가(Mantra Yoga)라는 것이 있는데, 바로 소리의 힘을 이용하여 심신을 정화시키는 요가이다. 또한 최근에는 미국과 같은 선진국에서 의학 분야의 하나로 음악치료를 과학적으로 체계화시켜 다양하게 활용하고 있는데, 실제 음악이나 소리를 사람의 치유 수단이나 식물의 생장 촉진, 태교에 이용하는 음악요법들이 연구되고 개발되기도 한다.

(1) 20세기 잠자는 예언자로 알려진 에드가 케이시의 저서 《삶의 열 가지

해답(초롱, 2001)》이란 책을 보면 진언에 대해 다음과 같이 설명한다. "나는 진언眞言의 목적이 그것에서 울려 나오는 '진동'에 있다는 것을 깨닫게 되었다. 그 순간 나는 다음과 같은 통찰을 얻었다. 모든 생명은 '진동'이다. 원자로부터 우리 몸을 구성하고 있는 수 조 개의 세포들, 그리고 우주 자체의 리듬과 맥동에 이르기까지 모든 것이 '진동'이었던 것이다. 명상을 하는 데 있어서 '만트라의 진동'은 우리가 창조력에 동화될 수 있도록 돕는다. 나는 이 점을 그 당시 녹음했던 테이프를 듣고서도 확인할 수 있었다. 그 녹음테이프를 들으면 육체적 · 감정적 긴장 이완을 경험할 수 있었다. 그리고 그런 이완은 내부에서 울려 나오는 고요하고 작은 목소리에 집중할 수 있도록 해주었다."

(2) 인도인 의학박사 디팍 초프라(Deepak Chopra)는 "만트라는 신경계에 삽입되는 매우 특별한 메시지다."라고 말한다. 주문 수행이 혈압, 호흡, 맥박수 등의 이완효과弛緩效果를 일으키기 때문이다. 그래서 만트라 수행은 단전호흡丹田呼吸에서 강조하는 호흡의 효과뿐만 아니라 거기에 소리의 효과를 추가한다. 만트라의 파동을 타고 우주의 근원 에너지와 교감하게 되므로, 그 효과가 뛰어나다고 설명한다.

(3) 정신세계원 송순현 원장은 "만트라의 파동을 타고 우주의 근원 에너지와 교감하게 되므로 내면의 고요와 평화의 의식 속에 순결한 생명의 샘이 새롭게 열리고 몸과 마음에 맑은 기운이 가득 차 흐르게 되며, 여기에 그대로 참 존재의 근원으로 향하는 마음의 정화와 치유가 이루어지게 된다는 것이다."고 진언의 효과를 설명한다.

(4) 증산도에서 혈구검사를 통해 진언眞言 수행의 효과를 검증한 재미있는 실험이 있다. 바로 '태을주'라는 진언眞言 수행을 하기 전에는 적혈구의 모양이 울퉁불퉁하고 또렷하지 않으며 혈액도 혼탁했는데, 2시간 정도 수행을 한

뒤 다시 혈구를 검사했을 때 적혈구 모양이 생생해지고 또렷해질 뿐 아니라 혈액도 상당히 맑게 나타난 실험이다. 그리고 오라컴이란 촬영장비를 통해서도 1시간 정도의 진언眞言 수행 후의 인체의 오라(생체 전자기장) 색깔이 수행 전보다 더 건강한 쪽으로 확연히 바뀌는 실험이 있다. 모두가 소리파동인 진언眞言을 통해 인체의 생리生理와 기氣에 큰 변화를 줄 수 있다는 실험으로 오랫동안 소리선 수련을 하는 입장에서 볼 때 충분히 가능한 결과라고 본다.

(5) 소리의 작용력에 대해 판딧 라즈마니 티구네이트 박사는 《만트라의 힘과 수행의 신비(대원출판, 2000년)》라는 그의 저서에서 만트라에 대해서 "만트라란 영적인 에너지의 핵을 형성하는 성스러운 음절의 조합이다.(A mantra is a combination of sacred syllables which forms a nucleas of spiritual energy)."라고 설명하였다. 그리고 테드 앤드류(Ted Andrews)는 "고대의 신비주의(mysticism) 학교에서도 학생들에게 소리를 치유의 수단으로 사용하는 법을 가르쳤으며, 소리는 인류사에서 가장 오래된 치유 형태"라고 한다. 또한 영성 운동가이자 시인, 미술가인 스리친모(1931~2007)는 음악을 "인간과 신을 연결해주는 고리"라고 정의하면서 음악의 궁극적인 목적을 "인간의 영성을 밝히는 것"이라 하였으며, 로버트 가스(Robert gass)는 "소리는 영적 세계와 물질세계를 이어주는 다리(고리)이며, 우주의 음악이며 우리 의식의 자연스러운 표현"이라고 이야기하였다.

(6) 불교에서는 그 소리의 파장이 몸과 마음에 퍼지면 점점 고요해지고 의식은 차츰 내면 깊은 곳으로 파고드는데, 이때 여러 가지 현상들이 나타날 수 있다고 설명한다. 그래서 진언 중에 전혀 뜻하지 않은 영상이나 빛 또는 소리 등을 경험하더라도 그것은 모두 업식에 기록되어 있던 과거의 기억들이 나타난 것이니 어떤 현상이 오더라도 좋아하거나 싫어하지 말고 오직 진언염송에만 전념하다 보면 이런 현상들은 일시적으로 왔다 가는 것에 불과하다고 한다.

'옴' 소리

옴(Om)은 태초의 소리, 우주의 모든 진동을 응축한 가장 대표적인 소리로 보통 모든 진언眞言에서 시작되는 소리이며 씨앗소리로 알려져 있다. 이 소리는 매우 강력한 효험을 지니고 있으며 특별한 에너지를 나타낸다고 한다. 그래서 자신의 본성을 밝히는 성스러운 소리라고 하며 소리 없는 소리, 초월적인 소리, 우주의 근원적인 만물의 소리라고도 한다. 이러한 신비롭고 성스러운 단일 음절의 만트라인 '옴'은 고대 인도의 철학 경전인 우파니샤드에서 기원하며, 고대 인도에서는 종교적인 의식 전후에 암송하던 신성한 음이었다. 또한 불교의식 중에도 많은 부분에 진언眞言이 있는데 대부분이 이 '옴'자로 시작한다. 근래에는 이러한 옴 소리를 세포들이 진동하고 그로 인해 탁기가 정화되는 치유효과와 내면의 통로가 열려 높은 의식 상태를 만드는 소리의 방정식으로, 많은 현대 과학자들이 DNA가 빛, 방사능, 자기장 또는 음파에 의해 수정될 수 있는 파동열 배열로 보고 있다고 한다.

실제 소리를 내어 보면 '옴'이라는 소리는 입안이 떨리고 그 떨림이 몸 전체로 퍼져 나가는 것을 쉽게 느낄 수 있다. 주로 입 주변과 몸 전체로 진동이 퍼져 나가는 것을 느낄 수 있으며 진동과 소리를 들으며 명상하면 집중과 자각이 쉽게 된다. 그리고 '옴' 자보다 한 음이 높은 것이 '음' 소리이다. '옴' 대신에 '음' 소리를 내도 마찬가지로 입안이 떨리고 그 진동이 퍼져 나간다. 음이 높아서 그런지 '옴'보다는 더 위쪽 부위에 진동이 느껴진다. '음'보다 더 높은 음은 '훔'이다. 이 소리도 마찬가지로 진동을 만들어 낸다. 그런데 이 '훔' 소리는 유독 머리 위쪽으로 진동을 만든다. 그래서 정수리나, 이마, 혹은 머리 속 전체가 떨리는 느낌이 들고 파동이 귀를 통해 바깥으로 퍼져 나가는 느낌을 갖는다고 표현한 사람도 있다. 명상하기 전, 혹은 피곤할 때 이 '훔' 명상을 해보면 뇌에 전반적인 자극을 주어서 그런지 집중이 잘 되고 정신이 맑아지는 효과를 체험할 수 있다. 필자도 직접 체험을 통해 그 효과를 실감하고 있는데, '훔'은 인간이 낼 수 있는 모든 소리 중에 뇌세포를 가장 자극할 수 있는 소리파동이 아닐까 생각한다.

'훔' 소리

'훔'은 우주의 모든 생명의 열매이므로 모든 소리를 머금고 있다고 한다. 불교(후기 밀교)의 대표적 만트라(mantra)인 '옴마니반메훔'에서 '옴'은 모든 소리의 씨앗이자 탄생의 음절이라 하는 반면 '훔'은 모든 소리의 열매이자 끝소리이며 우주 만유를 통일시키는 성취와 완성의 음절이라 하여 '훔'을 모든 만트라(mantra) 중 으뜸으로 여긴다고 한다. 이 말을 필자가 음양오행적인 원리로 풀어본다면 '옴'은 태극太極에서 무극無極으로 가는 소리이며, '훔'은 무극無極에서 태극太極으로 가는 소리라고도 할 수 있겠다.

또한 '훔'은 모든 창조의 소리를 낳는 근원 소리로 천지天地 안에 있는 모든 생명의 소리를 머금고 있는 우주의 근원, 우주의 뿌리를 상징하는 소리라고도 한다. '훔' 하고 소리를 내면 그 '훔' 소리 속에 모든 만유의 이치, 그 정신이 전부 다 함축되어 들어 있으므로 '훔'은 단순한 음절 이상의 소리로서 인간의 내부에 있는 높은 상태의 의식을 일깨우는 힘을 가지고 있으며, 진리에 대한 직관적인 이해력을 가지게 하는 힘이 있는 치유의 소리이고 깨달음의 근원소리라고 한다. 그래서 '훔~'하고 소리를 내면 이 우주가 처음 열린 태시의 조화 생명의 근원, 그 생명의 혼 속에 몰입되어 내 혼과 마음이 거룩하게 각성되면서 '훔' 소리와 더불어 내가 천지天地의 마음과 하나 되고 우주의 도심道心 자체가 된다고까지 이야기한다. 불교 사전에서는 "도통의 경계에서 본 우주 대 생명의 본래의 실상, 그 대 생명력, 신성神性이 바로 훔이다."라고 정의하며, 이 우주 만유가 태어난 생명의 소리 세계가 '훔'으로 팔만대장경의 모든 가르침이 '훔' 한 글자에서 나왔고 그 결론 또한 '훔'으로 귀결된다고도 설명한다.

그러므로 부처의 모든 장광설長廣舌이 '훔'의 도심道心, 다시 말해서 인간 마음의 본체, 법신法身자리, 그 생명을 체득하는 데에 있다고 한다.

미국 캘리포니아 주립대학(UCLA)이나 스탠포드(Stanford)대학에서는 소리가 인체의 질병치료에 미치는 영향에 대해 많은 연구를 하고 있다. 인도 출신의 하버드대 의학박사이며, 1900년대 대체의학의 황제라 불린 디팍 초프라(Deepak Chopra)는 '훔'에 대해 다음과 같이 설명한다. " '훔'이라는 소리는 질병 치유에 탁월한 효과를 발휘한다. '훔'이란 '홀리스틱 사운드'(holistic sound, 인간 몸속의 생명을 통일적으로 치유하는 전일적인 소리)이다. '훔'은 인체의 모든 세포를 동시에 진동하게 한다. 영국의 한 과학자의 연구 결과에 따르면 시험관에 암세포를 넣어 '훔' 소리를 쏘아준 결과 암세포는 진동 후에 터져버렸고, 인체의 보통 세포를 시험관에 넣고 '훔' 소리를 쏘아주었더니 더욱더 건강하게 잘 자랐다."

진언眞言의 수련 방법

여기서 필자가 개인적으로 활용하고 있는 진언眞言 3개를 소개할까 한다. 참고로 여기서는 어떠한 종교적인 색채나 편견 없이 순수하게 소리파동 자체만의 효과로서 이 내용을 올림을 알아주기 바란다.

옴 마니 반메 훔(불교)
옴 나마하 시바이(힌두교)
훔치훔치 태을천 상원군 훔리치야도래 훔리함리 사파하(증산도)

1. 옴~ 마니 반메 훔~(Om maṇi padme hūṃ)

우리나라에서 가장 많이 염송되는 진언으로 밀교계통의 종단인 진각종,

진언종 등의 주된 수행법이 육자진언 염송이다. 고대 인도에서는 우주의 근원을 파동이라 보았는데 그 근본이 되는 소리를 '옴'이라 하였다. 그래서 이 소리를 내면서 명상하면 우주 근원의 소리와 하나가 된다고 한다. '마니'라는 것은 '보배'를 뜻하고 그 다음에 '빠드메'라는 말을 '반메훔'이라고 번역을 했는데 '빠드메'는 바로 '연꽃'을 뜻한다. 그래서 직역을 하자면 "옴~ 연꽃 속에 핀 보석이여. 훔~"의 뜻이다. 한국 불교에서는 '옴'으로 시작되는 옴 마니 반메 훔(Om maṇi padme hūṃ)의 6자 진언을 대명왕진언大明王眞言이라 하여 지혜와 복덕을 갖추게 하고 삼독三毒에 물들지 않게 하는 신통력이 있는 것으로 여긴다. 참고로 불교의 광명진언과 개단진언도 옴으로 시작해서 훔으로 끝난다.

2. 옴~나마하~시바이~(Om Namaha Shivay)

위대한 히말라야 성자 바바지가 "옴 나마하 시바이"만 열심히 하라고 가르쳤는데, 힌두 사상의 3대 신 중 파괴의 신인 시바신의 기운을 부르는 진언眞言으로서 강력한 정화의 힘을 가지고 있다고 한다. 이 진언眞言은 신이 인간에게 준 가장 최초의 만트라(Mantra)로 그 힘이 무한하며 원자폭탄보다도 더 강력하다고 전한다. 그리고 특히 몸이 매우 탁해진 상태나 감정의 기복이 심할 때 소리를 반복해서 내면 짧은 시간 내에 정화가 이루어져 정신이 맑아지고 몸에 힘이 생기게 된다고 한다. '나마하'는 여러 만트라(Mantra)에서 공통적인 맺음말로서 '귀의합니다'라는 뜻이다. 성자 바바지는 "이 만트라는 4개의 베다의 중심 만트라를 더 강력하고 짧게 줄인 것이다. 이것은 원초적(씨앗) 만트라라고도 부른다. 무엇이라도 보다 작아지면 작아질수록, 그리고 보다 집중되면 집중될수록 더 강력해지는 것은 당연하다. 씨앗에는 거대한 나무를 창조하는 데 필요한 모든 힘이 내재해 있기 때문에 어떤 의미에서는 나무보다도 훨씬 강력하다."고 설명하였다. 소리 내는 방법은 자신의 평상시 말소리 같은 높이나 중저음으로 한번에 이어서 부드럽게 소리 내면 된다.

3. 훔치훔치 태을천상원군 훔리치아도래 훔리함리 사파하~

'훔치훔치'는 천지조화의 근원, 그 대 생명력, 신성神性과 하나가 된다는 뜻이다. 천지 만물이 태어난 생명의 근원을 구가하는 천상의 소리가 바로 '훔치'이다. '태을천 상원군'은 인류생명의 뿌리, 인류역사의 뿌리, 도통문화의 뿌리로 인간을 포함한 우주 만유의 생명체를 근원으로 인도하는 영적 절대자가 바로 '태을천 상원군'이라 한다. '훔리치야도래 훔리함리 사파하'는 생명의 근원으로 돌아간다는 의미로서 불가에서 삼천 년 동안 전해 내려왔던 주문이다. 마지막 부분은 기독교에서 흔히 쓰는 '아멘'과 같다. '꼭 그렇게 되어지이다.'라는 의미인데, '아멘'이 그런 뜻이다.

"훔치 훔치 태을천 상원군 훔리 치하 도래 훔리 함리 사파하"의 태을주를 구성하는 머리는 '훔'과 '치'로 시작된다. 필자가 태을주 주문을 종교나 진언의 영동력을 떠나 순수하게 음양오행적으로 살펴보면 '훔' 속에 수水기운의 '우' 발음과 '치'속에 화火기운의 '이' 발음이 가장 두드러진다. 이는 주문의 종교적인 의미나 효과를 떠나서 일단 신장水과 심장火의 수승화강水昇火降을 강력하게 도와주는 발성법이라고 생각된다.

진언眞言의 수련 후기

우주만물은 에너지로 되어 있고, 에너지는 파동 그 자체이며, 파동은 곧 빛이자 소리이며 진동이다. 바로 모든 것이 살아 움직이며 자기 고유의 파동을 방사하며 소리를 내고 있는 것이다. 그래서 현대의 양자역학 역시 우주 안에 존재하는 모든 물체가 파동의 형태인 에너지의 다른 모습이라고 설명한다. 결국 모든 소리의 근원은 곧 물체의 진동이다. 각 물체가 서로 다른 소리를 낸다는 것은 물체가 고유한 진동수를 가지고 진동을 한다는 것을 의미하며 이것을 그 물체의 고유 진동수라 하며 사람들이 들을 수 있는 범위를 벗어나는 진동수를 가진 음파를 초음파라고 한다.

그런데 인간은 자신의 의지와 노력에 따라 자연의 모든 현상과 공명이 가능한 존재다. 즉 같은 주파수 내에서 서로 진동을 한다는 것인데, 가장 대표적인 것이 지구상에서 유일무이하게 인간만이 다양한 소리(멜로디), 즉 다양한 주파수를 창조할 수 있는 능력이 있다. 음악 자체가 다양한 주파수의 진동을 즐기는 예술로 클래식 명곡 등을 통해서 어떤 치유의 파동도 창조할 수가 있으며, 불교 독경이나 진언처럼 특정한 효과를 위한 주파수를 창조할 수도 있는 것이다. 그러므로 파동의 형태인 이러한 소리가 소리선 수련에서 설명한 장부와의 오행배속적인 작용뿐만 아니라 진언으로서도 인체의 해당기관은 물론, 세포 하나하나, 신경계 하나하나에까지 영향력을 미쳐 동조성을 이끌어내고 같은 파장으로 굽이치도록 만드는 강력한 작용을 하는 것이다. 결국 우주의 원자로부터 우리 몸을 구성하고 있는 수 조 개의 세포들 그 모든 것이 '진동'하는 에너지이므로 진언에서 울려 나오는 진동이 거기에 강력하게 공명하고 변화를 일으켜 육체적, 정신적 능력의 확장과 치유현상을 일으킬 뿐만 아니라 인간 내면의 무한한 신성神性을 깨우기도 하므로 진언은 가장 오래된 나름대로의 탁월한 잠재능력 개발법이 아닐까 한다.

진언수행을 할 때 성스러운 마음으로 정성껏 주문을 소리 내어 읽으면 소리가 신성한 조화의 힘을 발동시킨다고 하는데, 필자는 진언수행에서 규칙적인 수행시간 이상으로 질적인 부분도 매우 중요하다고 본다. 그래서 앞에서도 언급했었지만 소리선 수련을 통해 목과 가슴, 단전통로를 모두 열고 난 후 진언수행을 하게 되면 인체에 작용하는 소리파동의 효과가 더 극대화 될 수가 있다고 본다. 그리고 진언의 효과는 직접 소리를 따라 했을 때 가장 효과가 있고, 그 다음이 시디를 통해 그냥 편하게 귀와 온몸으로 듣고 느끼는 것이다. 또 다른 방법으로 스피커나 이어폰를 이용하여 물에 그 소리파동을 전사한 파동수를 복용하는 것도 효과가 있다고 본다. 참고로 물은 오행상 수水로서 지구에서 정보흡수와 전사, 정화 능력이 매우 뛰어난 물질이다. 그러므로 세포 하나하나가 깨어나고 활성화된다고 상상하거나 내 몸 안의 모든 물들이 아름다운 육각 결정으로 바뀐다고 상상하면서 이 소리파동을 듣거나 직접 소리 내어 보라. 개인마다 반응의 시간차는 있지만 분명 효과가 있을 것이라 본다.

끝으로 필자가 지리산 산방이 아닌 도심 속에서 소리선이나 진언독송을 하는 최적의 장소는 자동차이다. 가장 큰 이유로 차 안에서는 주변 사람들을 의식할 필요 없이 마음껏 소리를 낼 수 있기 때문이다. 그리고 실제 강의를 위해 장시간 운전할 때가 많은 필자의 입장에서는 운전할 때마다 소리선과 진언을 하면서 가게 되면 강의가 많은 날에도 목이 쉬거나 아픈 적이 단 한 번도 없으며, 동시에 운전과 강의로 인한 졸음과 축적되는 피로를 줄여주는 데 최고임을 경험하고 있다.

인체의 노폐물 배출 시스템

사람이 건강하게 무병장수하며 살아가기 위해서는 나의 체질에 맞는 음식의 섭취도 중요하지만 먹는 것과 동시에 몸 안에서 더 이상 필요하지 않게 된 노폐물을 몸 바깥으로 내보내는 것도 아주 중요하다. 노폐물을 몸 바깥으로 원활히 잘 내보내지 못하고 체내에 쌓이면 노쇠老衰를 촉진하고 여러 가지 질병의 원인을 만들기 때문이다. 우리가 알고 있는 인체에서 노폐물을 몸 바깥으로 내보내는 작용(기체, 액체, 고체로 배출)으로는 대변, 소변, 땀, 호흡이 있지만, 기침, 가래, 재채기, 트림, 방귀 또한 인체의 자연치유 능력에 의한 이물질이나 유해물질의 배출작용이며 필요할 경우에는 구토와 설사 등도 일어나게 된다.

기침은 호흡기 증상 중 가장 흔한 증상 중의 하나인 강제성 호기인데 유해물질이 기도 내에 들어오는 것을 방지하고 폐와 기관지에 존재하는 해로운 물질을 제거하는 신체방어 반사작용이고, 가래(객담)는 기관지나 폐에서 유래

되는 분비물로서 정상인에게서도 하루에 100ml 정도 분비되지만 무의식적으로 삼키므로 객담을 느끼지 못하고 지내는 것이 보통이지만 여러 가지 폐질환으로 인하여 객담 분비량과 배출량이 증가하면 병적 증상의 하나로 기침과 동시에 배출 횟수와 배출량이 증가하게 된다. 재채기는 코 속의 이물을 밖으로 내보내기 위한 반사작용으로 기도내의 이물제거를 위한 기침과 같은 의미를 가지며 생리적으로도 생기나 발작적이고 연속적으로 일어나면 병적이라고 할 수 있다. 트림은 먹은 음식이 위에서 잘 소화되지 아니하여서 생긴 가스가 입으로 복받쳐 나오는 인체의 정화작용이다. 방귀는 음식물이 배 속에서 발효되는 과정에서 생기어 항문으로 나오는 구린내 나는 무색의 기체로 음식물과 함께 입을 통해 들어간 공기가 장 내용물의 이상발효나 분해에 의해 생겨난 가스와 혼합된 것이다. 방귀의 성분은 질소 ,에탄·이산화탄소, 수소 등 이외에도 암모니아, 황화수소(역한 냄새가 나는 주요 원인), 스카톨, 인돌 등이 있다. 개복 수술 후의 회복기에 장이 정상으로 움직이기 시작하면 방귀를 방출하게 되는데, 수술 후의 장의 상태를 판단하는 중요한 생리현상이다. 마지막으로 구토와 설사는 모두 우리 몸의 처리 능력의 범주를 벗어난 독성이 있는 음식이나 강한 맛의 음식 그리고 너무 많은 양의 음식을 먹었을 때 이를 빨리 처리하기 위해서 일어나는 현상이다.

　참고로 위에서 언급된 담은 기氣가 약할 때나 잘 돌지 못하기 때문에 든다. 그래서 피로하거나 기운이 없는데 갑자기 운동을 하거나 물건을 들면, 목이나 허리에 담이 들어 움직이지 못하게 된다. 중병을 오래 앓거나 입원을 오래하여 기氣가 약해지고 움직임도 적어지면 기氣가 잘 돌지 못하기 때문에 목에 가래가 생겨서 뱉으려고 애를 쓰게 된다. 옆구리나 어깨가 결리는 것도 담이지만 감기에 걸려 목구멍에 그렁그렁하는 것도 담(가래)이라고 한다. 병은 서로 다르지만 진액이 원활하게 돌지 못하여 생기기 때문에 이름이 같다. 기氣가 잘 돌지 못해 생기는 담은 이차적으로 여러 병증을 유발하기도 한다. 그래서 한의에서는 '십병구담十病九痰', 즉 병의 90%가 담에서 온다고 한다. 머리가 아프거나 어지러운 것도 담으로 생기고, 위장 장애나 구토, 설사도 담으로 생긴다. 신경통이나 관절염도 담으로 오고, 여성의 대하(냉)도 담으로 온다. 신경증도 담에서 비롯되며 다양한 증이 모두 담에서 비롯된다. 풍증과 관련된 담을 풍담風痰, 한증이나 열증과 함께 있는 담을 한담寒痰과 열담熱痰, 수분대사가 잘 되지 않아 오는 습담濕痰, 건조한 증과 함께 오는 담을 조담燥痰이라 하는 등 원인과 증상에 따라 여러 이름이 있다. 국선도 창시자인 청산선사께서는 "기지개를 자주하는 것은 콩팥이 나빠서이고, 염통과 허파가 너무 차면 재채기를 하여 풀어내게 되며, 트림은 밥통에 거품이 많아서 나오는 것이고, 한숨은 염통의 줄기가 급하게 흐르면 나는 것이다"라고 언급하였는데, 이렇게 우리 인체내부에서는 항시 몸 안의 탁한 기운이나 노폐물들이 체내에 쌓이지 못하도록 하는 배출 시스템이 스스로 돌아가고 있다. 그러므로 우리는 이러한 인체의 다양한 작용들을 통해 자신의 몸 상태가 현재 어떠한지를 스스로 점검할 수 있으며, 건강할수록 이러한 배출 시스템이 원활히 잘 돌아가는 간다는 것을 명심해야 하겠다.

※ **배설** : 동물이 섭취한 영양소로부터 자신의 몸 안에 필요한 물질과 에너지를 얻은 후 생긴 노폐물을 콩팥이나 땀샘을 통해 밖으로 내보내는 작용

몸과 마음은 유기적으로 연결되어 있다

앞에서 언급했던 오행배속표의 이해에서 "지나친 감정의 변화는 기운에 변화를 주게 되며 결국 오장육부에까지 변화를 일으켜 몸의 균형이 깨지며 질병이 발생하게 된다"라고 설명한 적이 있었다. 가령 분노는 간의 기운을 소모시키므로 간경화나 간암에 걸렸다면 섭생을 잘 못한데 원인이 있기도 하지만 지나치게 화를 내는 것만으로도 간의 질병을 더 악화시킬 수 있는 것이다. 또한 한의학에서는 "우리 몸의 기氣는 화나면 오르고, 기쁘면 풀리고, 슬

프면 잠기고, 놀라면 어지럽고, 더우면 쏟아내고, 추우면 움츠리고, 두려우면 황폐해지고, 긴장이 풀리면 무기력해지고 생각을 많이 하면 정지하고 걸린다"라고 이야기하며, 서양의 테드 앤드류(Ted Andrews)는 "스트레스를 완화하지 못하거나 감정을 잘 다스리지 못하게 되면 신체의 차크라 시스템에 장애를 일으키는 큰 원인이 되고, 결국 차크라의 장애는 그에 상응하는 인체 내의 장부臟腑에 장애를 일으킨다."고 설명한다. 바로 몸과 마음이 둘이 아닌 하나라는 것으로 오장육부와 마음이 유기적으로 연결되어 있음을 보여주는 내용을 여기에 적어본다.

동양에서는 무엇인가에 놀라거나 무서운 경험을 하였을 때 '간담肝膽이 서늘하다'는 말을 한다. 간담肝膽은 간과 쓸개이다. 한의학에서는 오장육부五臟六腑를 오행五行 이론과 관련지어 설명한다. 간과 쓸개는 모두 오행 중 나무, 즉 목기木氣에 속한다. 목木의 기운은 봄의 새싹과 같아 밖으로 헤집고 나가려는 속성이 있다. 하지만 찬 기운을 만나면 위축된다. 이것이 놀랐을 때 간담이 서늘해지는 이유이다. 목木은 인간의 감정으로는 용기와 배짱, 그리고 추진력에 해당한다. 깜짝 놀라 이 기능이 위축되면 '간이 콩알 만해진다'라고 하며 정도가 더하면 '간 떨어질 뻔했다'라고도 한다. 간은 우리 몸의 거름망과 같다. 우리는 보통 때 같으면 할 수 없는 말이나 행동을 하거나 어떤 일을 겁 없이 추진하는 사람을 보고 '간이 부었다'거나 '간이 배 밖으로 나왔다'고 말하는데 이것은 목기木氣의 추진력을 나타내는 말이다.

'간에 기별도 안 간다.'는 말은 먹은 것이 하도 적어서 소화기를 거쳐 간에까지 전달될 것도 없다는 뜻이다. 담膽, 즉 쓸개는 어떤 일을 결단하고 판단하는 기능을 맡는다. 옛 사람들은 진정한 용기가 쓸개에서 나온다고 믿었다. 제갈공명의 부하 중에 강유姜維라는 사람이 있었다. 사람들은 그를 용맹의 화신으로 여겼다. 제갈공명이 죽은 뒤 상대국에 항복하였던 그는 반란을 도모하다가 장렬히 전사하였다. 사람들은 그의 쓸개가 얼마나 큰지 궁금하여 배를 갈라 보았는데, 정말 그 크기가 한 말[斗]이나 되었다고 한다. 말 그대로 그는 대담大膽한 사람이었던 것이다. 그래서 과감하게 밀어붙이면 '대담大膽

하다'고 하고, 무서운 것을 모르면 겁이 없고 용감한 기운을 뜻하는 '담력膽力이 세다'고 한다. 반대로 줏대가 없어 이것저것 바꾸는 비겁한 사람을 가리켜 '쓸개 빠진 사람'이라고 하는데 이것은 추진력이 일관성 없음을 가리키는 말이다. 쓸개는 우리 몸에서 저울추처럼 균형을 잡아 주는 역할을 한다. 자기 중심을 못 잡고 우왕좌왕右往左往하는 사람을 '간에 붙었다 쓸개에 붙었다'라고 말한다. 주견主見 없이 간에 붙었다 쓸개에 붙었다 하는 소인배小人輩의 행동은 결코 오래 가지 못한다. 목木이 왕하면 간담肝膽이 왕하고 반대로 목木이 허하면 간담이 허약함을 알 수 있다.

또한 변비가 장 마비痲痺의 원인이 되어 연쇄적으로 질병이 된다는 것을 앞에서 언급 했는데, 최근에 우연히 한 방송사의 '엄지의 제왕'이라는 프로에서 '해독의 기적'이라는 주제로 박찬영 한의사가 나와서 설명하는 것을 보게 되었다. 행복을 느끼게 하는 '세로토닌'(일명 행복호르몬)의 80-90%가 장 점막에서 생성이 되는데, 이것이 뇌에 영향을 줘서 행복감을 느낀다고 한다. 그런데 장이 무력하고 변비가 있고, 장내 부패가 심한 사람들은 세로토닌 분비가 장 점막에서 제대로 형성되지 못하기 때문에 삶이 너무 팍팍하고 재미없고, 무료하고, 짜증나고, 불안하고, 우울하고, 불면인 경우가 대단히 많다고 한다. 그리고 현대인들의 다양한 정신적 질환의 원인이 이러한 장의 독소로서, 1차적으로 가장 먼저 봐야 될 부분이 장이라고 하며, 장을 제 2의 뇌로 보면서, 장청뇌청腸淸腦淸이란 말처럼 장이 깨끗해야 머리가 맑아진다고 한다. 이 말은 현대의 의학에서 발견한 몸과 마음이 서로 연결되어 있다는 것을 명쾌하게 보여준 연구결과가 아닐까 싶다.

의식주만 바뀌면 모든 게 변한다

현대에 가장 대두되는 질병인 암의 가장 직접적인 원인이 저체온증과 저산소증이라는 발표를 본 적이 있다. 이러한 원인의 해답은 사실 너무나 간단하다. 바로 피가 맑아지면 두 가지 모두를 해결할 수가 있다. 피가 탁해져서 나타나는 적혈구 연전현상이 해결만 되면 산소운반도 원활하게 되고, 체온도 따뜻해질 수밖에 없으므로 암세포 또한 증식할 수가 없다. 현대의 의사들은 이러한 암의 원인을 주로 식습관의 문제에 초점을 맞추고 있지만, 생태동양학 연구가인 필자의 입장에서 보면 사실 의식주衣食住 전체의 변화가 직접적인 원인이라고 보면 된다. 과거를 돌이켜보면 1945년 광복이후의 세대(필자 개인의 기준임)부터는 이전과는 매우 다른 의식주衣食住의 변화를 가져온다. 바로 의衣로는 나일론 등의 화학섬유 1세대이며, 식食으로는 인스턴트와 불량식품 1세대이며, 주住로는 아파트 등의 콘크리트 건물 1세대로서 지금 암으로 고생하는 세대와 상당한 인과관계가 있다고 본다. 바꾸어 말하면 이는 곧 의식주衣食住만 바뀌면 모든 게 변하게 되어 있는 것이다. 여기에 의식주衣食住 변화에 관한 필자 나름대로의 9가지 방법을 간략히 소개한다. 그리고 9가지 방법에 대한 좀 더 세부적인 내용은 책의 분량상 다음 기회에 다시 언급하기로 하겠다.

〈衣〉

① 활동 시 화학섬유보다 천연섬유의 옷을 사랑하라! → 피부호흡에 최고
② 수면 시 화학섬유보다 천연섬유로 된 이부자리를 사용하라! → 인체 회복력에 최고
③ 세탁 시 합성세제의 남용을 줄이고 제대로 세탁하라! → 피부보호에 최고

〈食〉

④ 공기와 물만 바뀌어도 내 몸이 확연히 달라진다! → 인체 정화력 증강
　에 최고

⑤ 제철 자연식을 먹어라! → 인체 효소력 증강에 최고

⑥ 발효식품을 사랑하라! → 인체 면역력 증강에 최고

〈住〉

⑦ 나무와 흙으로 만든 집을 사랑하라! → 인체 내 독소배출에 최고

⑧ 황토와 숯을 무조건 활용하라! → 집안 내 공기정화에 최고

⑨ 잠자리만큼은 골라서 자라! → 에너지 충전과 운명력 강화에 최고

죽음과 윤회

　〈굿바이〉라는 장례에 관한 일본 영화에서 "죽음은 끝이 아니라 다른 세계
로 가는 문일 뿐이다"라는 대사가 기억이 난다. 말하자면 죽음의 본질이란
단지 이동에 불과하며 지금의 세계로부터 다른 차원의 세계(원래의 세계)로 옮
겨가는 것일 뿐이다. 플라톤은 "육체를 떠나면 영혼은 진실을 명확히 볼 수
가 있다. 전보다 더욱 순수해져서 전에 알았던 순수한 생각들을 기억할 수가
있다."라고 말했다. 그리고 '죽었다'의 표현을 우리 조상들은 '돌아가셨다'라
고 말을 한다. 이 말은 지금 육체로서 잠시 살고 있는 이 세계에서 죽음을 통
해 우리가 원래 있어왔던 저 세계로 다시 돌아간다는 뜻으로, 우리 조상들은
영혼의 진정한 고향이 육체를 가지고 사는 이 지구라는 윤회의 장소가 아니
라 다른 차원에 존재하고 있다는 것을 이미 알고 있었던 것 같다. 그래서 영
혼의 고향은 우리가 살고 있는 이곳이 아니라 북두칠성北斗七星이 있는 곳 어
딘가에 존재한다고 믿어왔던 것이다. 그러므로 우리의 전통장례에서 관속에

넣는 칠성판도 망자가 가는 저승을 북두칠성으로 보는데서 유래했으며, 지금으로 표현하면 원래의 본 고향으로 잘 가도록 안내하는 표지판이라 보면 된다. 천문분야인 사주명리학을 공부하면서 이번 생의 운명에 관한 많은 의문점을 갖는 것만큼 생의 이후인 죽음이라는 것에도 강렬한 의문들이 생겨 결국 많은 책과 자료들을 접하게 되었고, 필자 나름대로의 영혼관이 형성되었다. 여기에 열거하는 내용은 오직 필자 개인의 관점이므로 혹시 받아들일 수 없는 부분이 있다면 그냥 무시하고 넘어가기를 바란다.

죽음이란 영원불멸한 삶 속에서 하나의 현실이 변화된 것일 뿐이며, 새로운 육체로 태어나게 되면 망각의 장벽이 과거인생의 기억을 막아주기 때문에 우리는 주저 없이 발전해 나갈 수 있다고 한다. 그러므로 새로운 육체로 태어나면 영혼은 그 육체적 성격(타고난 사주팔자)과 합쳐져서 나를 이루며, 지구로 오는 영혼들은 세상이란 무대 위에 오른 마스크를 쓴 배우인 것이다. 다른 점이 있다면 우리 대부분은 연극이 시작 되었음에도 극이 끝날 때까지 그 사실을 모른다는 것인데, 매 인생마다 다양한 망각의 장막이 드리워져 있기 때문이다. 말하자면 우리의 삶 자체가 잠시 연극을 하기 위해 무대에 올라가 이번 생에 필요한 배역에 충실하다가 무대를 떠나면 본래의 나(眞我)로 돌아오는 것이다. 그러므로 일단 무대를 내려오면 더 이상 배우가 아니다. 간혹 연극이 끝나고 무대를 내려와서도 여전히 배우로 착각하고 가야할 본원本源으로 가지 못하고 헤매고 남아 있는 영혼들이 있지만 결국은 다 돌아가게 되어 있다.

필자의 영혼에 대한 관점에 가장 큰 영향을 준 책 중에 하나가 마이클 뉴턴의 《영혼들의 운명(나무생각, 2011)》이란 책인데, 여기에 그 일부를 소개할까 한다. "다시 태어날 생을 시작함(윤회)에 있어서 영혼은 다음 인생 목적에 부합할 만한 육체를 살피는데 이를 카르마란 표현을 쓴다. 영혼은 카르마의 빚을 갚을 수 있거나 지난 생에서 문젯거리였던 일들을 다른 각도에서 보고 교훈을 얻기 위해 덜 완전한 육체와 힘든 인생을 스스로 선택할 수가 있다. 거기에서 우리는 앞으로 오는 인생에서 일어날 일, 특히 우리들의 주된 영혼의 동반자가 우리들의 삶 속으로 오는 순간의 어떤 표시와 단서들을 마음에 새긴다. 그리고 영혼은 산모의 자궁 속에 들어 있는 육체에 가서 합치는데 때로는 임신 3개월이 지난 후에 들어가기도 한다. 태아 상태일 때 영혼들은 불멸의 존재인 자신을 아직도 기억하면서 육체적 두뇌작용과 육체적인 자아에 익숙해져 가며, 태어나고 나면 기억에는 망각의 휘장이 내려 덮히고 영혼들은 그들의 불멸성을 인간적인 마음과 합쳐 새로운 개성에 걸맞은 특성의 조합을 이루어 낸다"고 이야기 한다. 여기에서 "지금의 마음을 나라고 착각하지 마라"고 하는 말이 생각난다. 왜냐하면 이번 생에 타고난 육신(타고난 사주팔자)으로 인해 체질, 두뇌, 개성이 새롭게 정해지므로 마음조차도 사실 영혼의 진아眞我가 아닌 것이다.

또한 현실세계에서 죄를 보지 아니하고 그 영혼을 볼 때 우리의 영은 무한히 확장되고 그만큼 자유롭게 된다는 진리를 명심해야 한다. 주위의 사랑하는 사람들과의 만남도 끝없는 세월의 벽을 넘어 계속 이어져오는 것이라고 믿는다면 서로에게 더 깊은 애정으로 대할 수 있고, 나를 어렵게 하는 사람도 뭔가 그럴 만한 이유가 있으리라고 믿게 된다면 그 어려움은 한결 가벼워질 수 있다. 어찌 보면 내 삶이란 연극무대에 등장하는 악역들도 미워할 필요가 없는 것이다. 모든 게 다 내 영혼의 성찰을 위해 계획된 매트릭스(물질적 세계, 허상)속에 나타난 본디 아름다운 영혼들이다. 마음속에 사랑과 겸손이 자람에 따라 영혼의 성장을 지속해 나간다면 모든 부정적인 카르마의 영향을 극복하고 우주의 근본흐름과 원리인 사랑의 진동에 스스로를 맞춰감으로써 우리 모두가 신의 생명을 나누어받은 귀중한 존재임을 깨닫게 될 것이다. 죽음은 새로운 태어남을 위한 과정이고, 영원한 이별은 없으며, 모든 부정적 감정과 부정적 사고는 허상임을 깨달아야 한다. 현실의 모든 고통은 내 영혼이 자라는 데 꼭 필요한 거름이고 은총이라는 사실을 잊지 말아야 한다. 그리하여 윤회의 본질이 혼의 성장을 위한 과정일 뿐이라는 것을 깨닫는 순간 인생은 불행할 이유가 없어진다. 예수나 부처도 알고 보면 윤회의 고리를 완전히 벗은 인간인 것이다.

문득 국선도 창시자인 청산선사의 말씀이 떠오른다. "사람은 누구나 자기의 정명正命이 있어 그것을 완수하기 위해서 태어나는 것이다." 바로 이번 생에서 가장 최근까지의 윤회를 통해 남아있는 업을 풀어내기 위해 타고난 운명이 있으니 그 정해진 운명을 완수하기 위해 태어난다는 말이다.

귀신과 영혼

대개 죽음으로 육신을 벗어나서 가야될 길을 가지 못하고 홀로 불행하게 떠도는 영혼을 '귀신'이라 한다. 이러한 귀신은 갑자기 영문도 모른 채 죽거나 지독한 고통을 수반하며 죽거나 원통해 하며 죽거나 죽어서도 사람들을 보호해 주려고 남아서 노력하고 있을 수도 있다. 죽음 이후에 남아있는 귀신이라는 존재에 대해 필자 개인적으로 공감하는 마이클 뉴턴의 "영혼들의 운명"이라는 책의 내용 중 귀신에 관한 내용을 요약해서 설명하고자 한다. 귀신의 존재에 대해서는 너무나 많은 논란이 있으므로 이 글의 내용이 불편한 독자 분은 "그냥 이러한 관점도 있구나"라고 가볍게 넘어가주기를 바란다.

"귀신은 자신이 죽은 것을 모르거나 자신의 환경에서 어떻게 탈출해야 될지 그 방법을 모르고 있다는 견해가 있다. 그렇다. 어떤 의미에서 보면 귀신들은 갇혀있는 것이다. 그러나 그 갇힘은 물질적인 장벽 때문이라기보다는 스스로 자유롭지 못한 정신적인 조건 때문인 것이다. 영혼들은 어떤 한정된 차원(아스트랄 플레인) 안에서 길을 잃는 법이 없으며, 영혼들은 자신이 지구에서 삶을 마쳤다는 것을 알게 된다. 영혼들의 혼란은 어떤 장소, 어떤 사람, 어떤 사건을 놔주지 못하고 집착하는데 있다. 갈 데로 못가고 있는 것은 자발적으로 결정한 바이다. 영혼이 마치지 못한 일이 마음에 걸려 지구를 떠나고 싶어 하지 않으면, 우리들의 안내자(일명 저승사자)는 억지로 우리들을 영혼의 세계로 보내지 않는다는 것을 보여준다. 그들을 안내하는 안내자들은 혼란스럽거나 방황하는 영혼들의 때를 살펴보며 기다려 준다. 죽음 이후의 경험에서도 자유 결정권이 있기 때문이다. 그래서 영혼의 안내자들은 영혼들의 명석하지 못한 결정도 존중해준다. 그리고 시간이란 것이 영혼의 세계에서는 아무런 의미도 못 지닌다는 것을 염두에 두기를 바란다. 죽은 사람은 머릿속에 시간관념이 없으므로 살아있는 사람들이 말하는 며칠, 몇 달, 몇 해를 지상에 대한 미련으로 머무르는 것이다. 이를 우리는 귀신이라 부른다. 영국 성곽에 400여년을 머물다가 마침내 영혼의 세계에 돌아간 귀신은 그 동안을 40여 일, 심지어는 40시간으로 느낄지도 모른다. 살펴본 바에 의하면 귀신들은 지구적인 것에 오염되어 떠나는데 곤란을 겪는 좀 덜 성숙한 영혼들이다. 지구의 햇수로 오랜 기간 떠나지 못하는 경우는 특히 영혼의 성숙도와 관련지어 볼 수가 있다. 영혼이 육체의 죽음 뒤에 남는 이유는 다양하다. 인생이 예기치 못한 방법으로 끝났을 때 영혼은 행로에서 이탈할 수 있다. 이 경우의 영혼은 자신의 자유의지가 훼방 당했다고 느낀다. 귀신이 되는 영혼의 죽음은 지독한 고통을 수반한 경우가 많다. 또한 드물지만 영혼들은 위험에 처해 있는 사람들을 보호해 주려고 남아서 노력하고 있을 수도 있다. 어떤 영혼이 내정되어 있는 카르마의 방향이 자신의 생각과 달리 갑작스레 변한 것에 대해 예상치 못했다는 느낌뿐 아니라 불공평하다는 느낌이 들어 혼란을 일으켰을 때도 귀신이 된다. 살해당했거나 다른 사람에게 억울한 일을 당한 영혼이 귀신이 되는 경우가 가장 많다."

우리나라의 전통적인 장례절차에는 '고복皐復'이란 것이 있다. '초혼招魂'이라고도 한다. 혼을 부르는 의식으로 운명을 하면 고인의 속적삼이나 상의를 가지고 지붕에 올라가거나 마당에 나가, 왼손으로는 옷깃을 잡고 오른손으로는 옷 허리를 잡고 북쪽을 향해 옷을 휘두르면서 먼저 고인의 주소와 성명을 왼 다음에 큰 소리로 길게 '복復! 복復! 복復!'하고 세 번 부르는데 이를 고복皐復이라고 한다. 고복은 죽음으로 인해 나간 혼이 다시 돌아와 몸과 합쳐져 살아나기를 기원하는 것이다. 이렇게 해도 살아나지 않으면 비로소 죽은 것으로 인정한다. 그런데 실제로 우리는 옛날부터 지금까지 종종 죽었다 다시 살아난 사람들의 일화를 듣곤 한다. 2014년도인 작년만 해도 필자의 강의에 참가했던 한 학우님이 자신의 할머니께서 과거에 장례 중에 살아 돌아온 경우에서부터 인터넷 기사에서 필자의 눈에만 보였던 사례도 두 개나 된다. 이는 혼줄이 완전히 끊기기 전에 다시 육신으로 돌아와 살아나는 경우를 의미한다. 결국 고복皐復이란 장례절차도 단순한 형식이 아닌 이러한 사실을 이미 알고 있던 우리 조상들께서 만든 지혜의 산물이 아닐까 생각한다. 참고로 혼줄은 육체와 영혼을 연결하는 실버코드 또는 섬세한 은색실로 혼사魂絲, 영사靈絲라고도 한다.

유체이탈이나 사후세계를 경험한 사람들의 이야기를 보면 유체이탈시 고요와 해방감, 경쾌함이 밀려오면서 자신의 육신과 은색실로 연결된 채 자유로이 돌아다닌다고 하거나 영혼의 체험을 통해 너무나 가슴 벅찬 행복함을 느끼어 다시 육체로 돌아오기 싫어지는 마음을 느꼈다는 점인데, 대부분 유체이탈을 통해 자신의 몸에서 나와 고급한 차원의 세계로 여행하면 물질계가 얼마나 거칠고 조악하게 느껴지는지 당장에 혼줄을 끊고 영적인 환희의 세계에 영원히 머물고 싶은 충동을 느끼게 된다고 한다. 필자가 바라보는 영혼의 세계는 너무나 아름답고 행복한 곳이기에 천국과 지옥은 어찌 보면 영혼이 머무르는 저승에 있는 것이 아니라 지금 우리가 살고 있는 이승의 삶에 존재할 뿐이라고 본다. 육신의 마음이 세상을 어떻게 보느냐에 따라 천국일 수도 있고 축생계, 지옥계가 될 수도 있는 것이다. 그래서 죽음을 바라보는 관점만 바뀌어도 우리의 인생은 엄청나게 변화할 수 있다고 생각한다. 〈꾸뻬씨의 행복여행〉이란 영화를 보면 "삶의 매순간 살아 있음을 느끼며 생을 만끽하라. 죽음을 겁내지 않으면 삶도 겁내지 않는다."라는 아름다운 말이 나오는데, 필자가 즐겨하는 말이 있다. "이 얼마나 행복한가! 이번 생의 죽음이 끝이 아니라는 것을!"

성철스님의 법어

다음의 글은 1982년 부처님 오신날을 맞아 성철스님이 발표한 법어이다. 성철스님의 세계관이 담긴 이 글의 강력하고 심오한 메시지에 필자의 얄팍한 지식이나마 일부 견해를 더해 보기로 한다.

자기를 바로 봅시다.
자기는 원래 구원되어 있습니다.
자기가 본래 부처입니다.
자기는 항상 행복과 영광에 넘쳐 있습니다.
극락과 천당은 꿈속의 잠꼬대입니다.

자기를 바로 봅시다.
자기는 시간과 공간을 초월하고 영원하고 무한합니다.
설사 허공이 무너지고 땅이 없어져도 자기는 항상 변함이 없습니다.
유형, 무형할 것 없이 우주의 삼라만상이 모두 자기입니다.
그러므로 반짝이는 별. 춤추는 나비 등등이 모두 자기입니다.

자기를 바로 봅시다.
모든 진리는 자기 속에 구비되어 있습니다.
만약 자기 밖에서 자기를 구하면 이는 바다 밖에서 물을 구함과 같습니다.

자기를 바로 봅시다.
자기는 영원하므로 종말이 없습니다.
자기를 모르는 사람은 세상의 종말을 걱정하며 두려워하며 헤매고 있습니다.

자기를 바로 봅시다.
자기는 본래 순금입니다.
욕심이 마음의 눈을 가려 순금을 잡철로 착각하고 있습니다.
욕심이 자취를 감추면 마음의 눈이 열려서 순금인 자기를 바로 보게 됩니다.

자기를 바로 봅시다.
아무리 헐벗고 굶주린 상대라도 그것은 겉보기일 뿐.
본 모습은 거룩하고 숭고합니다.
겉모습만 보고 불쌍히 여기면 이는 상대를 크게 모욕하는 것입니다.
모든 상대를 존경하며 받들어 모셔야 합니다.

자기를 바로 봅시다.
현대는 물질만능에 휘말리어 자기를 상실하고 있습니다.
자기는 큰 바다와 같고 물질은 거품과도 같습니다.
바다를 봐야지 거품을 따라가지 않아야 합니다.

자기를 바로 봅시다.
부처님은 이 세상을 구원하러 오신 것이 아니요.
이 세상이 본래 구원되어 있음을 가르쳐주려고 오셨습니다.
이렇듯 크나큰 진리 속에서 살고 있는 우리는 참으로 행복합니다.
다 함께 길이길이 축복합시다.

"이렇듯 크나큰 진리 속에서 우리는 참으로 행복하고 다 같이 축복해야 한다. 당신이 부처인 줄 알 때에 착한 생각, 악한 생각, 미운 마음, 고운 마음

모두 사라지고 거룩한 부처의 모습(진아, 참나)만 뚜렷이 보게 된다. 천지일근 만물일체(天地一根 萬物一體)로서 일체 중생은 평등하고 존귀한 것이다. 팔만대 장경 속의 부처님 말씀 전체가 평등, 평화 그리고 자유가 그 요체이다. 아무 리 오랫동안 때가 묻고 먼지가 앉아 있어도 그 때만 닦아내면 본 거울 그대로 깨끗하다. 때가 묻어 있을 때나 때가 없을 때나 거울 그 자체는 조금도 변함 없음과 같다. 본마음을 보기 시작하면 산위의 솟은 달은 더욱 더 빛이 나며 담 밑에 국화꽃은 향기롭기 짝이 없네."

삼라만상의 모든 존재들(物과 象)은 오직 하나의 재료로 만들어졌으니 곧 우 주의 질료인 에테르이다. 다만 그 하나의 질료가 진동하는 패턴의 차이로 모 든 게 다르게 보일 뿐이다. 우리의 눈으로 보는 모든 허공조차 이러한 질료로 꽉 차 있으니 어디 하나 연결되지 않은 게 없다. 미국의 기상학자 에드워드 로렌츠가 1961년 기상관측을 하다가 생각해낸 '나비효과'조차도 지구의 모든 것이 분리되어 있는 것이 아니라 연결되어 있음을 의미한다. 우리의 영혼은 지구에서의 체험을 위해, 다만 육체로 존재하기 위해 특정하게 진동하는 질 료에 잠깐 들어와 있을 뿐이다.

사실 우린 이미 깨달아 있다. 지구라는 영혼들의 여행지이자 윤회의 무대 에 서기 위해서, 이번 생의 체험(업)을 위해서 육체라는 껍질을 쓴 것일 뿐이 다. 우리의 영혼은 영원하고 이미 깨달은 존재이다. 진정한 체험을 위해 전 생의 모든 기억이 망각되어 태어났을 뿐……. 내 안에 그리스도가 거하고 내 안에 부처가 이미 있으니 나는 지고한 불멸의 생명이요, 지성이요, 풍요요, 신성이며 빛이고 원래가 완벽하다. 다만 에고의 욕망이 너무 많아 때가 묻은 거울처럼 참나를 다 덮어버려 온전히 깨어있음이 힘들 뿐이다. 결국 깨달음 이란 밖에서 찾는 것이 아니라 내 안에서, 에고의 차원에서 깨어서 윤회의 고리 이면의 참나를 발견하는 것이다. 하지만 자석은 녹이 슬거나 먼지가 가득한 철을 조금도 스스로 끌어당길 수 없듯이, 우리의 마음이 물질적인 욕망의 녹으로 가려지고 관능적인 욕망의 먼지가 육중하게 마음속에 자리

잡고 있을 때는 우리는 깨달음을 끌어 들일 수 없다.

우주의 근원(조물주)은 아주 쉽게 참나를 발견할 수 있도록 해 놓았다. 에고의 욕망을 서서히 벗기어 내 안의 참나를 찾을 수 있도록 하는 최고의 방법이 바로 '호흡을 통한 고요함'이다. 어느 책에서 우연히 "지혜의 진주는 이미 가슴이라는 바다 속에 숨겨져 있다. 깊이 잠수하라! 그러면 언젠가는 그 지혜를 발견하게 될 것이다." 라는 글을 본 적이 있다. 우주의 기운을 천천히 받아들이고 내보내면서 고요해지다 보면 마음속에 혼재한 욕망의 흙탕물이 서서히 가라앉으면서 참나가 보이기 시작하고 완벽한 조화로움을 느끼게 될 것이다. 결국에는 내면에 있는 영혼의 진정한 자아를 깨닫는 순간 이 세상의 모든 집착이나 욕심에서 벗어나 진정한 무심無心을 얻어서 성철스님께서 말씀하신 영원한 행복을 누리는 대자유인이 될 수 있을 것이다.

이 글을 쓰는 가운데 필자의 머릿속에서 문득 떠오르는 말이 있다. "에고의 껍질 속의 바로 그 참나를 발견하는 것이 궁극의 깨달음이다. 모든 것이 하나로 연결되어 있음을 느끼면서……."

※ **나비효과**: 브라질에 있는 나비의 날개 짓의 영향이 미국 태사스에서 토네이도를 발생시킬 수 있다는 이론으로 아주 작은 변화가 시간이 지나면서 매우 큰 현상을 초래하여 아주 큰 변화의 상태로 나타난다는 것을 설명한 이론이며 후일 3차원 물리학 이론인 '카오스 이론'의 토대가 되었다

귀전원거歸田園居와 독거獨居

나의 직함은 생태동양학 연구가이다. 늘 자연과 교감하면서 천문, 지리, 인사를 연구하는 사람이라는 의미가 담겨 있다. 여기에 필자가 자연과 교감하면서 더욱 좋아하게 된 고전 시와 현대 시를 각각 한편씩 소개하고자 한다. 시구 하나 하나를 머릿속에 상상하면서 읽어보기를 바란다.

1. 귀전원거歸田園居

중국 동진東晉 시대의 전원시인인 도연명(陶淵明:365-427)의 시로 전원에서 자급자족하는 삶을 살면서 남긴 작품이다. 모두 5수 중의 제1수로 필자가 도심에서 지리산으로 오게 된 나의 마음을 그대로 표현한 듯한 시이다.

少無適俗韻(소무적속운) 어려서부터 세속과 맞지 않고
性本愛丘山(성본애구산) 타고나길 자연을 좋아했으나
誤落塵網中(오락진망중) 어쩌다 세속의 그물에 떨어져
一去三十年(일거삼십년) 어느덧 삼십 년이 흘러 버렸네

羈鳥戀舊林(기조연구림) 떠도는 새 옛 숲을 그리워하고
池魚思故淵(지어사고연) 연못 고기 옛 웅덩이 생각하듯이
開荒南野際(개황남야제) 남쪽 들 가장자리 황무지 일구며
守拙歸園田(수졸귀원전) 본성대로 살려고 전원에 돌아왔네

方宅十餘畝(방택십여묘) 네모난 텃밭 여남은 이랑에
草屋八九間(초옥팔구간) 초가집은 여덟 아홉 간
榆柳蔭後簷(유류음후첨) 느릅나무 버드나무 뒤 처마를 덮고

桃李羅堂前(도리나당전) 복숭아 자두나무 당 앞에 늘어섰네

曖曖遠人村(애애원인촌) 아스라한 먼 곳에 인가가 있어
依依墟里煙(의의허리연) 아련히 마을 연기 피어 오르고
狗吠深巷中(구폐심항중) 동네 안에서는 개 짖는 소리
鷄鳴桑樹顚(계명상수전) 뽕나무 위에서는 닭 우는 소리

戶庭無塵雜(호정무진잡) 집안에는 번거로운 일이 없고
虛室有餘閒(허실유여한) 텅 빈 방안에는 한가함 있어
久在樊籠裏(구재번롱리) 오랫동안 새장 속에 갇혀 살다가
復得返自然(부득반자연) 이제야 다시 자연으로 돌아왔네

2. 독거獨居

지리산 남쪽 자락인 하동에 살고 있는 이원규 시인의 시다. 역시 필자가 좋아하는 시로 구절구절마다 자연 속에 살고 있는 시인의 내면세계가 고스란히 느껴진다. 지리산 북쪽 자락인 함양에 살고 있는 필자와 언젠가 한번은 작설차 한 잔 마실 인연이 있을 것 같다.

남들 출근할 때
섬진강 청둥오리 떼와 더불어
물수제비 날린다
남들 머리 싸고 일할 때
낮잠을 자다 지겨우면
선유동 계곡에 들어가 탁족을 한다

미안하지만 남들 바삐 출장을 갈 때
오토바이를 타고 전국 일주를 하고

정말이지 미안하지만

남들 야근할 때

대나무 평상 모기장에서

촛불을 켜 놓고 작설차를 마시고

남들 일중독에 빠져 있을 때

나는 일 없이 심심한 시를 쓴다

그래도 굳이 할 일이 있다면

가끔 굶거나 조금 외로와하는 것일 뿐

사실은 하나도 미안하지 않지만

내게 일이 있다면, 그것은 노는 것이다

일하는 것이 죄일 때

그저 노는 것은 얼마나 정당한가!

스스로 위로하며 치하하며

섬진강 산그림자 위로

다시 물수제비 날린다

이미 젖은 돌은 더 이상 젖지 않는다.

동양학과 낌새

우리말에 낌새라는 말이 있다. 낌새의 다양한 의미를 보면 다음과 같다.

- 조짐兆朕, 기미幾微, 징조徵兆
- 아주 작은 미세한 기氣의 움직임이나 변화의 상象
- 고요한 중에 움직인 것 또는 꿈틀한 것, 이미 부분적으로 갈라진 것, 살짝 일어난 것

- 밖으로 표현은 안 됐는데 이미 움직인 것으로 고요한데 뭔가가 꿈틀한 것(靜中動)
- 싹이 날 때 땅속에서 씨앗속의 싹이 막 터진 것으로 자라서 땅위로 나온 것은 이미 드러난 것
- 내 마음의 움직임이 있는데 표현은 아직 안된 것으로 생각의 싹은 이미 나온 것
- 관상학에서 그 사람의 목소리 상태와 말의 내용을 자주 살펴 기미나 징조를 파악해내는 것
- 이상한 낌새, 수상쩍은 낌새, 출산할 기미, 작은 기미, 잘 될 징조, 심상치 않은 징조

낌새란 단어 속에는 이렇듯 다양하고 심오한 의미가 담겨 있다. 낌새를 느끼는 곳으로서 외부의 정보를 수용하는 대표적인 곳이 양陽인 보는 눈(시각정보)과 음陰인 듣는 귀(청각정보)이니 항상 총명(聰 귀 밝을 총, 明 눈 밝을 명)해야 낌새를 잘 느낄 수 있다. 그래서 성리학자인 남명 조식의 신명사도神明舍圖에서도 9가지 구멍 중 눈과 귀를 성곽의 이관耳關과 목관目關으로 비유하며 중요시했던 것이다. 그리고 투기投機란 말에서 기機도 무엇이 변화한다는 '기미'나 '징조'를 일컫는 말로 그 기미를 남보다 먼저 알아차리는 것이 바로 투기인 것이다. 투자投資와 투기投機는 서로 비교되는 말이 아니고 투자는 자본資本으로 하는 것인 반면 투기란 변화의 징조를 먼저 알아차리고 배팅하는 것으로 엄밀히 말해 서로 반대되는 개념이 아니라 방법론의 차이일 뿐이다.

우리 조상들은 이러한 낌새를 알아차릴 수 있는 원리를 이미 수천 년 전에 자연 만물이 변화하는 이치에서 밝혀내었다. 바로 눈으로 볼 수 없는 만물의 움직임(변화, 상)을 기氣로 표현하며, 살아있는 모든 만물은 숨을 쉬고 움직이기에 기氣를 발하게 되고, 이 기氣가 대자연 만물 상호간에 끼치는 영향이 무엇인가를 깊이 탐구하여 실생활에 유익케 하고자 궁구해 놓은 것이 역의 이치易理인 것이다. 사주명리학도 결국 하늘에 존재하는 천기天氣의 상象을 10

천간天干으로, 땅에 존재하는 지기地氣의 상象을 12지지地支로 정하여, 10천간天干과 12지지地支가 감응하고 순환하며 변화하는 이치를 육십갑자六十甲子의 원리로 밝혀 놓은 학문이다. 이는 사주팔자 속에 감춰진 상象의 응현상生剋制化을 밝혀 개인의 한평생 속에서 일어날 변화현상을 한 폭의 그림으로 그려낸 것이다.

필자도 세상의 이치가 고스란히 담겨 있는 만능열쇠이며, 크게는 우주변화의 원리 그 자체인 음양오행을 기반으로 하는 동양학 공부를 접하면서 상象에 대한 이치를 조금씩 깨달아 가는 중이다. 지리산에서 생활하는 가운데 느끼는 것이지만, 자연의 상象을 늘 관찰할 수 있는 시공간에서 동양학의 이치를 알아가다 보면 누구나 수많은 영감과 다가올 징조나 낌새, 조짐을 더욱 잘 느끼는 기질로 발전시킬 수 있다고 본다. 한마디로 삶속에서 우리의 눈에 드러난 형形 이면의 상象을 잘 간파하게 됨으로써 항상 때를 알고 미리 대처할 수 있다는 말이다. 필자를 자연으로 오도록 만든 모든 인연들에게 그저 감사할 뿐이다.

동양학과 현대물리학

현재는 '컴퓨터'라는 기계가 등장하는 새로운 디지털문명의 창시자인 독일의 라이프니치가 만든 이진법의 원리도 주역에서 비롯되었음을 책이나 인터넷을 통해 쉽게 알 수 있으며, 이러한 무한의 정보공유를 가능하게 한 가상세계인 인터넷의 발전 자체가 현세대와 과거세대를 구분하는 큰 전환점이 되고 있다. 또한 최근에는 서양문명의 근간이자 수학의 아버지라 불리는 피타고라스도 중국까지 건너가서 동양의 하도낙서의 원리에서 수학의 근간을 배웠다는 연구결과도 나오고 있으며, 천재 우주물리학자인 스티븐 호킹도 "양자역학이 지금까지 해놓은 것은 동양철학의 기본개념인 태극, 음양, 팔괘를 과학적으로 증명한 것에 지나지 않는다"라고 이야기하였다. 드디어 서양에서도 양자물리학의 연구로 인하여 세상을 바라보는 관점에 큰 변화가 일어나고 있다. 바로 양자물리학의 연구와 동양의 가르침이라는 서로 다른 세계관이 너무나 유기적으로 일치되는 내용들이 많은 가운데 프리초프 카프라의 '현대물리학과 동양사상', '물리학의 도', 켄 윌버의 '현대물리학과 신비주의', '켄 윌버의 통합 비전' 마이클 텔보트의 '홀로그램 우주' 이차크 벤토프의 '우주심과 정신물리학' 스타니슬라프 그로프의 '고대의 지혜와 현대과학의 융합' 등과 같은 책들이 출간되고 있는 게 지금 서양의 현실이다. 이러한 책들은 양자물리 현상이나 새로운 우주관 등을 설명하면서 동양의 가르침들을 인용하는 방식을 쓰고 있다. 이는 현재의 이론이 양자물리학에서 마주치는 모든 현상을 설명하지 못한다는 것을 알기 때문이다.

몇천 년 동안 발전해 이어온 동양의 학문이 불과 몇백 년의 나이를 가진 서양의 학문에 밀려 미신으로까지 치부되어 왔다가 드디어 큰 변화를 보이고 있다. 필자도 이쪽 동양학 공부를 하다보면 동양학 중에서 상象과 수數로 표현된 분야나 서양의 물리학속의 물상物象과 수학數學이 너무나 유사한 점이 많다는 것을 새삼 느낀다. 쉽게 표현하면 서양학자는 물리학자物理學者로 물(物, 물질, 입자)의 이치를 연구하는 학자로 보고, 동양학자는 상리학자象理學者로 상(象, 에너지, 파동)의 이치를 연구하는 학자로 본다면, 물物과 상象을 연결시켜 주는 것이 공식에서 사용하는 수數가 아닐까 생각한다. 결국 동양과 서양의 학문의 모습은 학교에서 배우는 과학교과서의 제목인 '물상物象'의 정의처럼 자연계의 사물과 그 변화 현상을 단지 음物과 양象으로 바라보는 관점의 차이일 뿐이다. 어찌 보면 상대성원리를 주장한 아인슈타인부터 양자역학을 연구했던 과학자들은 기존의 형形 위주의 물질세계를 연구하던 방법에서 처음으로 형形 이면의 상象에 눈을 돌린 사람들이라고 본다.

과거 대부분의 과학자들이나 의사들을 보면 자신이 오랫동안 배워서 믿어 왔던 학문체계의 안주에서 벗어난다는 게 거부적일 수밖에 없다. 과학자가 일반인보다 더 보수적이며 모험적이지 못한 현실과, 몸과 마음을 분리해서만 보는 의사는 결국 어느 한계에 부딪히는 게 당연하며, 이러한 사고는 새로운 패러다임의 전환에 큰 장애물로 작용할 것이다. 혁신을 위해서는 평생 쌓아왔던 지식에도 의문을 품을 줄 알아야 한다. 다행히 이제는 현대의 생태계 파괴, 환경오염, 자연재해의 증가, 자원 고갈, 새로운 질병의 증가, 인류 파괴 등의 전 지구적인 문제들을 낳아온 서양의 형이하학적, 물질론적, 기계론적 이원론에 바탕을 둔 사고체계에 한계가 있음을 알고, 동양의 형이상학적, 파동론적, 유기체적 일원론에 관심을 돌려 자연과 함께 공존하는 발상의 전환이 이루어지고 있다. 이는 마치 음양오행의 원리처럼 양陽이 극에 달하면 반드시 반대인 음陰이 시생始生한다는 음양 순환의 자연 철학과 같이 당연한 시대적 변화라고 본다. 결국 과거의 뛰어난 지식과 지혜가 현재와 미래의 문명에 중요한 키로 작용할 수 있음을 여실히 보여주는 것이다. 문명은 항상 더 나은 쪽으로 발전하고 문화도 시대마다 선택적이고 가변적이다. 끊임없이 변한다는 것이다. 그러나 세상 돌아가는 이치는 늘 한결같은 것이다. 무질서하게 보이는 우주도 그 속에 반드시 일정한 질서(음양오행의 원리)가 있다는 것이 동양학의 근본원리이다. 20세기의 혁신적인 문명을 이끌어 온 기존의 물질중심적인 서구적 세계관이 이제는 한계에 도달했으며, 양자물리학의 연구를 계기로 21세기는 정신 중심의 동양적 세계관으로 전환되면서, 필자는 천문과 지리, 인사에 관한 동양학문이 재조명될 것이라 믿어 의심치 않는다. 그래서 앞으로 이러한 패러다임의 전환을 받아들이는 과학자나 의사, 철학자는 반드시 동양학자와도 통하게 되어 있다고 본다.

훌륭한 책과 훌륭한 스승

인생에서 책과 스승의 가치는 그 어떤 것과도 비교할 수 없다. 어떤 책과 어떤 스승을 만나느냐에 따라 한 사람의 인생관이 바뀔 수도 있다. 필자도 호기심으로 펼쳤던 책 한 권으로 인하여 동양학의 세계에 첫발을 내딛게 되었다. 물론 그 이면에는 나의 타고난 천성(사주팔자)과도 알 수 없는 인연의 끈이 있었다고 할 수 있지만, 일단 나의 인생에서는 책과 스승의 영향력이 너무나 강력했기에 그러한 가치를 믿어 의심치 않는다. 필자가 보기에 동양학 관련 분야의 책을 음식에 비유한다면 맛나게 느껴지는 인스턴트식품이나 자극적인 음식이 아니라 영양가는 풍부하지만 현대인의 입에는 먹을 게 별로 없어 보이거나 입맛에 길들이기 다소 어려운 담담한 자연식이라 할 수 있다. 자신이 정말 맛있게 먹은 음식은 버릴게 없이 남김없이 다 먹기도 하고 다음에 또 먹고 싶어진다. 그런데 요즈음은 눈과 귀를 자극하지만 영양가는 별로 없는 음식 같은 책들(일부는 베스트셀러)이 넘쳐나고 있는 게 현실이다. 한마디로 읽는 순간에는 재미라도 있지만 읽고 난 후 시간이 지나면 별로 남는 게 없다. 반면에 몇몇 깨어있는 출판사에서는 모 프로의 '착한식당'처럼 담담한 자연식 같은 책을 꾸준히 출판하고 있다. 이러한 책들은 자연식이란 말 그대로 일단 처음에는 입에 길들이기 어렵지만 꾸준히 먹다 보면 그 은은한 맛과 영양에 푹 빠지게 되어 다시 찾게 된다.

결국 정말 훌륭한 음식의 진가를 아는 사람은 맛있게 먹으면서도 다음에 또 찾게 되듯이 정말 훌륭한 책은 버릴게 없는 내용들로 가득하며, 시간이 흐른 뒤 다시 봐도 또 새롭게 얻어지는 게 있다. 다행히 필자도 이러한 매력적인 책들을 일부 소장하고 있으며 앞으로도 만날 것이며, 훗날 직접 이러한 책 한 권이라도 쓸 수 있다면 아마 가장 가슴 뛰는 일 중에 하나일 것이다.

또한 개인적으로 스승이란 '정글의 법칙'이라는 방송에 나오는 김병만 족장과 같다는 생각이 든다. 방송을 보면 그 울창한 정글에 길을 내기 위해 먼저 김병만 족장이 위험을 무릅쓰고 앞장서서 수풀을 헤치고 나아간다. 그리고 그 뒤를 따라 부족원들이 안심하고 뒤따라가는 장면을 보는데, 스승이란 어떠한 학문을 먼저 시작한 선생先生으로서 다양한 서적들과 정보의 홍수 속에서 생각하고, 고민하고, 방황하는 사람들에게 지름길을 제시하고, 나아가 취해야 할 것과 버려야 할 정보를 올바르게 선택할 수 있게 하는 필터링의 역할까지 해줄 수 있는 학문의 족장인 것이다. 훌륭한 스승이 훌륭한 책보다 더 나은 점이 바로 이것이다. 그 결과 그 스승에게 배우는 사람들은 먼저 닦아놓은 길에서 그만큼 좀 더 수월하게 이해하며 전진할 수가 있는 것이다. 대신에 사람의 수명은 정해져 있는 바, 그 스승이 생전에 닦아놓은 그 길에서만 그치지 말고, 아직 닦여지지 않은 그 다음 길을 계속 헤쳐 나가는 후학이 나오는 것이 그 스승이 만들어 놓은 것에 대한 가장 큰 보답이 아닐까 싶다. 필자 또한 훌륭한 스승이 먼저 닦아 놓은 길을 통해 편하게 계속 걸어 왔으며, 이제는 그 스승이 못 다한 새로운 길을 직접 헤쳐 나갈까 한다. 그래서 훗날 어느 후배님이 나의 부족한 글을 통해 한 가지라도 깨달음을 얻을 수 있다면 나에겐 큰 축복이 아닐까 한다. 그래도 이번 생을 마감하기 전에 뭐라도 하나 남겼으니 말이다.

마지막으로 어느 암자로 가는 길에 한눈에 들어오도록 크게 새겨진 글귀 하나를 소개하면서 이 글을 끝낼까 한다. 이 글귀는 필자 개인적으로도 주변 사람들에게 즐겨 쓰는데 바로 '공부하다 죽어라'이다. 이는 어느 교장선생의 "하늘이 부를 때까지 공부하라"는 말과 다르지 않다. 나이는 숫자에 불과할 뿐이니 사람은 평생을 공부해야 한다는 의미를 되새기는 말로, 지금 모든 대학교마다 개설되어 있는 평생교육원의 설립취지를 가장 잘 표현한 글귀이지 않을까 싶다.

배우고 싶은 것은 거의 모두 다 배울 수 있는 환경이 갖추어진 황금시대가 지금 도래하였으니 아무쪼록 이 글을 읽는 모든 분들이 남은 생의 시공간을 의미있게 살아가기를 진심으로 기원한다.

참고문헌

- 《음양오행으로 풀어본 건강상식 100가지》 장동순 지음, 양문 발행, 1999년 6월
- 《음양이 뭐지》 전창선, 어윤형 지음, 와이겔리 발행, 2009년 11월
- 《오행은 뭘까》 어윤형, 전창선 지음, 와이겔리 발행, 2009년 11월
- 《알기 쉬운 음양오행》 박주현 지음, 동학사 발행, 1997년 5월
- 《우주 변화의 원리》 한동석 지음, 대원기획출판 발행, 2001년 5월
- 《아름다운 건강미인 만들기, 藥膳》 윤혜경, 이영근, 임경려, 장윤희 지음, 광문각 발행, 2008년 10월
- 《황극경세서》 소강절 지음, 노영균 번역, 대원출판사 발행, 2002년 04월
- 《새롭게 보는 사주이야기》 이정호 지음, 한겨레신문사 발행, 2005년 12월
- 《대단한 하늘 여행》 윤경철 지음, 푸른길 발행, 2011년 4월
- 《마법사 프라바토》 프란츠 바르돈 지음, 조하선 번역, 정신세계사 발행, 2004년 2월
- 《기학의 모험 1》 김교빈, 김시천 지음, 들녘 발행, 2004년 4월
- 《블립(WHAT THE BLEEP DO WE KNOW)》벳시 체시, 윌리암 안츠, 마크 빈센트 지음, 박인재 번역, 지혜의 나무 발행, 2010년 4월
- 《이상한 나라의 양자역학》 Daniel F. Styer 지음, 조길호 번역, 북스힐 발행, 2005년
- 《양자 나라의 엘리스》 로버트 길모어 지음, 이충호 번역, 해나무 발행, 2003년 4월
- 《손바닥 안의 우주》 마티외 리카르 지음, 이용철 번역, 샘터사 발행, 2003년 8월

- 《암흑물질로 푸는 우주진화의 수수께끼》 존 그리빈, 마틴 리즈 지음, 오근영 번역, 푸른 미디어 발행, 1999년 3월
- 《홀로그램 우주》 마이클 탤보트 지음, 이균형 번역, 정신세계사 발행, 1999년 9월
- 《의식혁명》 데이비드 호킨스 지음, 이종수 번역, 한문화 발행, 1997년 3월
- 《물은 답을 알고 있다》에모토 마사루 지음, 홍성민 번역, 더난출판사 2008년 5월
- 《물의 메시지》 에모토 마사루 지음, 양억관 번역, 나무심는사람 발행, 2003년 09월
- 《물과 건강》 최무웅 지음, 예신 발행, 2007년 8월
- 《뇌력성공학》 송종훈 지음, 랜덤하우스코리아 발행, 2003년 7월
- 《청오경 금낭경》 최창조 지음, 민음사 발행, 1993년, 12월
- 《삶의 길》 청산선사 지음, 국선도 발행, 1992년 12월
- 《영혼들의 운명》 마이클 뉴턴 지음, 김지원 번역, 나무생각 발행, 2001년 2월
- 《정통 풍수지리 교과서》 고제희 지음, 문예마당 발행, 2009년 5월
- 《땅을 알고 터를 잡자》 김호년 지음, 동학사 발행, 1994년 7월
- 《5만 명 살린 자기요법》 구한서 지음, 동아일보사 발행, 2004년 12월
- 《소리 지르면 건강해진다》 김호언 지음, 눈과 마음 발행, 2005년 11월
- 《환단고기》 계연수 지음, 안경전 번역, 상생출판 발행, 2012년 6월
- 《붉은 쇳대》 유도영 지음, 조문덕 감수, 크리야 발행, 2012년 7월
- 《가깝고도 먼 한의원》 최평락 지음, 한나래 발행, 2011년 1월
- 《인류의 영원한 스승 바바지》 라데 샴 지음, 아름드리미디어 발행, 2000년 5월
- 《살아있는 한자 교과서》 정민, 강민경, 박동욱, 박수밀 지음, 휴머니스트 발행, 2004년 7월

- 《원광디지털대학교 동양학과 명리학개론》 박정윤 지음
- 〈葬書에 나타난 同氣感應說〉 朴憲榮, 원광대학원 석사논문
- 〈엘로드를 통해 본 세계〉 장휘용, 한국인체과학학회 1999년도 춘계 학술 발표회
- 〈땅의 바이오 에너지〉 정종호, 한국정신과학학회 제10회 1999년도 춘계 학술대회 논문집
- 〈수맥과 자기맥이 건강에 미치는 영향〉 이만호, 한국정신과학학회 제5회 1996년도 학술대회 논문집
- 〈판소리의 통성발성에 대하여〉 이규호(중앙대 강사), 1998년도 논문